Beiträge zu Gründung, Unternehmertum und Mittelstandsentwicklung · Band 4
Herausgegeben vom Brandenburgischen Institut für Existenzgründung und
Mittelstandsförderung (BIEM e. V.)

Prof. Dr. Klaus-Dieter Müller
Christoph Diensberg
(Herausgeber)

Methoden und Qualität in Gründungslehre, Gründungscoaching und Gründungsberatung

Interventionen und Innovationen

Bibliografische Information der Deutschen Nationalbibliothek

Die Deutsche Nationalbibliothek verzeichnet diese Publikation in der Deutschen Nationalbibliografie; detaillierte bibliografische Daten sind im Internet über <http://dnb.d-nb.de> abrufbar.

Die Veröffentlichung wird unterstützt durch das Projekt „Förderung der unternehmerischen Selbstständigkeit an Hochschulen und Förderung von mehr technologie- und wissensbasierten Unternehmensgründungen im Land Brandenburg – Standortmanagement, Koordinationsprojekt des BIEM" (2011–2013). Das Projekt wird durch das Ministerium für Wirtschaft und Europaangelegenheiten des Landes Brandenburg aus Mitteln des Europäischen Fonds für Regionale Entwicklung (EFRE) gefördert.

ISBN 978-3-8441-0093-8
1. Auflage November 2011

© JOSEF EUL VERLAG GmbH, Lohmar – Köln, 2011
Alle Rechte vorbehalten

JOSEF EUL VERLAG GmbH
Brandsberg 6
53797 Lohmar
Tel.: 0 22 05 / 90 10 6-6
Fax: 0 22 05 / 90 10 6-88
http://www.eul-verlag.de
info@eul-verlag.de

Bei der Herstellung unserer Bücher möchten wir die Umwelt schonen. Dieses Buch ist daher auf säurefreiem, 100% chlorfrei gebleichtem, alterungsbeständigem Papier nach DIN 6738 gedruckt.

Vorwort

Die BIEM-Symposien als gemeinsame jährliche Veranstaltungen des BIEM-Verbundes mit seinen 9 Brandenburger Hochschulen und der ZukunftsAgentur Brandenburg stellen sich jeweils aktuelle Themen aus den Bereichen der Gründungs- und Mittelstandsförderung.

Unter dem Titel „Methoden in Gründungslehre, Gründungscoaching und Gründungsberatung – Interventionen und Innovationen" fand am 10. und 11. Juni 2010 das 3. BIEM-Symposium statt. Gastgeber und Veranstaltungsort war die Hochschule für Film und Fernsehen (HFF) Konrad Wolf in Potsdam-Babelsberg. Mit über 120 Teilnehmenden und mehr als 30 Beiträgen (Vorträgen, Präsentationen, Postern) im Plenum, den Workshops und Diskussionsrunden gelang eine spannende und anregende Veranstaltung. Damit die Ergebnisse und Anregungen auch weiter nutzbar bleiben, sind zum einen zahlreiche der damaligen Präsentationen noch auf der BIEM-Internetseite abrufbar. Zum anderen baten wir die Mitwirkenden im Anschluss der Tagung darum, uns ihre Überlegungen auch in schriftlich ausgearbeiteter Form zur Verfügung zu stellen. Viele sind dieser Bitte gefolgt. Allen die so zum Zustandekommen dieses Tagungsbandes beigetragen haben gilt unser herzlicher Dank.

Qualität in der Gründungsförderung ist das Kernthema dieses Buches, sowie die damit einhergehenden Fragen der passenden Methodenwahl in der praktischen Unterstützung angehender Gründer, und nicht zuletzt Fragen der Bewertung und Evaluation. Qualität zeigt sich im Erfüllen von Anforderungen. Diese sind in der Gründungsunterstützung aber nicht allgemein definiert, und so sind auch Bezeichnungen wie „Gründungs-Berater", „Gründer-Coach" oder „Gründer-Trainer" völlig unnormiert und letztlich beliebig. Das gilt auch in ihren weiblichen Bezeichnungen, auf die wir hier vor allem zur leichteren Lesbarkeit verzichten. Gleichwohl weisen wir mit diesem Gedanken (Stichwort „Gendergerechtigkeit") beispielhaft auf eine dieser vielfältigen, zum Teil auch neuen Anforderungen. Hier so wie zu vielen anderen Erwartungen stellt sich ja jeweils die Frage: wie lassen sich diese einlösen, wie müssen sie auch in Methoden und wirksame Umsetzung (und eben nicht nur in Prospekte) integriert werden, und woran wollen wir den Erfolg der Umsetzung bewerten? Wie können diese Bewertungen konkret erfolgen, und zu welchen Ergebnissen, Wirkungen oder Nebenwirkungen, und vielleicht auch weiteren Anforderungen führen sie uns? Welche Kompetenzanforderungen stellen sich an diejenigen, die sie einlösen wollen und sollen, oder können sie sie dies quasi automatisch, weil sie sich eben als Projektmanager, Berater, Trainer, Dozenten oder Coachs bezeichnen oder als einer von über Zehntausend im KfW-Pool gelistet sind?

Qualität in der Gründungsunterstützung ist nun also weit mehr als die tonnenideologische Produktion von Gründerinnen und Gründern in sogenannten Gründungsschmieden - das wird hier und in allen Beiträgen deutlich. Gründungsförderung hat in erster Linie mit Menschen, ihren sehr verschiedenen Persönlichkeiten, ihren Unternehmensideen, Lebensplänen und Kompetenzen zu tun, sowie mit der Suche danach, Maßnahmen und Grundlagen der Förderung mit Blick auf die angehenden Gründerinnen und Gründer stetig zu verbessern. Dabei umfasst Gründungsunterstützung sowohl Maßnahmen, die unmittelbare Gründungshilfe geben sollen, als auch Vorfeld-Maßnahmen der Stärkung unternehmerischer Interessen und Orientierungen, sowie Schritte im Nachgründungsbereich. Einen Gesamtüberblick dieses breiten „Entrepreneurial Ecosystems" gibt auch der Auftaktbeitrag von Christine Volkmann in diesem Band, mit einem Bogenschlag dann zu Good-Practices im internationalen Bereich.

Alle Beiträge lassen wir jedoch nun für sich und für Sie als Leser sprechen und verzichten darauf, das uns Wesentliche hervorzuheben. Vielmehr hoffen wir darauf, dass Sie in mehr als nur einzelnen Beiträgen dasjenige finden, was Sie zur Entwicklung von Qualität und Methoden in der Gründungsunterstützung anregt und was Sie nutzen können. Dabei sind wir darüber froh, in diesem Band nicht nur sogenannte akademische und wissenschaftlich-forschungsbasierte Beiträge, sondern auch weitere konzeptionelle, auswertende/evaluative oder auch fall- und erfahrungsbasierte Artikel und Perspektiven zu versammeln. Dieser „pracademic approach" des Buches war zugleich Charakter des Symposiums.

In der Gesamtschau aller Beiträge zeigte sich, dass diese entweder aus grundsätzlicher, konzeptioneller Perspektive heraus oder eher vor dem Hintergrund einzelner Umsetzungsmaßnahmen bzw. in deren Bewertung/Auswertung verfasst waren. Deshalb gliederten wir das Buch in zwei Hauptabschnitte:

Teil 1: Konzeptionelle Grundlagen und Anregungen zur Entwicklung von Qualität und Methoden in der Gründungsunterstützung.

Teil 2: Gründungs- und Kompetenzförderung in Aktion: Methoden, Vorgehensweisen und Erfahrungen in hochschulischer und außerhochschulischer Umsetzung.

Den Auftakt zum Teil 1 markieren die vier Beiträge zu den Key-Notes des Symposiums. Alle weiteren Beiträge und auch diejenigen in Teil 2 sind in alphabetischer Reihenfolge der jeweiligen Autoren.

Der Druck des Buches wird ermöglicht durch das BIEM-Projekt „Förderung der unternehmerischen Selbstständigkeit an Hochschulen und Förderung von mehr technologie- und wissensbasierten Unternehmensgründungen im Land Brandenburg" (2011 – 2013), gefördert durch das Ministerium für Wirtschaft und Europaangelegenheiten (MWE) des Landes Brandenburg, aus Mitteln des Europäischen Fonds für Regionale Entwicklung EFRE. Dieses Projekt hat die Qualitätsentwicklung in Gründungsunterstützung und Transfer zudem als eine wesentliche Kernaufgabe.

Wir danken dem MWE Brandenburg auch an dieser Stelle besonders und gerne für die erfahrene und nachhaltige Unterstützung, die hier auch als Aufgabe innovationsorientierter Wirtschaftsförderung in Zusammenwirken mit den Hochschulen deutlich wird.

Last but not least gilt unser Dank den Mitarbeitern, die gerade auch in der Schlussphase die Manuskript- und Druckvorbereitung aktiv mit unterstützten, namentlich Jörg Strompen, Magnus Müller und Philine Rasch

Prof. Dr. Klaus-Dieter Müller
Vorstandsvorsitzender

Christoph Diensberg
Geschäftsführer/Projektkoordinator

Brandenburgisches Institut für Existenzgründung und Mittelstandsförderung (BIEM e.V.)

Inhaltsverzeichnis

Teil 1 Konzeptionelle Grundlagen und Anregungen zur Entwicklung von Qualität und Methoden in der Gründungsunterstützung

Qualität und „Good Practice" in der Gründungsunterstützung 3
CHRISTINE VOLKMANN

Methoden, Kompetenz und Entrepreneurship-Education – Wo Wissenschaft nicht weiter hilft! 17
HELGE LÖBLER

Professionalisierung der Gründungsberater – Eine Strategie zum Abbau von Marktversagen im Beratermarkt 29
KLAUS ANDERSECK

Quality and Professionalization for Entrepreneurship Training, Coaching and Consulting 39
KLAUS-DIETER MÜLLER, CHRISTOPH DIENSBERG

Netzbasierte Entrepreneurship Education – Chancen und Grenzen 55
KLAUS ANDERSECK

Evaluating International Entrepreneurship Training Programmes – Intercultural Concepts and Practical Experiences in Developing Countries 65
GERALD BRAUN

Das (Un)mögliche versuchen: Wir können Beratungsleistungen evaluiert werden? 79
THOMAS FOHGRUB

Zielgruppenspezifische Methoden in Entrepreneurship: Fallstudien als Vermittler zwischen Theorie und Praxis 87
STEFAN GLADBACH, SEAN PATRICK SAßMANNSHAUSEN

Gründen im Spannungsfeld von Kunst und Ökonomie 99
HERBERT GRÜNER

Development Center für Gründer 109
DAJANA LANGHOF

Der Gründungsberater – Ein konzeptioneller Ansatz zum Berufsbild und Umsetzung in einem Weiterbildungscurriculum 117
SASCHA A. PETERS

Aktionslernorientierte Trainerausbildung in der Gründerlehre 127
ANKE REICHERT

Evaluierung von Erfolgsfaktoren technologieorientierter Unternehmensgründungen
anhand eines ressourcenbasierten Modellansatzes 137
RONALD REICH, ANDREAS MEDER

Teil 2 Gründungs- und Kompetenzförderung in Aktion: Methoden, Vorgehensweisen und Erfahrungen in hochschulischer und außerhochschulischer Umsetzung

Der Erfolg der neuen (Klein-)Gründer. Von der erfolgreichen (Klein-)Gründung zum
etablierten Unternehmen – der Coach als „Mitunternehmer" 155
JÖRN BADEN, NADINE TOBISCH

Kunst-Coaching. Ein kreatives Instrument der psychologischen Gründungsberatung 163
JOHANN CLAUSSEN, HERBERT FITZEK

Bedeutung von Teamprozessen in technologischen Spin-off Teams in der Vorgründungs- und Gründungsphase 173
KIRSTI DAUTZENBERG, SYLVIA SCHMIDT

Möglichkeiten und Grenzen des CAIPO-Modells als Evaluationsbasis für ein interfakultäres Entrepreneurship Ausbildungskonzept 183
TINA GRUBER-MÜCKE, NORBERT KAILER, ALEXANDER STOCKINGER

Fallbasiertes Lernen in der dualen Ausbildung und Hochschulausbildung 193
DOREEN HOLTSCH

Die Kunst der Gründungsberatung – Anforderungen an die Gestaltung von Gründungsberatungsprozessen 201
KATJA REISSWIG

Modelling Antecedents and Consequences of Cooperative Learning in Business Planning Courses 215
ALEXANDRA RESE, DANIEL BAIER

Elemente einer handlungsorientierten Entrepreneurship Education – Das Beispiel der
HWR Berlin 225
SVEN RIPSAS

Die Reise zu den 3 Schatzinseln: Entrepreneurship – Persönlichkeit – Innovation 245
KLAUS SAILER, ELLEN MAIER, ERIC A. LEONAVICIUS

Erfolgstreiber in Gründungsprozessen: Persönlichkeiten und Softskills der GründerInnen, Coaches und BeraterInnen – Just in time mit kurzen Hebeln checken, fordern, fördern 249
ULRICH SCHMEISER

Can Entrepreneurs be Made? – An Exercise Firm at the University of Potsdam 261
CHRISTIAN SCHULTZ

Entwicklung und Einsatz eines Gründer-Exzellenz-Zertifikats als Instrument der Gründungsunterstützung 271
DIETER SPECHT, THOMAS SCHULZ, DIRK BRAUNISCH

Science & Business – Verwertung wissenschaftlicher Forschungsergebnisse in der curricularen Lehre 283
DENNY THIMM, MAGDALENA MIßLER-BEHR

Gründungssensibilisierung an Hochschulen – Analyse von Gründungsmanagementveranstaltungen an der BTU Cottbus 297
STEFAN ULICH, ELENI MAGDALINI VASILEIADOU, MAGDALENA MIßLER-BEHR

Was macht eine gute Gründungsberatung an Universitäten und Hochschulen aus? – Ein Beitrag zu Förderkonzepten zur Qualität in der Beratung 315
GABRIELE WEINECK

Handlungsorientiertes Lernen durch Beratung realer Gründungsfälle – Voraussetzungen und Entwicklung eines curricularen Angebots 327
CARSTEN WILLE, REINHARD SCHULTE

Die PRME der UN als Innovationsimpuls zur Ausbildung unternehmerischer Verantwortungsträger und zur Nachhaltigkeitsorientierung 335
UWE ZIMMERMANN, CHRISTOPH DIENSBERG

Teil 1   Konzeptionelle Grundlagen und Anregungen zur Entwicklung von Qualität und Methoden in der Gründungsunterstützung

Qualität und „Good Practice" in der Gründungsunterstützung

PROF. DR. CHRISTINE VOLKMANN, LEHRSTUHL FÜR UNTERNEHMENSGRÜNDUNG UND WIRTSCHAFTSENTWICKLUNG, BERGISCHE UNIVERSITÄT WUPPERTAL, VOLKMANN@WIWI.UNI-WUPPERTAL.DE[1]

---

[1] Die Autorin bedankt sich bei Tatsiana Varabei für die wertvolle Unterstützung bei der Erstellung dieses Beitrags.

1. Kontext

Der Gedanke der universitären Gründungsunterstützung ist nicht neu. Seine Wurzeln lassen sich in den Vereinigten Staaten von Amerika bis in das Jahr 1945 zurückverfolgen (vgl. Bush 1945). Die gesetzlichen Rahmenbedingungen für universitäre Ausgründungen sowie Forschungskommerzialisierung waren dort jedoch bis in die 1980er Jahre weitgehend unattraktiv. Da noch in 1980 nur ein minimaler Anteil der rund 30.000 staatlichen Patente in den USA lizenziert waren, wurde der Bayh-Dole-Act (University and Small Business Patent Procedures Act bzw. Patent and Trademark Law Amendments Act, P.L. 96-517) erlassen. Diese gesetzliche Grundlage sowie weitere Gesetzesänderungen in 1984 bildeten in den USA den institutionellen Rahmen für Universitäten zur Kommerzialisierung von neuen Technologien. Danach wurde es Universitäten sowie anderen Forschungseinrichtungen ermöglicht, Rechte an ihren Erfindungen zu behalten und diese an Privatunternehmen zu lizenzieren. Somit wurde die Aufgabe des Technologietransfers auf die Universitäten übertragen und durch Schaffung von so genannten Technology Transfer Offices institutionalisiert (vgl. Mowery / Sampat / Ziedonis 2002). Insbesondere die verbesserten rechtlichen Rahmenbedingungen führten in den USA zu einem erhöhten Anreiz für Universitäten zur Kommerzialisierung von technologiebasierten Inventionen (vgl. Thursby / Thursby 2002; Shane 2004). In diesem Kontext haben forschungsintensive Universitäten, die durch eine langjährige unternehmerische Kultur geprägt sind, wie z. B. Stanford, Harvard oder das Massachusetts Institute of Technology (MIT), bis heute eine Vielzahl an technologiebasierten Ausgründungen hervorgebracht, die heute zum Teil als Weltmarktführer global agieren (z. B. Google und Facebook).

Auch in Deutschland wurden zwischenzeitlich verbesserte rechtliche Grundlagen für Universitäten und Forschungseinrichtungen zur Kommerzialisierung von Forschungsleistungen geschaffen, wenngleich es für das universitäre wissenschaftliche Personal hierfür kaum Anreize gibt. Im Gegenteil, gründungsaffine Professoren und wissenschaftliche Mitarbeiter, die in ihren Forschungsleistungen unternehmerische Gelegenheiten erkennen und diese möglicherweise wahrnehmen, geraten in ihrem Kollegenkreis nicht selten in die Kritik. Ein Wandel universitärer Organisationskulturen erscheint zwar schwierig, aber durchaus möglich, um „Akropolis und Agora" zu vereinen (vgl. Bercovitz / Feldman 2008; Glassman et al. 2003). In diesem Zusammenhang soll auch darauf hingewiesen werden, dass sich in den letzten Jahren die Gründungsunterstützung von Hochschulen in Deutschland, nicht zuletzt aufgrund der Förderung durch staatliche Initiativen (z. B. EXIST), verbessert hat. In einer Nachhaltigkeitsbetrachtung fehlt es aber oftmals an Ressourcen und damit auch an der Qualität in der Gründungsunterstützung. Schließlich sind für Universitäten die Beteiligungsmöglichkeiten an Ausgründungen immer noch wenig attraktiv. Wenngleich noch in den Anfängen, gibt es in einem geringen Umfang aber auch Erfolge, wie das Beispiel der mp3-Musik zeigt. Dieses bekannt gewordene Verfahren zur Komprimierung von digitalen Audiodaten wurde 1982 an der Universität Erlangen-Nürnberg in Zusammenarbeit mit dem Fraunhofer-Institut für Integrierte Schaltungen IIS entwickelt. Dabei erzielt die Fraunhofer-Gesellschaft aus den mp3-Patenten jährlich zweistellige Millionenerträge an Lizenzeinnahmen (vgl. Dembowski 2009). Möglicherweise hätte aber auch die Kommerzialisierung dieser Spitzenforschungsleistung durch eine professionelle Gründungsunterstützung für alle Stakeholder (Anspruchsgruppen) in Deutschland und Europa noch erfolgreicher sein können.

2. Gründungsunterstützung an Universitäten

Die universitäre Gründungsunterstützung ist mehr als allein die oben angesprochene Forschungskommerzialisierung. In der Entrepreneurship-Literatur und -Praxis gibt es allerdings bislang kein einheitliches Verständnis darüber, was unter Gründungsunterstützung zu verstehen ist. In der deutschsprachigen Literatur beinhaltet der Begriff häufig nur direkte Maßnahmen, die auf Gründerpersonen bzw. konkrete Gründungsvorhaben ausgerichtet sind. Danach umfasst die Bezeichnung „[...] die Gesamtheit aller finanziellen und nicht finanziellen Hilfen, die potenziellen und aktuellen Existenzgründern den Schritt in die Selbständigkeit erleichtern sollen" (Uebelacker 2005: 23). Eine andere Begriffsauffassung bezieht sich auf „alle Maßnahmen, die Erschwernisse bei der Vorbereitung und Realisierung einer Gründung sowie in der Frühentwicklungsphase mindern oder nicht entstehen lassen" (Lilischkis 2001: 21). In einer erweiterten Begriffsabgrenzung geht es nicht nur um direkte Maßnahmen zur Generierung von konkreten Gründungen, sondern vielmehr auch um indirekte Maßnahmen zur Gründungsausbildung (Entrepreneurship-Ausbildung). An Universitäten ist die Entrepreneurship-Ausbildung insbesondere auf die Entwicklung von unternehmerischen Denk- und Handlungsweisen, Fähigkeiten und Einstellungen ausgerichtet. Im universitären Kontext stehen in diesem Zusammenhang insbesondere Aspekte der Innovation, der unternehmerischen Kreativität, der Erkennung und Wahrnehmung von unternehmerischen Gelegenheiten, der Ideenfindung sowie der Gründung und des Wachstums von jungen Unternehmen im Vordergrund (vgl. z. B. Volkmann et al. 2009). Dieses erweiterte Verständnis einer Gründungsunterstützung schließt auch die Förderung studentischer Aktivitäten, wie beispielsweise die Gründung und Weiterführung studentischer Unternehmen sowie unternehmerische Initiativen und Projekte (z. B. Students In Free Enterprise – SIFE), ein.

Die Gründungsunterstützung kann im engeren und weiteren Sinne differenziert werden. Im engeren Sinne folgt Gründungsunterstützung einem direkten Ansatz, indem sie Studierende durch die Entwicklung ihrer unternehmerischen Kompetenzen und Absichten zur Selbständigkeit als einer beruflichen Option motiviert sowie universitäre Ausgründungen unmittelbar unterstützt (vgl. Koch 2003). Hierfür sind qualifizierte Dozenten, fundierte Lehrinhalte und -methoden sowie engagierte Mitarbeiter notwendig. Des Weiteren ist für die zielgerichtete Vermittlung unternehmerischer Kompetenzen eine institutionelle Verankerung der unternehmerischen Ausbildung auf der Grundlage eines geeigneten Modells notwendig. In einem inter- und transdisziplinären Verständnis der Entrepreneurship-Ausbildung bildet die Öffnung des Lehrangebots für Studierende aller Fachbereiche eine weitere Herausforderung.

In der Regel erfolgen Neugründungen nicht direkt nach dem Abschluss des Studiums. Absolventen ziehen es vielfach vor, erst praktische Erfahrungen zu sammeln, bevor sie ihr eigenes Unternehmen gründen. Ein systematischer Aufbau von Alumni-Organisationen und ein dauerhafter Kontakt zu Hochschulabsolventen sind aus diesem Grund sehr bedeutsam, nicht zuletzt auch, um eine etwaige spätere Gründung aus der Berufstätigkeit heraus nachverfolgen zu können. Ein Grund dafür, dass gründungsinteressierte Absolventen schließlich doch kein eigenes Unternehmen gründen, liegt häufig in den damit verbundenen hohen Opportunitätskosten, denn viele sehr gute Universitätsabsolventen verfügen häufig über exzellente berufliche Aussichten in bestehenden Unternehmen (vgl. Wiklund / Delmar / Sjöber 2004).

Gründungsunterstützung im weiteren Sinne verfolgt einen ganzheitlichen Ansatz und hat zum Ziel, neben einer zielgruppenspezifischen Entrepreneurship-Ausbildung und Förderung von Spin-Off-Gründungen ein „Entrepreneurial Ecosystem" im Sinne eines nachhaltig gründungsfreundlichen Systems und Umsystems zu generieren. Dieser Ansatz schließt somit eine gründungsfreundliche Umgebung unter Einbindung aller internen und externen Stakeholder explizit ein.

Ein Entrepreneurial Ecosystem stellt ein System von nachhaltigen und wechselseitig fördernden Beziehungen zwischen Institutionen, Personen und Prozessen dar, welche die Durchsetzung unternehmerischer Vorhaben unterstützen. Seine Interessengruppen (Universitäten, Unternehmen, Inkubatoren, Kapitalgeber, politische Entscheidungsträger usw.) sind im Rahmen von interaktiven Austauschbeziehungen in verschiedene Aktivitäten involviert, wie beispielsweise die Förderung von unternehmerischen Talenten, Aufbau von unternehmerischen Partnerschaften und Netzwerken, Beratungsleistungen in Fragen des geistigen Eigentums, die Finanzierung, die Öffentlichkeitsarbeit usw. (vgl. Volkmann et al. 2009).

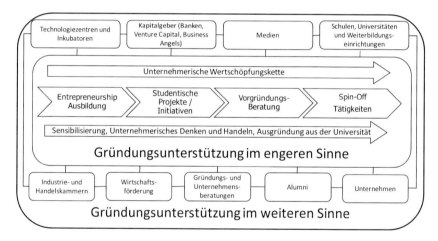

Abb. 1: Entrepreneurial Ecosystem – Gründungsunterstützung an Universitäten im engeren und weiteren Sinne

Die Abbildung stellt den Zusammenhang zwischen der Gründungsunterstützung im engeren und im weiteren Sinne als Entrepreneurial Ecosystem dar. Die Universität als Bildungsinstitution spielt in dieser Darstellung die zentrale Rolle und begleitet ihre Studierenden von einer ersten Sensibilisierung, den ersten Gedanken über eine Gründung bis hin zur Ausgründung aus der Universität. Die unternehmerische Ausbildung und die Förderung von Spin-Offs werden durch das Zusammenspiel interner und externer Stakeholder vervollständigt, das günstige Gründungs- und Wachstumsbedingungen außerhalb der Universität in der realen Geschäftswelt schafft.

3. Qualität in der Gründungsunterstützung

Eine erfolgreiche qualitative Gründungsunterstützung bedarf einer kontinuierlichen Evaluation ihrer Prozesse und Bestandteile. Im Rahmen des Bologna-Prozesses basiert die Evaluation europäischer Bildungseinrichtungen beispielsweise auf Normen und Richtlinien, die durch die ENQA (European Association for Quality Assurance in Higher Education) eingeführt wurden.

Aufgrund der besonderen Merkmale und Ziele der Gründungsunterstützung können die Bewertungskriterien für Entrepreneurship-Programme, -Kurse und -Aktivitäten jedoch variieren und von allgemeinen Normen und Richtlinien abweichen. Aus diesem Grund muss die Evaluation der Gründungsunterstützung dementsprechend angepasst werden (vgl. Europäische Kommission 2008). Dabei sollten sowohl die Qualität und Effektivität von Entrepreneurship-Programmen als auch ökonomische und gesellschaftliche Implikationen der Gründungsunterstützung bewertbar und somit optimierungsfähig sein.

Allerdings ist die Qualitätsmessung der Gründungsunterstützung im Hochschulbereich auf Basis von quantitativen und qualitativen Indikatoren im Hinblick auf ihre Aussagefähigkeit partiell nicht unproblematisch. Quantitative Kriterien zur Qualitätsmessung der Gründungsausbildung sind beispielsweise die Anzahl der angebotenen Entrepreneurship-Kurse, die Anzahl der Studierenden, die an Entrepreneurship-Kursen teilnehmen, oder Finanzierungsbudgets, die Universitäten zur Gründungsausbildung zur Verfügung stehen. Derartige quantitative Kriterien sind für die Qualitätsbeurteilung nur in begrenztem Maße aussagefähig. Aber auch die Bewertung der Gründungsausbildung anhand von qualitativen Kriterien ist hinsichtlich geeigneter Modelle und ihrer empirischen Überprüfung noch nicht ausgereift. Dabei handelt es sich etwa um die Messung von Einstellungs- und Wahrnehmungsänderungen bei Studierenden in Bezug auf Entrepreneurship sowie der Veränderungen ihrer jeweiligen Einschätzung des Unternehmerbildes. Ein weiteres qualitatives Kriterium ist das Qualifikationsniveau des wissenschaftlichen Personals, das Entrepreneurship-Kurse ausarbeitet und anbietet. Da zwischen der Absolvierung von Entrepreneurship-Kursen bzw. -Programmen und der tatsächlichen Gründung oftmals eine erhebliche Zeit vergeht, stellt sich auch die Frage nach der Messbarkeit der Auswirkungen der Entrepreneurship-Ausbildung in einer Längsschnittbetrachtung (vgl. Volkmann et al. 2009); einen interessanten Ansatz einer Vorher-Nachher-

Untersuchung der Wirkungen von Ausbildungsmaßnahmen im Bereich Entrepreneurship an Hochschulen bietet z.B. Müller (vgl. Müller 2008).

Im Unterschied zur Messung der Gründungsunterstützung durch Ausbildung werden zur Evaluation der Gründungsunterstützung in Bezug auf die Förderung von universitären Ausgründungen vor allem quantitative Kriterien herangezogen (vgl. Nelson / Byers 2005). Die Auswirkungen können anhand der Anzahl der Spin-Offs aus Universitäten oder der Anzahl der Neugründungen erfasst werden. Weitere Indikatoren sind die Anzahl neuer Patente oder Lizenzen, die Anzahl der durch Neugründungen generierten Arbeitsplätze sowie ihre Umsätze.

4. „Good Practice"-Beispiele der Gründungsunterstützung

Als typische Erfolgsbeispiele der Gründungsunterstützung wurden in der Entrepreneurship-Literatur in den letzten Jahren vor allem US-amerikanische Universitäten hervorgehoben, bspw. Stanford University, University of California, Massachusetts Institute of Technology (MIT), Babson College, Harvard (vgl. z.B. Allen / Liebermann 2010; Crow 2008; Etzkowitz 2002; Fetters / Greene / Rice 2010; O'Shea et al. 2005). Die Ursache für den Erfolg dieser Beispiele wird teilweise auch auf das jeweilige regionale Umfeld zurückgeführt, das eine besonders ausgeprägte unternehmerische Kultur aufweist, z. B. das Silicon Valley oder die Route 128 (vgl. z. B. Weiler 2003; Saxenian 2006; Roberts / Eesley 2009). Im Hinblick auf „Good Practice"-Beispiele der Gründungsunterstützung in europäischen Universitäten leistete Burton Clark mit einer Studie von fünf unternehmerisch ausgerichteten Universitäten (Warwick (England), Strathclyde (Schottland), Twente (Niederlande), Joensuu (Finnland) und Chalmers University of Technology (Schweden) Pionierarbeit (siehe Clark 1998). Heute können diese Erfolgsbeispiele weltweit durch weitere Universitäten ergänzt werden (vgl. z. B. Volkmann et al. 2009). Nachfolgend sind zwei ausgewählte Universitäten – die Universität Stanford (USA) und die Universität Cambridge (Großbritannien) – als internationale „Good Practice"-Beispiele für eine umfassende und professionelle universitäre Gründungsunterstützung aufgeführt.

Universität Stanford

Die Universität Stanford bildet den Nukleus des Silicon Valley im nördlichen Kalifornien. Ihre Erfolgsgeschichte, insbesondere im Bereich von erfolgreichen High-Tech-Ausgründungen, wurde bereits oftmals dokumentiert. Die Universität generiert erhebliche Einkünfte aus Lizenzierungen – schätzungsweise allein 45 Mio. US $ im Jahr 2003 (vgl. Nelson / Byers 2005). Mehr als 50% der Einnahmen im Silicon Valley werden von Unternehmen erwirtschaftet, die aus der Universität Stanford hervorgegangen sind (vgl. Gibbons 2000).

Stanford bietet eine Vielzahl an curricularen und extra-curricularen Ausbildungsangeboten und Aktivitäten mit dem Fokus auf Entrepreneurship an. In der Lehre umfasst das Angebot mehr als 50 regelmäßig gehaltene Programme und Kurse im Bereich von Entrepreneurship. Darüber hinaus bietet die Universität Veranstaltungen auch für Unternehmen an, z. B. speziell für Wachstumsunternehmen. Innovative Lehrmethoden und -inhalte werden ergänzend von Initiativen, beispielsweise von der „Stanford Entrepreneurship Corner" und dem „Roundtable on Entrepreneurship Education (REE)", entwickelt und verbessert. Auf der Internetplattform der Stanford Entrepreneurship Corner werden unter anderem Videos und Podcasts mit dem Fokus auf Entrepreneurship-Themen zur Verfügung gestellt, wobei insbesondere auch Unternehmer, wie z. B. Marc Zuckerberg (Gründer des Social Networks Facebook) und Larry Page (Gründer von Google), gezeigt werden.

Zusätzlich zum Lehrangebot existiert eine Vielzahl an studentischen Gruppen und Initiativen, die sich mit den Themen „Entrepreneurship" und „Technologie-Transfer" befassen. Unterstützt werden diese oftmals durch die „School of Engineering" (z. B. The Business Association of Stanford Entrepreneurial Students).

Die Universität Stanford verfügt über eine ausgeprägte Gründungsinfrastruktur und Netzwerk-Kultur, wobei insbesondere interaktive Verbindungen zu High-Tech-Unternehmen im Silicon Valley unterstützt werden. Zudem bestehen zahlreiche, professionelle Alumni-Plattformen. Insgesamt sind es im Falle der Stanford Universität zwei wesentliche Faktoren, die zu einer erfolgreichen Integration von Entrepreneurship-Lehre einerseits und Kommerzialisierung von Forschungsleistungen der Universität andererseits beitragen. Dies sind zum einen die auf einer intensiven Interaktion und Vernetzung basierenden universitätsinternen

Beziehungen in der Gründungsunterstützung und zum anderen die Beziehungen der Universität zu externen Stakeholdern in der Gründungsunterstützung, insbesondere zu Unternehmen, die von Alumni gegründet wurden, sowie Business Angels und Venture-Capital-Gesellschaften.

Universität Cambridge

Die Forschung in den Bereichen High-Tech und Entrepreneurship hat an der Universität Cambridge eine lange Tradition. Dies spiegelt sich auch in dem technologieintensiven und innovativen regionalen Umfeld der Universität wider. So zählt dieses zu den am schnellsten wachsenden Regionen in Großbritannien (Cambridge Technopole). 250 Unternehmen haben ihren Ursprung auf Basis eines Technologie- und Wissenstransfers der Universität. Diese Unternehmen beschäftigten in 2005 rund 4.000 Personen und erwirtschafteten 574 Millionen britische Pfund (vgl. Library House Limited 2006).

An der Universität Cambridge werden zahlreiche, verschiedene Veranstaltungen in dem Themenschwerpunkt „Entrepreneurship" für Bachelor- sowie Master-Studierende angeboten. Die Lehrangebote im Bereich „Entrepreneurship" werden zentral vom „Centre for Entrepreneurial Learning" koordiniert. Der Lehrplan umfasst mehr als 40 Veranstaltungen, die von Wissenschaftlern, aber auch von Unternehmern gehalten werden. Hierbei wird ein Fokus auf das Lösen praxisbezogener bzw. realer wirtschaftlicher Probleme gelegt. Zudem werden an der Universität im Sommer „Summer Schools" angeboten, die sich an einzelne Entrepreneure und Innovatoren richten, um dort unternehmerische Gelegenheiten zu kreieren und gleichzeitig Kontakte zu potenziellen Venture-Capital-Gebern zu knüpfen. Eine zusätzliche Unterstützung bietet die Universität Cambridge unter anderem in den Bereichen Lizenzierung, Beratung und Kapitalbeschaffung. Das „Cambridge Enterprise" beispielsweise ist derzeit verantwortlich für die Lizenzierung von 20 technologiebasierten Erfindungen für Unternehmen weltweit und für die Unterstützung von 33 Spin-Outs im biomedizinischen Sektor. Das hohe Niveau des „unternehmerischen Outputs" der Universität basiert auf einem langfristigen Entwicklungsprozess und den Stärken im Bereich der universitären Forschung, der Finanzierungskraft der Region sowie einer einfachen, wenig bürokratischen gründungsbezogenen Infrastruktur in der Universität, unter anderem auch in Bezug auf die

Handhabung des Technologietransfers und Schutzes des geistigen Eigentums. Ein zentraler Erfolgsfaktor der Entstehung des Cambridge Clusters ist vor allem auch das Netzwerk der Universität, das sich im Kern auf „dynamische unternehmerische Persönlichkeiten" (z. B. Hermann Hauser als Nukleus) zurückführen lässt. Dieses Netzwerk hat auf der Mikroebene eine Vielzahl von Gründungen im Kontext der Universität Cambridge befördert (vgl. Myint / Vyakarnam / New 2005).

5. Ausblick

Die erfolgreich praktizierte Gründungsunterstützung an den Universitäten Stanford und Cambridge verdeutlicht, dass der auf Entrepreneurship und Innovation ausgerichteten Kooperation zwischen einer Universität und ihren Stakeholdern im Hinblick auf die Generierung von neuen, innovativen, insbesondere technologiebasierten Unternehmen eine zentrale Rolle zukommt. In diesem Zusammenhang ist es eine wesentliche Aufgabe der Politik, gründungsfreundliche Rahmenbedingungen zu schaffen (vgl. hierzu z. B. Etzkowitz 2008). Für die Universitäten von grundlegender Bedeutung ist, dass das unternehmerische Denken und Handeln aller Mitglieder (Studierende, Mitarbeiter auf allen Ebenen) durch eine gründungsfreundliche Kultur sowie eine zielgerichtete Ausbildung gefördert und Ausgründungen aktiv und qualifiziert unterstützt werden. Zielgruppenspezifisch kann eine Fokussierung auf die Gründungsunterstützung für Wissenschaftlerinnen und Studentinnen empfohlen werden, da diese Gruppe – bei oftmals mindestens ähnlicher Ausgangsqualifikation – sowohl international als auch für Deutschland eine signifikant geringere Gründungsneigung aufweist als männliche Vergleichsgruppen (vgl. Rosa / Dawson 2006; Murray / Graham 2007; Goethner et al. 2009). Des Weiteren ist die Sensibilisierung und Einbindung relevanter externer Akteure für die Gründungsunterstützung wesentlich. In einem so verstandenen Sinne der Gründungsunterstützung kann zur Stärkung der Wettbewerbsfähigkeit, Innovationskraft und somit des Wirtschaftswachstums einer Region in einem systematischen Entwicklungsprozess ein spezifisches universitätsbasiertes „Entrepreneurial Ecosystem" geschaffen werden. Dabei sollte es nicht das Ziel sein, die Systeme von Stanford oder Cambridge zu kopieren. Vielmehr ist jedes Entrepreneurship Ecosystem einzigartig (vgl. Isenberg 2010). Schließlich ist darauf hinzuweisen, dass die Gründungsunterstützung einen Bestandteil der Mission einer Universität bilden sollte. Im Kontext der Förderung eines universitätsweiten unternehmerischen Denkens und

Handelns ist aber auch die Verankerung eines entsprechenden Governance-Kodexes wesentlich. Dabei stehen die Gründungsunterstützung sowie die Förderung des unternehmerischen Denkens und Handelns in einer Universität immer auch in einem direkten Zusammenhang mit der Übernahme sozialer Verantwortung im Kontext von Wissenschaft, Wirtschaft, Politik und Gesellschaft.

Literatur- und Quellenverzeichnis

Allen, K. / Liebermann, M. (2010): University of Southern California, in: Fetters, M. L. / Greene, P. G. / Rice, M. P. / Butler, J. S. (eds.): *The development of university-based entrepreneurship ecosystems: Global practices*. Cheltenham, UK: Elgar, 76-95.

Bercovitz, J. / Feldman, M. (2008): Academic entrepreneurs: Organizational change at the individual level. In: *Organization Science*. 19, 1, 69-89.

Bush, V. (1945): *Science, the endless Frontier. A Report to the President on a Program for Postwar Scientific Research, July 1945*. Washington.

Clark, B. (1998): *Creating Entrepreneurial Universities: Organizational Pathways of Transformation*. Oxford: Pergamon-Elsevier Science.

Crow, M. M. (2008): Building an Entrepreneurial University. In: Kauffman Foundation (ed.): *The Future of the Research University: Meeting the Global Challenges of the 21st Century*. Kauffman-Planck Summit on Entrepreneurship Research and Policy, Bavaria, Germany, 8-11 June 2008, 11-30.

Dembowski, K. (2009): *MP3 - Forschung, Entwicklung und Vermarktung in Deutschland*. Erlangen: Fraunhofer-Institut IIS.

Etzkowitz, H. (2002): *MIT and the rise of entrepreneurial science*. London / New York: Routledge.

Etzkowitz, H. (2008): *The Triple Helix, University-Industry-Government Innovation in Action*. Routledge, New York / London: Taylor & Francis Group.

Europäische Kommission (2008): *Final Report of the Expert Group Entrepreneurship in Higher Education, especially within non-business studies.* Brussels.

Fetters, M. L. / Greene, P. G. / Rice, M. P. (2010): Babson College. In: Fetters, M. L. / Greene, P. G. / Rice, M. P. / Butler, J. S. (eds.): *The development of university-based entrepreneurship ecosystems: Global practices.* Cheltenham, UK: Elgar, 15-44.

Gibbons, J. T. (2000): The Role of Stanford University: A Dean's Reflections. In: Lee, C. M. / Miller, W. (eds.): *The Silicon Valley Edge: A Habitat for Innovation and Entrepreneurship.* Stanford: Stanford University Press, 200-217.

Glassman, A. M. / Moore, R. W. / Rossy, G. L. / Neupert, K. / Napier, N. K. / Jones, D. J. / Harvey, M. (2003): Academic Entrepreneurship: Views on Balancing the Acropolis and the Agora. In: *Journal of Management Inquiry.* 12, 4, 353-374.

Goethner, M. / Obschonka, M. / Silbereisen, R. K. / Cantner, U. (2009): Approaching the Agora: Determinants of Scientists´ Intentions to Pursue Academic Entrepreneurship. In: *Jena Economic Research Papers in Economics. No. 2009-079*, Jena: Friedrich-Schiller-University Jena / Max-Planck-Institute of Economics.

Isenberg, D. J. (2010): The Big Idea: How to Start an Entrepreneurial Revolution. In: *Harvard Business Review.* 88 (6), 40-50.

Koch, L. T. (2003): Theory and practice of entrepreneurship education: a German view. In: *International Journal of Entrepreneurship Education.* 1, 633-660.

Library House Limited (2006): *The Impact of the University of Cambridge on the UK Economy and Society.* Cambridge.

Lilischkis, S. (2001): *Förderung von Unternehmensgründungen aus Hochschulen: eine Fallstudie der Universität of Washington (Seattle) und der Ruhr-Universität Bochum.* Reihe: FGF-Entrepreneurship-Research-Monographien, Bd. 27, Lohmar, Köln: EUL VERLAG.

Mowery, D. C. / Sampat, B. N. / Ziedonis, A. A. (2002): Learning to Patent: Institutional Experience, Learning, and the Characteristics of U.S. University Patents After the Bayh-Dole Act, 1981–1992. In: *Management Science*. 48, 1, 73-89.

Müller, S. (2008): *Encouraging future entrepreneurs: the effect of entrepreneurial course characteristics on entrepreneurial intention*. Unveröffentlicht, University of St. Gallen, Switzerland.

Murray, F. / Graham, L. (2007): Buying science and selling science: Gender differences in the market for commercial science. In: *Industrial and Corporate Change*. 16, 4, 657-689.

Myint, Y. M. / Vyakarnam, S. / New, M. (2005): The effect of social capital in new venture creation: the Cambridge high-technology cluster. In: *Journal of Strategic Change*. 14, 165-177.

Nelson, A. / Byers, T. (2005): Organizational Modularity and Intra-University Relationships between Entrepreneurship Education and Technology Transfer. In: Libecap, G. (ed.): *University Entrepreneurship and Technology Transfer: Process, Design, and Intellectual Property*. Stanford: Elsevier Science, 275-311.

O'Shea, R. / Allen, T. / Morse, K. (2005): *Creating the Entrepreneurial University: The Case of MIT*. Paper presented at Academy of Management Conference, Hawaii.

Roberts, E. B. / Eesley, C. (2009): *Entrepreneurial Impact: The Role of MIT*. Kauffman Foundation, Feb. 2009.

Rosa, P. / Dawson, A. (2006): Gender and the commercialization of university science. Academic founders of spinout companies. In: *Entrepreneurship and Regional Development*. 18, 341-366.

Saxenian, A. (2006): *The New Argonauts: Regional Advantages in Global Economy*. Cambridge: Harvard University Press.

Shane, S. (2004): Encouraging university entrepreneurship? The effect of the Bayh-Dole Act on university patenting in the United States. In: *Journal of Business Venturing.* 19, 127-151.

Thursby, J. G. / Thursby, M. C. (2002): Who is selling the Ivory Tower? Sources of growth in university licensing. In: *Management Science.* 48, 1, 90-104.

Uebelacker, S. (2005): Gründungsausbildung. Entrepreneurship Education an deutschen Hochschulen und ihre raumrelevanten Strukturen, Inhalte und Effekte. Wiesbaden: DUV Deutscher Universitäts-Verlag.

Volkmann, C. / Wilson, K. / Mariotti, S. / Rabuzzi, D. / Vyakarnam, S. / Sepulveda, A. (2009): *Educating the Next Wave of Entrepreneurs.* World Economic Forum, A Report of the Global Education Initiative, Cologne, Geneva.

Weiler, H. N. (2003): Proximity and Affinity: regional and cultural linkages between higher education and ICT in Silicon Valley and elsewhere. In: Wende, M. / Ven, M. (eds.): *The use of ICT in higher education.* Utrecht: Lemma, 277-297.

Wiklund, J. / Delmar, F. / Sjöber, K. (2004): Entrepreneurship at any expense? The effect of human capital on high-potential entrepreneurship. In: Zahra, S. et al. (eds.): *Frontiers of Entrepreneurship Research 2004.* Babson Park: Babson College, 109-123.

Methoden, Kompetenz und Entrepreneurship-Education –
Wo Wissenschaft nicht weiter hilft!

Prof. Dr. Helge Löbler, SMILE-Initiative, Universität Leipzig, loebler@wifa.uni-leipzig.de

1. Einleitung

Bekanntlich ist es schwierig, genau zu sagen, was erfolgreiche von nicht erfolgreichen Unternehmern unterscheidet. Ebenso schwierig ist es, frühzeitig zu sagen, welche Person das Potenzial zu einem erfolgreichen Unternehmer hat und welche nicht. Deshalb ist es auch nicht verwunderlich, dass die Entrepreneurship-Ausbildung eigentlich immer noch im Dunkeln tappt. Trotz der ungeheuerlichen Vielzahl von Programmen, die national und international für Unternehmensgründer und Entrepreneure angeboten werden, ist nicht wirklich klar, wie eine solche Ausbildung auszusehen hat. Eines allerdings ist klar: Alle Programme zeigen, dass es mit dem üblichen, so genannten Wissenstransfer nicht getan ist. Ein Unternehmensgründer braucht mehr. Es reicht nämlich nicht, „nur" zu wissen, wie man ein Unternehmen gründet, sondern man muss es auch können. Worin liegt aber der Unterschied zwischen Wissen und Können? Und wie kommen wir in einer Unternehmensgründungsausbildung vom Wissen zum Können? Der vorliegende Beitrag versucht deutlich zu machen, dass das Phänomen der Unternehmensgründung, und vor allem der Ausbildung zum Unternehmensgründer, nicht ausschließlich aus wissenschaftlicher Perspektive beleuchtet werden kann. Denn wie der Name schon sagt, befasst sich Wissenschaft mit Wissen. Aber wer befasst sich mit Können? Nun, offensichtlich sind sowohl Sportler wie auch Künstler ohne Können hilflos. Es ist also angebracht, sich einmal anzuschauen, wie Sportler und Künstler erfolgreich werden, und vor allem wie sie lernen.

2. Lernen in anderen Lebenswelten

Sport

Es ist doch auffallend, dass niemand erwarten würde, dass man allein durch das Lesen schlauer Bücher ein guter Sportler wird. Jeder weiß, dass ein Sportler hart trainieren und intelligent üben muss, um ein Spitzensportler zu werden. Dazu hat er im Allgemeinen einen Trainer. Allerdings unterscheidet sich dieser Trainer erheblich von einem Dozenten in der Universität in einem sozial- oder geisteswissenschaftlichen Fach. Während der Dozent den Stoff weitaus besser beherrschen muss als die Studierenden, ist das für einen guten Trainer nicht nötig. Im Gegenteil, viele Trainer sind längst nicht so gut wie die von ihnen betreuten

Spitzensportler (ich bin mir sehr bewusst, dass es auch hier Ausnahmen gibt). Was tut aber dann der Trainer, wenn er nicht besser ist als sein Sportler? Nun, er hilft dem Sportler, besser zu werden. Das tut der Trainer, indem er den Sportler aufmerksam beobachtet, ihm angemessene Übungen gibt und mit ihm gemeinsam überlegt, wie der Sportler noch besser werden kann. Dabei ist der Tuende im Wesentlichen immer der Sportler und nicht der Trainer, vielmehr ist der Trainer ein Berater des Tuenden. Der Sportler wird also ein Könner, indem er das übt, was er können will. Er übt es, und der Trainer begleitet und berät ihn dabei.

Musik

Mit der gleichen Selbstverständlichkeit, mit der niemand im Sport Spitzenleistung ohne Übung erwartet, erwartet auch in der Musik niemand Spitzenleistung ohne Übung. Im Gegenteil, jeder, der ein Instrument erlernt hat und sich mit Etüden und Ähnlichem auseinandergesetzt hat, weiß, dass der Volksmund recht hat, wenn er sagt: „Übung macht den Meister".

3. Wie Business Schools Sportler oder Musiker ausbilden würden

Man stelle sich einmal vor, ein Spitzensportler oder Musiker würde auf die gleiche Weise ausgebildet, wie heute an den meisten Business Schools angeblich Führungskräfte ausgebildet werden. Zunächst einmal würde man kluge Vorlesungen anbieten, damit der Musiker oder Sportler die nötigen Hintergrundinformationen für seine Disziplin und seine Spezialisierung erhält. Dann würde man Literaturlisten an die Spitzensportler und Musiker in spe verteilen, damit sie ihr Wissen vertiefen können, denn es ist ja unstrittig, dass Lesen bildet. Man würde auch erklären können, warum diese Lektüre wichtig ist, um ein Spitzensportler oder Musiker zu werden, denn wie kann man etwas tun, ohne die nötigen Wissensvoraussetzungen zu haben? Man würde dann in der konsequenten Fortsetzung dieses Ansatzes auch Klausuren schreiben, um zu prüfen, ob der Musiker oder Spitzensportler sich auch wirklich das Wissen angeeignet und verstanden hat, das er braucht, um Spitzensportler oder Musiker zu werden. Schließlich würde man die Lernenden Seminararbeiten anfertigen lassen, um verschiedene Ansätze, die die Literatur zu bieten hat, gegenüberzustellen und zu diskutieren. Weder der Musiker noch der Sportler hat bis jetzt ein Sportgerät oder Musikinstrument gesehen. Natürlich werden fortschrittliche Business Schools Gruppenarbeit anbieten und die

Lernenden zu Präsentationen des Gelernten bitten. Darin werden dann die Lernenden auf Folien zeigen und erklären, wie man die Sportart betreibt beziehungsweise wie man das Musikinstrument spielt. Die Sport-Lernenden werden vorzüglich über Hebelgesetze, Muskelpartien, Schnellkraft und vieles andere mehr referieren können, ebenso die Musik-Lernenden über Musikgeschichte, das Pythagoreische Komma, wohl-temperierte Stimmungen und anderes. Aber eines ist klar: Weder der Sport-Interessierte wird auf diese Weise ein Sportler noch wird der Musik-Interessierte ein Musiker. Deshalb werden auch Studierende von Business-Schools allein durch deren Besuch noch keine Führungskräfte und schon gar keine Unternehmer. Wer auf diese Weise lernt, weiß viel, aber was kann er wirklich?

Ich behaupte keineswegs, dass alle Studenten schlecht ausgebildet werden, und ich behaupte schon gar nicht, dass alle Studenten nichts können. Vielmehr muss man sich genau ansehen, worin dieses Können besteht.

4. Was man im (klassischen) Studium lernen kann

Studenten sind vor allem dann gut auf ihren Beruf vorbereitet, wenn sie in ihrem Beruf nichts anderes tun als im Studium. Dies ist bei vielen Disziplinen, die an Universitäten unterrichtet werden, der Fall! Wer ein betriebswirtschaftliches Studium absolviert und sich darin beispielsweise auf Rechnungswesen spezialisiert, lernt, wie er das gesamte Unternehmensgeschehen in einer Bilanz darstellen kann und auch wie er eine Bilanz interpretieren kann. Dieses kann er ja auch während seines Studiums üben, an Beispiel-Bilanzen oder an beliebigen Geschäftsvorfällen, die auch zuhauf in den Lehrbüchern vorkommen. Wenn also das Können eine intellektuelle Fähigkeit beschreibt, dann kann diese intellektuelle Fähigkeit durchaus während der universitären Ausbildung geübt und im Diskurs und der intellektuellen Auseinandersetzung mit dem Thema weiterentwickelt werden. Wenn aber das Können über intellektuelles Können hinausgeht und zum Beispiel intuitives, manuelles oder körperliches Können hinzutreten, dann kann man eben von Musikern und Sportlern sowie deren Ausbildung einiges lernen.

Wodurch unterscheidet sich nun das intellektuelle vom nichtintellektuellen Können? Nun, zunächst einmal ist es fraglich, ob man diese beiden Arten des Könnens überhaupt unterscheiden kann. Es scheint zunächst so, als könne man die Fähigkeit, eine Bilanz zu analysieren, in einer Art Wissenstransfer organisieren, während es ziemlich offensichtlich ist, dass derjenige, der Klavier spielen kann, dies nicht einfach auf den Lernenden transferieren kann. Ebenso ist sofort einleuchtend, dass ein Spitzensportler seine Fähigkeit keineswegs durch eine Vorlesung oder ähnlich geartete Veranstaltungen auf den Lernenden übertragen kann. Der Unterschied zwischen dem Klavierspieler und dem Spitzensportler auf der einen und dem Rechnungswesen-Experten auf der anderen Seite liegt aber deutlich darin, dass Rechnungswesen in einer bestimmten Sprache stattfindet, die intersubjektiv zugänglich ist. So besteht ein großer Teil des Studiums des Rechnungswesens im Lernen von Begriffen oder genauer gesagt im Einüben ihres Gebrauchs.

Das Einüben des Gebrauchs der Begriffe des Rechnungswesens unterscheidet sich nicht vom Einüben einer Etüde beim Klavierspiel oder eines Bewegungsablaufs eines Spitzensportlers. Denn es ist keineswegs so, dass die Begrifflichkeiten des Rechnungswesens einfach aus ihren Definitionen heraus klar werden. Das ist mit keinem Begriff so. Dies haben Ludwig Wittgenstein und vor ihm zu Beginn des vergangenen Jahrhunderts Ferdinand de Saussure deutlich erkannt. Während Wittgenstein sagt, dass die Bedeutung eines Wortes sein Gebrauch in der Sprache ist (vgl. Wittgenstein 2008: § 43), weist de Saussure darauf hin, dass jede Bedeutung zu einem Begriff arbiträr (vgl. Saussure 1959: 67ff.), also willkürlich, aber ich füge hinzu, sozial konstruiert, ist. Das (angemessene) Benutzen von Begriffen ist also genau so eine Ausübung wie das Spielen einer Etüde oder das Ausführen eines Bewegungsablaufs. Der Unterschied ist, dass der angemessene Gebrauch von Begriffen und der Umgang mit diesen immer auch sozial kontingent ist und eben nur Sprache und nichts anderes als Instrument erfordert. Dagegen wird der Spitzensportler erst im Wettbewerb sozial kontingent und der Klavierspieler beim Vorspiel. Beide brauchen aber vor allem ein Instrument (auch wenn es „nur" der Körper ist), das außerhalb von Sprache liegt. So wenig aber wie ein Klavierspieler vor der ersten Klavierstunde eine Etüde spielen kann, wenn man ihm die Noten dazu gibt und er sie gelesen hat, so wenig kann ein Student des Rechnungswesens eine Bilanz analysieren, wenn er dazu nur ein Lehrbuch gelesen oder eine Vorlesung gehört hat. Im Unterschied zum Klavierspiel und Sport befassen sich ja viele Studiengänge zunächst einmal eingehend mit der Fachsprache ihres jeweiligen Faches. Nach dem Einüben dieser Fachsprache kann dann innerhalb dieser Sprache operiert und verschiedene Operationen (Forschungsprojekte) können ausgeübt werden. Natürlich gibt es auch für das Klavierspielen und den Sport jeweils eine Fachsprache, doch ist diese für die eigentliche Praxis des Klavierspielens und Sportausübens bei weitem nicht so relevant wie in den Disziplinen, in denen die Fachsprache ein zentrales Element bzw. Instrument darstellt. Das ist aber bei den meisten Geistes- und Gesellschaftswissenschaften der Fall, weshalb dort großer Wert auf die angemessene Verwendung der Begrifflichkeiten gelegt wird. Dagegen finden Klavierspielen und Sporttreiben nicht in Sprache statt, und die genaue Beschreibung, was im Einzelnen zu tun ist, ist weniger wichtig als die tatsächliche Ausführung. Die Ausführung und die Beschreibung der Ausführung sind hier zwei völlig verschiedene Dinge. Dies ist aber bei den meisten Sozial- und Geisteswissenschaften anders, denn das Ausüben einer Geistes- und Sozialwissenschaft findet ebenso in Sprache statt wie das Einüben der Fachterminologie. Während die Ausübung beim Klavierspielen und Sporttreiben nicht an Sprache gebunden ist, ist die Ausübung der Geistes- und Sozialwissenschaften immer an Sprache gebunden. Es ist aber wichtig, zu erkennen, dass in allen drei Disziplinen – Klavierspielen, Sporttreiben sowie Geistes- und Sozialwissenschaft – ohne Übung ein angemessener Gebrauch der jeweiligen Instrumente (Klavier, Sportgerät, Fachsprache und Methoden) nicht erreicht werden kann. In keinem dieser Fälle lässt sich der angemessene Gebrauch des jeweiligen Instrumentariums ohne Üben erreichen.

5. Beschreibung und Ausübung

Wenn nun, wie in den Geistes- und Sozialwissenschaften, das Beschreiben und das Ausüben der Operationen in Sprache stattfinden, kann man den Eindruck gewinnen, dass das Einüben der Fachterminologie und der Methoden nicht mehr nötig ist, sondern dass eine sprachliche Beschreibung derselben ausreicht, um damit umgehen zu können. Wenn in diesen Disziplinen dann auch noch in Prüfungen nur die Beschreibung der Ausübung, nicht aber die Ausübung selbst überprüft wird, dann erscheint die sprachliche Übertragung (Wissenstransfer) der Verwendung der Begrifflichkeiten und Methoden gelungen. Dies muss allerdings keineswegs so sein. Denn auch der Klavierspieler und der Sportler können möglicherweise über die jeweilige Ausübung ihrer Disziplin angemessene, ja sogar hervorragende Beschreibungen abgegeben, aber ob sie diese auch ausüben können, kann man dadurch nicht feststellen.

Es ist aus meiner Sicht das zentrale Problem der heutigen Entrepreneurship-Ausbildung (vielleicht auch der schulischen Ausbildung generell), dass gar nicht genau klar ist, worin die Ausübung des Unternehmerdaseins liegt. Stattdessen wird erwartet, dass derjenige Absolvent, der die Ausübung des Unternehmerdaseins gut beschreiben kann, auch ein guter Unternehmer wird. Aber es dürfte nach den obigen Ausführungen klar sein, dass dieser Versuch scheitern muss. Es ist nicht nur unklar, worin die Ausübung des Unternehmerdaseins liegt, sondern es ist ebenso unklar, was wie eingeübt werden muss, um Unternehmer werden zu können. Was den meisten Studiengängen im Entrepreneurship gelingt ist, dass die Absolventen das Unternehmerdasein und die damit zusammenhängenden Phänomene gut beschreiben können, aber die Absolventen sind so noch weit davon entfernt, sie auch ausüben zu können. Der Unterschied zwischen „Ausüben" und „Beschreiben" wird leider zunehmend verwässert. Der französische Gesellschaftskritiker und Philosoph Jean Baudrillard hat darauf ausführlich in seinem Buch „Simulacra und Simulation" (vgl. Baudrillard 1994) hingewiesen. Dabei ist ein Simulakrum eine Kopie ohne Original. In unserem Zusammenhang ist es die Beschreibung ohne das Verstehen und Können der Ausübung. Der britische Soziologe Anthony Giddens (vgl. Giddens 1990) spricht in diesem Zusammenhang von der „Entbettung" abstrakter Systeme. Die Beschreibung der Ausübung hat sich von der Ausübung selbst abgehoben (entbettet) und erscheint so, als wäre sie die Ausübung selbst. Damit ist sie (die Beschreibung) ein Simulakrum geworden, dessen Original (Ausübung) außer Acht bleibt. Der belgische Maler René Magritte hat versucht, diesen Unterschied mit seinem Werk „Verrat der Bilder" (auch bekannt als „Dies ist keine Pfeife") deutlich zu machen. Die folgende Abbildung ist eine Imitation von Magrittes Original.

Auf die Frage, warum dies keine Pfeife sei, antwortete Magritte: „Versuchen Sie einmal, sie zu stopfen". Deutlicher kann man den Unterschied zwischen Beschreibung und Ausübung wohl kaum machen.

In Anlehnung daran habe ich die folgende Abbildung kreiert:

Entrepreneurship

Das ist kein Entrepreneurship

Wir vergessen diesen Unterschied immer wieder, weil vieles, was wir beschreiben, sprachlich ist und auch die Beschreibung des Sprachlichen sprachlich ist, so wie zum Beispiel eine Definition, die mit Sprache etwas Sprachliches klären möchte. Viele Dinge, die außerhalb von Sprache sind, müssen aber auch mit Sprache beschrieben werden. Bei den Dingen, die außerhalb von Sprache sind, ist der Unterschied zwischen der Beschreibung und dem Phänomen (der Ausübung) offensichtlich. Bei den Dingen, bei denen die Ausübung selbst in Sprache stattfindet und die auch mit Sprache beschrieben werden, ist die Unterscheidung weitaus schwieriger. Noch komplizierter wird der Sachverhalt, wenn die Beschreibung selbst eine Ausübung darstellt, so wie zum Beispiel bei einem Kommentator, der im Radio ein Fußballspiel beschreibt beziehungsweise kommentiert. Aber auch hier lässt sich die Beschreibung des Fußballspiels ausüben, und die Beschreibung des Fußballspiels lässt sich beschreiben, zum Beispiel wenn am nächsten Tag in der Presse über die Kommentierung des Kommentators etwas geschrieben wird.

6. Entrepreneurship als ausgeübte Praktik

Bei dem Phänomen Entrepreneurship zeigt sich, dass es sich hier gar nicht um eine Sache im eigentlichen Sinne handelt, sondern um eine Praktik, die allein dadurch zum Leben erweckt wird, dass sie ausgeübt wird. Alle noch so intelligenten Definitionen oder Beschreibungen des Phänomens Entrepreneurship bleiben Beschreibungen und werden nicht Entrepreneurship selbst. Vielmehr sind sie bestenfalls Beschreibungen einer Praktik. Der Philosoph und Soziologe Theodore Schatzki (vgl. Schatzki 1996, 2007) hat in Fortsetzung der Gedanken von Ludwig Wittgenstein ausführlich dargestellt, dass Praktiken implizit ablaufen und deshalb auch nie einer vollständigen Explikation durch Beschreibung zugänglich sind. Ebenso beschreibt ja auch der Begriff Entrepreneur nicht eine Person, sondern die Praktik, die diese Person ausgeübt. Ich plädiere also dafür, Entrepreneurship und Entrepreneur als Praktik im Sinne Schatzkis zu verstehen. Erst wenn diese Praktiken verstanden werden, kann auf dieser Basis überhaupt erst eine funktionierende Entrepreneurship-Ausbildung konzipiert werden. Ebenso wie beim Sport und beim Klavierspielen bedeutet ja die Tatsache, dass beides Praktiken sind, nicht, dass man die Lernenden nicht unterstützen könnte. Ganz im Gegenteil, ein Betreuen und Coachen des Lernenden kann sehr förderlich sein. Klar wird dabei allerdings, dass man mit einer sogenannten Wissensvermittlung weder Entrepreneure ausbildet noch Entrepreneurship fördert.

7. Wissen auf Vorrat?

Man kann auch nicht erwarten, dass das für die unternehmerische Tätigkeit nötige Wissen im Vorhinein durch Ausbildung vermittelt wird und dann bloß noch angewendet zu werden braucht. Denn ein Wissen ohne Übung und Ausübung findet im Gehirn entweder überhaupt keinen Platz oder geht dort sehr schnell wieder verloren. Neurowissenschaftliche Untersuchungen (vgl. De Jaegher / Di Paolo 2007; Boulenger / Pulvermüller 2008; D'Ausilio et al. 2009) haben längst klargemacht, dass auch die Bedeutung abstrakter Begriffe ihre Referenz im prämotorischen Kortex hat. Das bedeutet, dass abstraktes Wissen immer auch eine verkörperte Komponente hat. Diese verkörperte Komponente realisiert sich beim Sprechen ebenso wie bei anderen Tätigkeiten. Sie ist am Ende die Basis für das Ausüben einer Praktik, die die Referenz für alle Beschreibungen ist. „Von Kindheit an formt jeder von uns konzeptionelle Kategorien, Aktivitäten und andere Erfahrungen. Das heißt, wir konzeptionalisieren die Welt durch unsere „verkörperten" Erfahrungen und die Formen, die von den Strukturen von Körper und Gehirn bereitgestellt werden. Die Bedeutung von Konzepten kommt durch die „verkörperte" Erfahrung zustande." (vgl. Lakoff / Johnson 1999: 442f.)

Die Quintessenz lautet: Wissen eignet man sich am besten dann an, wenn es gebraucht wird. Dann findet das Wissen direkt einen Weg in den prämotorischen Kortex. Keiner, der ein zusammenbaubares Möbelstück bei IKEA kauft, liest zunächst die Bedienungsanleitung, lernt sie vielleicht noch auswendig und prüft dann erst in einer Art Test, ob er die Bedienungsanleitung verstanden hat, um dann das Möbelstück zusammenzusetzen (so ist aber unsere Ausbildung in den meisten Fällen aufgebaut). Vielmehr schaut man sich die Teile an und greift gegebenenfalls dann auf die Bedienungsanleitung zurück. In einem interaktiven Prozess von Ausüben (Zusammenbauen) und dem Lesen der Beschreibung der Ausübung (Bedienungsanleitung) nimmt man die Beschreibung der Ausübung (Bedienungsanleitung) zur Hand und schaut, ob sie eine wirkliche Hilfe beim Zusammenbauen ist. Für die Entrepreneurship-Ausbildung bedeutet das, dass die Lernenden nicht nur aktiv beschreiben lernen, sondern aktiv tätig sein müssen, und die „Lehrenden" das beobachten und kommentieren und dafür in den Lernprogrammen ein risikofreies oder wenigstens risikoarmes Umfeld schaffen müssen. Wir haben deshalb in unserer SMILE-Initiative in Leipzig das Einüben der Ausübung des Selbstständig-Seins in den Mittelpunkt gerückt. Sogenannte Wissensvermittlung findet, wenn überhaupt, nur auf Nachfrage statt. Die „Dozenten" und Coaches müssen sich auf die Lernenden einstellen, nicht umgekehrt.

Denn, wie hat schon Winston Churchill gesagt: „I am always ready to learn, but I do not always like being taught." Bereiten wir also den Raum und den Boden zum Lernen und verzichten wir auf das (Be-)Lehren.

Literatur- und Quellenverzeichnis

Baudrillard, J. (1994). *Simulacra and Simulation*. Ann Arbor: University of Michigan Press.

Boulenger, V. / Hauk, O. / Pulvermüller, F. (2008). Grasping Ideas with the Motor System: Semantic Somatotopy in Idiom Comprehension. In: *Cerebral Cortex Advance Access*. published December 9.

D'Ausilio, A. / Pulvermüller, F. / Salmas, P. / Bufalari, I. / Begliomini, C. / Fadiga, L. (2009). The Motor Somatotopy of Speech Perception. In: *Current Biology*. 19(5), 381-385.

De Jaegher, H. / Di Paolo, E. (2007). Participatory sense-making: An enactive approach to social cognition. In: *Phenomenology and the Cognitive Sciences*. 6(4), 485-507.

Giddens, A. (1990). *The Consequences of Modernity*. Cambridge: Polity Press.

Lakoff, G. / Johnson, M. (1999) *Philosophy in the Flesh – The Embodied Mind and Its Challenge to Western Thought.* New York: Basic Books.

Reckwitz, A. (2002). Toward a Theory of Social Practices: A Development in Culturalist Theorizing. In: *European Journal of Social Theory*. 5(2), 243-263.

Saussure, F. de (1959). *Course in General Linguistics*. New York: Philosophical Library.

Schatzki, T. R. (1996). *Social Practices: A Wittgensteinian Approach to Human Activity and the Social.* Cambridge: Cambridge University Bridge.

Schatzki, T. R. (2007). Introduction. In: *Human Affairs*. 17(2), 97-100.

Wittgenstein, L. (2008). *Philosophical Investigations: The German Text, with a Revised English Translation*. Oxford: Blackwell Publishing.

Professionalisierung der Gründungsberater –

Eine Strategie zum Abbau von Marktversagen im Beratermarkt

UNIV.-PROF. EM. DR. RER. POL. KLAUS ANDERSECK, FERNUNIVERSITÄT IN HAGEN,
KLAUS.ANDERSECK@FERNUNI-HAGEN.DE

1. Gründungsberatung und das Problem des Marktversagens

Das Beraten, Fördern und Qualifizieren von Gründern hat sich seit den 90er Jahren auch in Deutschland zu einem interessanten Tätigkeitsfeld mit Zukunftsperspektiven entwickelt. Allerdings hat der Markt für gründungsbezogene Beratungsdienste und Qualifizierungsangebote einige Besonderheiten, mit denen die Gefahr des Marktversagens verbunden ist:

1. Es handelt sich um einen Markt mit vielen „Händlern". Die Konkurrenz der Anbieter von Leistungen ist daher sehr groß.

2. Angesichts der Vielfalt des Angebots müsste eigentlich jeder Gründer für sein Problem die passende Beratung, Förderung oder Qualifizierung finden. Die Zuordnung von Angebot und Nachfrage funktioniert aber nicht immer. Klagen über unzulängliche Beratung sind häufig.

3. In dieser Situation besteht die Gefahr, dass sich die Nachfrager vom Markt zurückziehen: entweder weil sie den Nutzen der Beratung und Qualifizierung systematisch unterschätzen, oder weil sie vermeiden möchten, gegen ihren Willen schlechte Qualität zu erhalten.

2. Gründe für das Versagen des Beratermarktes

Die Gründe für solche Problemsituationen liegen zum großen Teil in den besonderen Eigenschaften, die das Gut „Beratungsdienste" aufweist. Nach KIESER sind diese Eigenschaften: Qualifikationsdifferenz, Immaterialität, Indeterminierbarkeit, Interaktivität und Singularität (Kieser 1998: 195).

Während Immaterialität, Indeterminierbarkeit und Singularität manifeste, d. h. eher unbeeinflussbare Charakteristika des Gutes „Beratung" sind, werden Qualifikationsdifferenz und Interaktivität durch äußere Faktoren mitbestimmt. So bezieht sich das Merkmal „Qualifikationsdifferenz" auf unterschiedliche Güteeigenschaften von Beratungsangeboten, die vor allem von der Qualifikation des Beraters bzw. der Beraterin bestimmt sind. Das Merkmal „Interaktivität" besagt, dass das Ergebnis der Beratung nicht allein dem Berater zugerechnet werden kann, da er ja auf die Zusammenarbeit mit den gründungswilligen Personen und evtl. deren Netzwerkpartnern angewiesen ist. Neben der Kompetenz des Beraters kommt hier also auch noch die Fähigkeit des Klienten oder der Klientin *„zum Aufbau von Beratungsbeziehungen als spezifischer kritischer Erfolgsfaktor"* (Mugler/Lampe 1987: 485) ins Spiel.

Die Hauptursache für die eingangs erwähnten Probleme des Marktes für Beratungsleistungen ist in der unterschiedlichen Qualität der Angebote und deren mangelhafter Erkennbarkeit ex ante zu sehen. Aus ökonomischer Sicht bestehen hier Marktunvollkommenheiten aufgrund asymmetrischer Information, aus denen sogar Marktversagen entstehen kann. Mit dem Begriff „Asymmetrische Information" wird der Sachverhalt bezeichnet, dass zwei Vertragsparteien bei Abschluss und/oder Erfüllung eines Vertrages nicht über dieselben Informationen verfügen. Daraus entstehende Probleme sind Gegenstand verschiedener miteinander verbundener ökonomischer Theorien, so der neuen Institutionenökonomie, der Prinzipal-Agent-Theorie, der Informationsökonomik und der Signaling-Theorie.

Zur Analyse der mit asymmetrischer Information verbundenen Beratungsprobleme wird hier die Prinzipal-Agent-Theorie herangezogen, da mit ihr der moralische worst case, der schlechteste Fall also, erfasst werden kann. In dieser Theorie treten ein Prinzipal, in unserem Falle eine Person mit Gründungsabsichten, und ein Agent, in unseren Fall ein Gründungsberater, in vertragliche Beziehungen ein. Gemäß der Theorie handeln beide als homines oeconomici, d. h., beide verfolgen ihren Eigennutz.

Nach SCHREYÖGG werden in der Prinzipal-Agent-Theorie vier Arten von Informationsasymmetrie unterschieden (vgl. Schreyögg 2004: 445 ff.), von denen die folgenden auf den Fall der Beratung bezogen werden können:

1. Versteckte Mängel (hidden characteristics) bei Vertragsabschluss: In diesem Falle kennt der Gründer bestimmte wichtige Eigenschaften des Beraters oder der von ihm angebotenen Dienstleistungen vor Vertragsabschluss nicht, so dass die Qualität der angebotenen Leistung erst im Nachhinein beurteilt werden kann. Im worst case verschweigt der Berater arglistig bestimmte Mängel oder Risiken. Die Folge kann eine Fehlauswahl des Vertragspartners sein (adverse selection).

2. Versteckte Information (hidden information): Hier kann der Gründer zwar die Informationen des Beraters entgegennehmen. Er kann deren Qualität aufgrund mangelnder Sachkenntnis aber nicht beurteilen. Im worst case nutzt der Berater diesen Informationsvorsprung, um den Gründer arglistig zu täuschen (moral hazard).

3. Versteckte Ziele (hidden intention): Dieser Fall von Informationsasymmetrie kann dann eintreten, wenn der Gründer über das Beratungsverhältnis hinaus in Geschäftsbeziehungen mit dem Berater tritt – z. B. wenn der Berater den Gründer in eine Falle lockt (etwa in Form von irreversiblen Investitionsentscheidungen) und dann die vom Gründer erst hinterher entdeckte Abhängigkeit ausnutzt.

Die Deutungen der asymmetrischen Information haben so viel mit Misstrauen und Unsicherheit auf Seiten des Prinzipals (Gründer) zu tun, dass SCHREYÖGG hier von einer dezidiert misanthropischen Einfärbung der organisatorischen Handlungswelt spricht (vgl. Schreyögg 2004: 447). Diese Einfärbung entsteht allerdings nur aufgrund der rigiden theoretischen Annahmen, die im Vergleich mit der Realität sicherlich übertrieben und einseitig sind. In unserem Zusammenhang lenken sie jedoch die Aufmerksamkeit drastisch auf die ethische Problematik von Beratungsverträgen.

In Bezug auf die Gründungsberatung sind also die beiden Sachverhalte, gegenüber denen aufgrund der asymmetrischen Information Unsicherheit besteht, in der Qualität und in der Opportunismusfreiheit der Beratung zu sehen. Auf die beratende Person bezogen sind es deren Reputation und Ethik.

3. Der Ausgleich von asymmetrischer Information durch Marktsignale

Zur Bestimmung eines Lösungswegs zum Abbau asymmetrischer Information in der Gründungsberatung kann auf die neoklassische ökonomische Theorie des Market-Signaling zurückgegriffen werden (vgl. Spence 1974; Möbes 1976). Sie fasst die Möglichkeiten einer Einflussnahme von Marktteilnehmern zur Reduktion von Unsicherheit unter den Begriffen des „Signaling" und des "Screening" zusammen. Signaling meint das Präsentieren von Informationen durch den Anbieter, die geeignet sind, die Nutzen- und Qualitätsunsicherheit beim

Nachfrager abzubauen und Vertrauen zu bilden. Screening findet auf Seiten des Nachfragers statt, um sich den passenden Anbieter aufgrund seiner Signale herauszufiltern.

Für die Anbieter von Arbeits- und Dienstleistungen wird angenommen, dass sie, um an Aufträge zu kommen, bestrebt sind, sich in den Besitz solcher Eigenschaften bringen, die es ihnen ermöglichen, die Filter der Nachfrager passieren zu können, die in Form bestimmter Erwartungen, Einstellungen und auch Erfahrungen gegenüber den Anbietern bestehen.

Aus der Logik der Signaling-Theorie ergibt sich, dass der Abbau von Unsicherheit bei Nachfragern gegenüber den Anbietern umso besser gelingt, je eindeutiger und verlässlicher deren Signale sind. Aufgrund des Wettbewerbs kommt es für die Anbieter weiter darauf an, solche Merkmale zu erwerben und zu signalisieren, die Alleinstellungseigenschaften haben und die so profiliert sind, dass sie von keinem schlechteren Bewerber imitiert werden können.

Zu diesen Signalen zählt vor allem der Nachweis einschlägiger Qualifikationen und von Expertenschaft mittels anerkannter Zeugnisse und Zertifikate. Deren Erwerb setzt die Teilnahme an entsprechenden Ausbildungsgängen und das Sammeln praktischer Erfahrungen voraus. Aus der Sicht der Signaling-Theorie ist dazu anzumerken, dass hier Kosten in Kauf zu nehmen sind, die als Hürde dienen, *„die bei der Beschaffung der Signaleigenschaften zu überspringen ist. (...) Andernfalls würde sich jedermann die Signaleigenschaften verschaffen und es gäbe keinen Filter"* (Möbes 1976: 151).

Während die formale Reputation eines Beraters oder einer Beraterin über Zertifikate sichtbar gemacht werden kann, fehlen entsprechende Indikatoren für deren ethische Einschätzung. Hier muss zu Hilfsgrößen gegriffen werden, die ebenfalls allgemeinverständliche Signale darstellen.

Zur Beschaffung der notwendigen Signaleigenschaften für Gründungsberater und -beraterinnen lassen sich auf der Basis der Signaling-Theorie drei aufeinander aufbauende Situationen formulieren, in denen Elemente sowohl von Qualitätssicherung, d. h. von Reputation, als auch von Vertrauenssicherung, d. h. von Ethik, enthalten sind:

1. <u>Staatliche Marktregulierung:</u> Für gestandene Professionen wie die der Ärzte oder der Steuerberater ergeben sich einschlägige Signaleigenschaften aus öffentlich-rechtlicher

Sanktionierung formalisierter Ausbildungsgänge, aus Titelschutz und aus Beschränkungen des Marktzugangs. Damit wird in den Erwartungshaltungen der Nachfrager nicht nur eine hohe Qualifikation verknüpft sondern auch ein durch die Berufsposition signalisiertes ethisch korrektes Verhalten. Eine vergleichbare Regelung für den Markt der Gründerberatung und Gründerqualifizierung ist nicht in Sicht.

2. <u>Marktbeeinflussung durch Standesorganisationen:</u> Ein größeres Vertrauen in den Nutzen und die Qualität der Beratungsdienste kann ohne staatliche Regelungen dann entstehen, wenn die Beraterinnen bzw. Berater signalisieren können, dass sie als Mitglieder eines Berufsverbandes oder einer öffentlich-rechtlichen Institution auftreten. Die Signalwirkung ist hier dadurch bestimmt, dass die angebotenen Dienstleistungen auf der Basis von Regeln erfolgen, zu denen das Vorliegen eines bestimmten Ausbildungsniveaus, das Vorhandensein einschlägiger praktischer Erfahrungen und eventuell die Verpflichtung auf einen beruflichen Ehrenkodex gehören. Ein derartiger Verband existiert für den Bereich der Gründungsberatung noch nicht.

3. <u>Selbstregulierungskräfte des Marktes:</u> Da die unter 1. und 2. genannten Bedingungen für den Markt der Gründungsberatung in überschaubarer Zeit nicht zu erwarten sind, bleiben als wichtige Einflussfaktoren die Selbstregulierungskräfte des Marktes. Zu den Möglichkeiten, hier Vertrauen zu bilden, zählen aus der Sicht der Signaling-Theorie die folgenden Maßnahmen:

- <u>Signalisierung von fachlicher Kompetenz mithilfe anerkannter Zeugnisse und Zertifikate.</u> Zu klären ist allerdings, worauf sich die Anerkennung stützt. In der Regel wird es neben der Art der Zeugnisse und des Abschlusses die Reputation der Bildungseinrichtung sein, von der die Zertifikate vergeben wurden.

- <u>Aufbau von Reputation</u>, d. h. Erlangung eines guten Rufes durch qualifizierte, professionelle Arbeit. Diese Eigenschaft ist hier allerdings nur über Empfehlungen zu signalisieren, evtl. auch über Annoncen mit Beratungsbeispielen.

- Aufbau eines Netzwerkes von Geschäftsfreunden und zufriedenen Kunden, die den Anbieter weiterempfehlen. Diese Strategie ist hier wahrscheinlich die vertrauenswürdigste.

Die Wirkungen der Signale der dritten Situation sind schwächer als die der beiden anderen. Von Vorteil wäre deshalb die Verschiebung der Marktaktivitäten in die zweite Situation und längerfristig in die erste Situation, da hier die Filter besser greifen. Eine alle Aspekte einbeziehende Strategie dazu besteht in der Professionalisierung der Gründungsberatung.

4. Professionalisierung als Strategie zur Erzeugung von Marktsignalen

Der Begriff „Profession" wird vor allem auf solche Dienstleistungsberufe angewendet, die eine akademische Ausbildung voraussetzen (vgl. Rüschemeyer 1969: 301). Entsprechend definieren die Soziologen CARR-SAUNDERS und WILSON „Professionalisierung" als die Herausbildung von Berufspositionen auf der Basis wissenschaftlicher Qualifikationen (vgl. Carr-Saunders / Wilson 1933). Wissenschaftliche Qualifikationen und die sie vermittelnde akademische Ausbildung sind Signaleigenschaften, die hinsichtlich des Bildungsniveaus nicht mehr zu übersteigen sind, auch was die damit verbundenen Kosten betrifft. Weiter sind damit eindeutige Signale in Form öffentlich-rechtlich anerkannter Zertifikate verbunden. Ihnen entsprechen auch die strengsten Filter auf dieser Ebene.

Die professionelle Kompetenz zur Gründungsberatung muss neben dem theoretischen Wissen aber auch praktisches Wissen einbeziehen. Im Unterschied zur akademischen Ausbildung ist es hier jedoch schwieriger, die erworbenen Qualifikationen über entsprechend formale Ausweise zu signalisieren. Zumindest war es bisher so, denn inzwischen gibt es Ansätze zu einer deutlichen Verbesserung der Situation.[1]

Ohne Zweifel ist die zertifizierte Professionalität der Gründungsberatung bereits ein Merkmal, das Kompetenz signalisiert. Wenn die Professionalisierung in die Formierung einer Profession, d. h. in einen Berufsverband, einmündet, kommt die Verbandszugehörigkeit als

---

[1] So arbeitet das Deutsche Gründerinnen Forum (DGF) seit einigen Jahren an der Entwicklung von Qualitätsstandards für die Gründungsberatung, und seit 2005 kann beim Bundesqualitätszirkel Gründungsberatung (BQZ) e. V. ein BQZ-Zertifikat in der Gründungsberatung erworben werden.

wichtiges Signal für die Kontrolle der Befolgung ethischer Prinzipien im Beratungsprozess hinzu (s.o. Situation 2). Damit wird in dem sensiblen Bereich des Vertrauens die asymmetrische Information verringert, wenn auch nicht aufgehoben. Weiter stellt ein Berufsverband auch die Markttransparenz für die ihm angehörenden Mitglieder her und dient so ebenfalls dem Abbau von Marktunvollkommenheit. Wie GROẞ nach der Auswertung einer umfangreichen Studie zur Unternehmensberatung feststellt, könnte „Professionalisierung (...) also dem Kunden eine gewisse Qualitätsgarantie bei der Beraterauswahl bieten" (Groß 2003: 95).

Die bisherigen Darlegungen betreffen die Verschiebung der Marktbeziehungen in die zweite Marktstrategie. Um in die erste zu gelangen, ist die Mithilfe der Politik notwendig. Hier gibt es im Bereich der Gründungsberatung noch gravierende Defizite.[2] Zwar erhöht sich „mit der Vergabe staatlicher Gelder (...) auch die Legitimation der Beratung" (Groß 2003: 105), doch sind die Zuwendungen bisher nicht an formale Qualifikationsnachweise der Berater gebunden. Zu den Marktunvollkommenheiten gesellt sich also noch ein Politikversagen.

5. Qualitätssicherung als Konsequenz einer Professionalisierung für Berater und Gründer

Eine Professionalisierung der Gründungsberatung birgt auch noch sekundäre Effekte, denn aufgrund der Notwendigkeit zur Beschaffung der erwünschten Signaleigenschaften über individuelle Bildungsinvestitionen würde sich die Blickrichtung ändern. Aus den Anbietern von Beratungsleistungen würden Nachfrager nach Bildungsleistungen. Hier gelten ebenfalls die Annahmen der Signaling-Theorie. Nur werden jetzt aus den Signaleigenschaften der Beratungsanbieter die Filterkriterien für Qualifikationsangebote von Bildungseinrichtungen. Diesen Filterkriterien müssten sich die Anbieter von Ausbildungsgängen für Gründungsberater erfolgreich stellen, wenn ihre Klientel die erforderliche Reputation erwerben sollte, was wiederum zu qualifizierten Ausbildungsprogrammen führen würde.

Ein weiterer sekundärer Effekt betrifft eine Verbesserung des Screening-Verhaltens der Beratenen. Deren Filter sind der Signaling-Theorie nach unbestimmt und bergen die Tendenz zu nicht rationalem Verhalten. Durch die Verbesserung der Filter und deren Anwendung

---

[2] So wurde Ende 1997 der Versuch des BDU, über einen Gesetzentwurf den Schutz der Berufsbezeichnung „Unternehmensberater" zu erreichen, vom damaligen Wirtschaftsminister abgelehnt (vgl. GROẞ 2003: 102).

kann die Gefahr einer Fehlauswahl des Beraters vermindert werden. Es gilt also, nicht nur den Berater zu qualifizieren sondern auch den Beratenen. Genau hier liegt der Ansatz für eine gute Gründerausbildung und damit die Schnittstelle zur Entrepreneurship Education.[3]

Alles in allem könnte eine Professionalisierung der Gründungsberatung eine Fülle von Anreizen zu einer Qualifizierung der Berater und Beraterinnen bieten und gleichzeitig die Chancen für ein erfolgreiches Agieren auf einem unvollkommenen Markt verbessern. Den Anbietern von Beratungsdienstleistungen ist also zu raten: **Professionalität erwerben, Professionalität signalisieren und Professionalität praktizieren.**

Literaturverzeichnis

Carr-Saunders, A. M. / Wilson, P. A. (1933): *The Professions.* Oxford.

Groß, C. (2003): Unternehmensberatung – auf dem Weg zur Profession?. In: *Soziale Welt.* 54. 93-116.

Kieser, A. (1998): S. 195 f. zitiert bei Groß, C. (2003), 95.

Möbes, H.-J.(1976): Die Filterfunktion des Bildungswesens. In: Kolle, M. (Hrsg.), *Arbeitsmarkttheorie und Arbeitsmarktpolitik.* Opladen, 148-163.

Mugler, J. / Lampe, R. (1987): Betriebswirtschaftliche Beratung von Klein- und Mittelbetrieben. In: *Betriebswirtschaftliche Forschung und Praxis.* 6. 477-224.

Rüschemeyer, D. (1969): Freie und akademische Berufe. In: Bernsdorf, W. (Hrsg.): *Wörterbuch der Soziologie.* 2. neubearbeitete und erweiterte Auflage, Stuttgart, 301-305.

Schreyögg, G.(2003): *Organisation.* 4. Aufl. Wiesbaden.

Spence, M. (1974): *Market Signaling.* Harvard.

---

[3] Ein konsequent auf Professionalisierung ausgerichtetes Weiterbildungsprogramm für Gründungsberater und zwei Weiterbildungsprogramme für Gründer wurden von 2000 bis 2008 von der FernUniversität in Hagen angeboten (vgl. www. gruenderfernstudium.de).

Quality and Professionalization for Entrepreneurship Training, Coaching and Consulting

PROF. DR. KLAUS-DIETER MÜLLER, BIEM E.V. UND HOCHSCHULE FÜR FILM UND FERNSEHEN, POTSDAM-BABELSBERG, KD.MUELLER@HFF-POTSDAM.DE

CHRISTOPH DIENSBERG, BIEM E.V., CHRISTOPH.DIENSBERG@BIEM-BRANDENBURG.DE

1. Introduction

Since the 1990s, programmes and projects for supporting budding entrepreneurs during their pre-start-up phase and early start-up phase have increased substantially, in Europe as in Germany. The "helping-hand-services" by these entrepreneurship programmes often consist of training/teaching, coaching and consulting. Are these service interventions effective and do they imply a kind of service-quality?

The academic interest into the quality of entrepreneurship promotion and programmes is still new. Within this new field, there seems to be slightly more attention on the quality aspects of entrepreneurship training/education (examples: EFMD / Watkins 2008; Braun / Diensberg 2003) than into the quality aspects of entrepreneurship coaching/consulting (cf. Anderseck / Peters 2009), which is even a more recent focus.

This article develops some thoughts on basic quality challenges in the field and finally presents a new training curriculum by BIEM for the further professionalization of trainers, coaches and consultants, who work for start-up and SME support.

2. Challenges for Quality in Entrepreneurship Promotion

2.1 Why is Quality Important?

Some may say, that quality doesn't matter, as long as the output is sufficient or as long as quantitative goals are being achieved. If for example courses and programmes prove enough participants or a sufficient rate of start-ups after completion, they may see no need for a further questioning of quality. It is admittedly difficult to argue against the simplicity of such statements which represent a widespread "more-is-better" ideology. On the other hand, we may imagine an entrepreneurship training course in a university which attracts the achieved 20 students, offers entertaining exercises, and is then well evaluated by the happy students. (*But did they learn something useful which they can apply on their own potential start-ups?*) We may imagine another seminar in a local chamber of commerce given by a contracted self-employed consultant; the seminar attracted the achieved 15 participants who are impressed by the plethora of information, slides and expertise; half of them who were anyway willing to start a business realize their plans in the weeks after – 50% success rate! (*But were the presenter's information really useful, did the seminar really have any effect on the subsequent realization of start-ups and concepts, and did it encourage other entrepreneurial talent?*) We may also imagine an entrepreneurship promotion project which is still far from the achieved rate of founders out of the whole participants; therefore it puts effectively more psychic pressure on them [wrapped into the term "coaching"] to start up with their business. (*But is this approach socially and ethically responsible?*)

We regard quality in entrepreneurship promotion as important for three main reasons:

1. For economic reason: Insufficient or poor services (e.g. in consulting and coaching) are uneconomic in terms of input, process and output. They may even harm the outcome (i.e. insufficient performance of supported companies or founders).

2. For ethical reason: Many start-up decisions have lasting consequences for persons and their families, and wrong external support, false advices or pressure can do a lot of harm.

3. For socio-cultural reason: Entrepreneurship promotion itself, the promoting institutions and the basic choice of "getting self-employed" get into doubt, if the service offers don't get along with sufficient quality and with the search for quality improvements. Quality as a value seems important to sustainably foster "entrepreneurship culture" within a "business culture" and society, and to develop professionalization.

2.2   Basic Questions and Challenges for Quality Development

<u>Entrepreneurship support as driver of performance?</u>

According to surveys, founders judge a received consultancy or coaching support increasingly critical and differentiated in retrospect (cf. Schulte / Kraus 2009: pp. 70). Potential causes may not only be related to the competence of coaches and consultants. Other reasons may be the complexity of decisions, the unpredictability of critical incidents, a change of perceptions and priorities, and last but not least also mental resistance against good advice. Altogether, it is therefore difficult to draw linear relations between training/coaching/consulting on the one hand, and business success on the other hand. However, test surveys by the German Consumer Association "Stiftung Warentest" in years 2003 and 2008 on entrepreneurship consultancy services come to the conclusion, that these service often deliver mediocrity.

How to achieve service quality?

A basic challenge for quality control of training, coaching and consulting is their service nature. In general, service quality is difficult to assess and to control in an objective way (cf. Bruhns 2008). And estimations on service quality are dynamic, can change over time, as mentioned above. Also, institutional quality systems (e.g. according to ISO) cannot guarantee service quality on the customer level (as the financial crisis and poor bank services/recommendations to their customers have plainly shown). For example it would then not be sufficient to rely on a quality system of a consultancy company when contracting a consultant's service for an entrepreneur. It is finally the competence and quality (also ethics) of the contracted trainer, coach or consultant as a person which counts, together with the quality of the work relation with the customer, which is a social interaction and a dynamic process in itself.

Aren't requirements for successful entrepreneurship support basically clear?

Requirements for good entrepreneurship services vary and are complex:

- Start-up projects vary a lot, the founders are different as well. There is no typical founder, even though entrepreneurship research sometimes suggests. But we need to differentiate between statements based on research/surveys which give us general (and useful) information about the construct of "the entrepreneur"/"the business starter" and of the single case and person. In practical work of supporting founders and entrepreneurs, each person and each case is unique, needs to be treated as a single case, for being able of thriving onto this uniqueness in a productive way, as well as for ethical reasons.
- Start-up ways and decisions are dynamic over time, requirements and tasks change, not always according to a plan, and not always according to normative phase-models.

- Start-up decisions are decisions within complexity and within social interaction. "Good" aid might be able to help mastering this complexity, and to acting more successfully within the social field (e.g. in the team, with customers, suppliers, banks etc.).

Additionally, start-up aid and promotion do face the challenge, not to lead into further dependency, but to promote competences for conscious, responsible decision making.

What kind of challenges do needs assessment, profiling and matching face?

The need for effective training, coaching or consulting support for business starters is difficult to assess; it is rarely obvious. Misjudgements by business founders, by project staff of entrepreneurship programmes or by consultants are no exceptions. But a proper, adequate assessment of needs and goals, an unvarnished appraisal of the person and his or her business idea and plans, is fundamental for a later success of training, coaching and/or consulting support. It is also important for matching the client (founder/team) with the right service provider. Without a sufficient fit of expectations and without a good working relation, such interventions are foredoomed to failure. One precondition to overcome this bottleneck is the availability of a "pool" of different coaches and consultants. Diversity of (potential) founders, start-up projects and their needs can only be met by diversity in a pool of consultants and coaches, and with their ability to cope with diversity.

Why does the market of coaches, trainers and consultants lack in transparency?

In Germany, the occupational field of coaching, training and consulting is only partly structured. The terms coaching and consulting could be saying anything and their opposite, they are not defined, not consistent. Everyone can call him- or herself an (entrepreneurship) consultant, trainer or coach. There are no professional standards, no minimum requirements, which could give orientation to young founders or business people. The market is characterized by high uncertainties in terms of the quality of the services and personnel (cf. Anderseck / Peters 2009; Fohgrub 2010). There are so far also no state-run initiatives to change this. Nevertheless, some few other initiatives which aim to shift the quality in terms of certified competence of service-providers (trainers/coaches/consultants and/or their institutions) have been started for the last years in Germany (cf. section 3).

2.3 A Three-Level-Approach for Structuring Quality Challenges and Interventions

Entrepreneurship promotion is a multi-dimensional field, and it would be rather naively to assume that only one approach can solve the problem. Above all, one must realize that entrepreneurship promotion consists of different levels, and it is then consequent to ask for different options of quality development within these levels, and at their interfaces. For this purpose, we suggest the following three-level-approach (cf. table 1).

The table is no suggestion of a cause-effect-diagram, but firstly an attempt to systemize possible options and starting points for quality development. It is at the same time obvious that especially some of the named interventions on higher levels may show impact also (if not more) on lower levels, their effects may trickle down. The more we move down in the table, the lesser gets the scope of possible effects for the field of entrepreneurship promotion as a whole. But also: the more we move down, the more concrete and of higher tangible importance the intervention is for the individual potential/young entrepreneurs/business founder.

Level	Acting institutions or persons on this levels	Some possible interventions for quality development at a certain level
Macro-Level	general framework conditions for entrepreneurship promotion, market conditions/rules for suppliers, programme executing agencies, programme sponsors, public or private bodies who tender entrepreneurship promotion programmes	• programmes for certification and competence-development for trainers/coaches/consultants • applied research • defining quality standards • making "quality" a policy topic (e.g. at conferences)
interface macro/meso	associations of suppliers, interests groups, managing authorities/intermediary bodies	• selection • organizational quality-development
Meso-Level	Institutions which run entrepreneurship support projects and provide the services/ subcontract staff, trainers, coaches, consultants; service providers for entrepreneurship training/coaching/consulting.	• implementation of QMSystems • conceptualizing and/or assessing projects under quality-aspects • monitoring • organizational development/learning
interface meso/micro	staff (e.g. project managers), subcontracted trainers/coaches/consultants	• selection and training of staff • organizing input-quality in terms of possible service-providers (e.g. in a pool)
Micro-Level	work-process of training, coaching and/or consulting with the business founder(s)	• basic needs assessment with clients • monitoring and evaluation • feedback-processes • matching
interface micro/ground	potential and young entrepreneurs/business founders	• early guidance • transparency of suppliers' quality/ competences

Tab. 1: Levels and possible interventions for quality development in entrepreneurship promotion

3. Recent Approaches in Germany to Promote Certified Competence and Quality (Macro-Level)

It is difficult and will be topic of a separate research to get closer to the many approaches of quality development which are presumably being done on the meso- and micro-levels of and within entrepreneurship promotion. But as already mentioned above (cf. section 2.2), some more general reaching initiatives in Germany on the macro-level have been started in recent years: especially some certifying programmes for trainers/coaches/consultants and/or their institutions.

This section presents a short overview on these initiatives, as they represent basic first approaches to professionalize the occupational field of entrepreneurship support in Germany. The following table lists the corresponding organizations and shortly illustrates their approaches (internet-links can be found at the end of the article).

	Name/ organisation	Illustrating comment
1	Postgraduate „Professionalizing Study Course - Start Up Counselling", by the open university Hagen (*FernUni Hagen*) (since 2001, ending in 2010/2011)	Target group: (potential) consultants and coaches. Study course (distant learning); course over 1 year. Extensive parallel course material and well defined curriculum. Includes written assignments during the course. Final written seminar paper. Traineeship required, if no practical experience as coach/consultant can be proven. Final participant certificate issued by Hagen University.
2	Quality seal by the "German Forum of Women Entrepreneurs" (*Qualitätssiegel Deutsches Gründerinnen Forum e.V., DGF*) (since 2008)	Target group: institutions (institutes, companies) for entrepreneurship support. Organizations are audited and have to proof that they perform their procedures and services according to DGF-standards. Then the quality seal is given.
3	Quality promotion by the "Federal Quality Circle for Start-up-Mentoring" (*Bundesqualitätszirkel Gründungsbegleitung e.V., BQZ*) (since approx. 2004)	Target groups: (a) (potential) consultants and coaches and (b) institutions (institutes, companies) for entrepreneurship support. Persons have to prove basic competence and experience, have to attend seminars, and finally to undergo an oral exam at University of Lüneburg. Final certificate as "BQZ certified consultant". Institutions are audited and have to proof performance of procedures and services according to BQZ-standards. Then the quality certificate is given.

	Name/ organisation	Illustrating comment
4	Quality attestation by the "Association of German Start-up Promotion Initiatives" (*Qualitätstestierung, Verband deutscher Gründungsinitiativen e.V., VDG*) (since 2007)	Target group: (potential) consultants and coaches. They have to submit proofs of competence and experience (indication of at least 20 reference cases). The material is then appraised by VDG. In addition, compliance to attend a colloquium once a year, and to VDG-standards for "gender- and targetgroup-aware entrepreneurship consulting". Finally, a quality attestation is given.
5	Other related standards or measures for quality of coaching/ consulting, or in linked professional fields.	Examples: (1) The "Association of Consulting Business Economists" (Vereinigung beratender Volks- und Betriebswirte e.V. VBV) has defined „standards for a duly start-up consultancy work" („Grundsätze ordnungsgemäßer Gründungsberatung") for its members.
		(2) Many single providers for entrepreneurship support do apply own standards and expectations, implicitly or explicitly, for selecting trainers, coaches or consultants.
		(3) Some related fields of work show a broader range and impact of professional standards, e.g. in evaluation, training, further education.

Tab. 2: Important current approaches to professionalize entrepreneurship coaching/consulting in Germany

Appraisal of and conclusions from these approaches

The outlined concepts are a potential starting point for a further quality development and professionalization in the field of topic. Three of the concepts explicitly address the target group of entrepreneurship coaches and consultants, not their institutions. On the other hand, compared with quality approaches in related professional fields (e.g. in training, education and evaluation), their scope seems limited, which means, that there is also a potential for development, further concepts and alternatives.

Considering all five concepts, we suggest the following elements for further improvements:

- A certificate or attestation should be linked to further development of competence. A mere auditing or competence assessment will rather reinforce the current lack of development of competence and quality. Improvements should also consider the need for a promotion of young coaches and consultants, those ones with still little professional experience, to encourage them, to support them in their experiences, and enable cooperation and networking with senior experts. This is so far missing.

- Supporting interventions of too short seminars might not have a lasting competence effect and just scratch the surface, without being able to develop the quality of coaching and consulting work in action. On the other hand, too long seminars will certainly not be accepted by the target group, who work as freelancers or who are fully employed. A modular concept of five to eight 1-day-seminars, to be attended step by step, might be more acceptable. Price, didactics with modern learning and teaching methods, good course material, effective transfer support for application, good reputation of the offering organization and of the certificate issuer, possibilities for further networking and market success and so on will also play an important role for making such an offer well accepted and used.
- There is so far no visible differentiation between (entrepreneurship) training, coaching and consulting in current approaches. A new approach should include this difference.

4. The Need of Distinction between Training, Coaching and Consulting

It is so far more a rule than an exception, that one and the same person or service provider appears as trainer, coach and consultant. For many this difference doesn't either matter, or they may not see any difference. And if they make a difference, they might simply assume that it is useful for labeling/marketing. The latter case would indicate that possible customers might assign differences, or that a provider is more or less aware, that he or she should signal a difference in terms of service and competence, by using different words.

But is there really a need for this distinction? To answer the questions, we can raise another one: What kind of decisions do budding entrepreneurs have to take during their preparation and start up phase? What kind of support might then be helpful, and what kind of competence is required by those ones who deliver this aid?

Starting up a company does usually challenge at least three competence-bundles:

1. Composing, developing and applying personal goals, competence and skills.
2. Communicating and interacting with others and understanding the related social and economic context/the world, being able to generate personal and economic growth.
3. Composing, engineering and applying a business concept and management tools.

These challenges will finally have to be merged in practical application, but first they stress different aspects. For effective support, it is a basic question, if the mentioned three sides can be coined and developed by the same kind of interventions and methods, or must rather be supported by different ones and by variations/combinations (cf. also Müller et al. 2011, pp. 91 ff.).

Facing the plethora of definitions on training, coaching, consulting and being aware of so many different approaches to draw lines between them (cf. eg. Greif 2005), we suggest to distinguish start-up training, coaching and consulting ideal-type and for preliminary work purpose as follows:

- Start-up training as a service, which addresses (above all) personality, character, and related personal competences.
- Start-up coaching as a service, which addresses (above all, and highly individualized) personality, character, and related personal competences, and does also give selected guidance and advice in terms of material and decisional aspects of starting up/founding when needed, useful or requested, and in terms of problem-solving and goal achievement.
- Start-up consultancy as a service, which addresses (above all) material and decisional aspects of starting up/founding.

This implies to locate the activity of coaching between the activities of training and consulting (cf. table 3).

	Start-up Training	Start-up Coaching	Start-up Consultancy
Main goal	Development of competence, of personality and of personal goals, of personal potentials.	Balanced and integrated development of competence, personality/perso-nal goals/personal potentials and of material/decisional achievements.	Optimization of material and decisional achievements; solving practical problems; delivery of expert information.
Angle of view/main perspective	The founder/team of the company within his or her biography and social setting.	The founder/team of the company within his or her biography, social setting and company.	The company of the founder/team.

	Start-up Training	**Start-up Coaching**	**Start-up Consultancy**
Methodical focus	Strengthening by imparting knowledge and by training competence.	Strengthening by drawing out wishes, abilities, dreams, goals, awareness.	Strengthening by giving and receiving advice/information.
Methodical approach	Presenting/constructing situations for problem solving and supporting competence development in a course setting.	Help carving out real, actual challenges/problems by asking questions and supporting the achievement of selfcongruent goals and/or of self-development in an interpersonal relation.	Finding/defining problems and providing advice to solve them, in a business relation.
Role of trainer/coach/consultant	Facilitator.	Facilitator and expert.	Expert.

Tab. 3: An ideal type distinction between training, coaching, and consulting

This table highlights, that the difference between occupational practices of training, coaching and consulting is useful, as they aim to meet different requirements. It suggests that not every trainer or consultant is a good coach, that not every consultant is a good trainer, not every coach a good consultant or trainer. These different activities are challenges to different roles in different situations, to different competence, different methods, tools, expertise and professionalization. If quality means to satisfy and meet certain customer or user requirements, and if these requirements are as different as the distinction above suggests, this distinction must also be an integral part of quality development in the field of entrepreneurship support.

5. BIEM Curriculum for Quality Development in Start-up and SME Training, Coaching and Consulting

Quality development in the field of entrepreneurship promotion/start-up promotion challenges approaches at different levels, as shown in table 1. An approach which promises profound effects is a programme for competence-development for the relevant actors and service providers of entrepreneurship support, namely for trainers/coaches/consultants. In Germany, we can already find some (if only few) initiatives that focus on such a competence development of institutions and/or of persons (cf. table 2). At BIEM we plan to enrich this current state of so long very few possibilities for start-up trainers/coaches/consultants to professionalize, by offering a new training course which will start in late 2011/early 2012.

This course will combine (a) assessment/attestation and (b) development/learning/ networking. It will integrate the differentiation between requirements of training, coaching and consulting, but also aims to attract participants from the three different fields. Such, the course will have the character of a professionalizing training, but not of a professional study course such as intense educational schemes for a fully qualified/licensed trainer or coach (e.g. education and training curricula of a year or longer). The course will cover 8 days altogether, and focus on competence and experience rather than on mere theory. The didactical concept will implement modern methods of action learning, and will be strongly linked to transfer and application. This also implies that experience exchange and networking will play an important role. Also informal knowledge shall be considered and integrated. The approach will finally aim at a stage model of competence development with the idea, that long-term experience (of seniors) will be acknowledged, but also young (junior) professionals will have the chance for entry and further professionalization (competence ladder). To start with, the new BIEM course curriculum will offer the following:

Entry and selection: application, interview (telephone or face-to-face), admission.	
Basic modules (obligatory)	
QM 1	*Quality concepts, framework parameters, success factors (1 day)* Basic demands on persons, products and processes in training, coaching and consulting.
QM 2	*Needs assessment and client orientation (1 day)* Needs assessment, client-focused concept-development and cost-benefit-considerations for training, coaching and consulting.
QM 3	*Methods and customer acceptance (1 day)* Pedagogic-didactic and methodical fundamentals and principles in training, coaching and consulting.
QM 4	*Self organization and project management (1 day)* 4.1: Competence development of the actors in training, coaching and consulting. (0,5 day) 4.2: Working structures, self-organization and project management in training, coaching and consulting. (0,5 day)
QM 5	*Financing and sustainability (1 day)* 5.1: Financing and financial support for training, coaching and consulting; writing project applications. (0,5 day) 5.2: Instruments to use for evaluation and for sustainably as basic elements for customer satisfaction. (0,5 day)
QM 6	*Marketing, with a focus on social marketing and networking (1 day)* Effective use of marketing- and communication-tools for training, coaching and consulting.

\multicolumn{2}{l}{Specializing modules (obligatory with optional choices)}
\multicolumn{2}{l}{Participants will have to chose at least 2 modules}
QM 7.1	*Start-up, spin-off and company succession (1 day)* Basic situations, demands and procedures for trainers, coaches and consultants in supporting start-ups, spin-offs and company-successions.
QM 7.2	*Business models and processes (1 day)* Basic foundations and innovations of business models; application of instruments in process analysis and –optimization under a start-up focus.
QM 7.3	*Human resource development within innovation management (1 day)* Framework parameters and goals, success factors and methods for an innovation-focused human resource development.
QM 7.4	*Corporate finance and venture capital (1 day)* Alternative ways of business financing and the use of innovative financial instruments.
Exam	Written case work, oral examination (1 day)
\multicolumn{2}{l}{**Graduation certificate by BIEM with Brandenburg universities, valid for 2 years.**}
\multicolumn{2}{l}{After 2 years: Re-certification based on the attendance of at least 1 specializing module plus participation in a supervision session.}

Tab. 4: BIEM-curriculum for quality development in start-up and SME training, coaching and consulting

References

Anderseck, K. / Peters, S. A. (eds.) (2009): *Gründungsberatung, Beiträge aus Forschung und Praxis* [Startup Consulting - Contributions from Research and Application]. Stuttgart.

Braun, G. / Diensberg, C. (2003): Evaluation und Erfolgsbewertung internationaler Entrepreneurship-Trainingsprogramme [Evaluation and Success-rating of International Entrepreneurship Training Programs]. In: Walterscheid, K. (ed.): *Entrepreneurship in Forschung und Lehre*. Frankfurt a.M. et al., 205-221.

Bruhns, M. (2008): *Qualitätsmanagement für Dienstleistungen, Grundlagen, Konzepte, Methoden* [Quality Management for Services, Fundamentals, Concepts, Methods]. Berlin et al., 7th revis. and ext. edition.

EFMD / Watkins, D. (2008): *Best Practices & Pedagogical Methods in Entrepreneurship Education in Europe, Quality of Entrepreneurship Programmes in Europe*. Brussels / Southampton.

Fohgrub, Th. (2010): *Qualitätssicherung von Unternehmensberatung durch Evaluation* [Quality Management of Business Consultancy by Means of Evaluation]. Aachen.

Greif, S. (2005): Mehrebenen-Coaching von Individuen, Gruppen und Organisationen - Eine umfassende und genaue Definition von Coaching als Förderung der Selbstreflexion, (Paper, University of Osnabrück). URL: http://www.home.uni-osnabrueck.de/sgreif/downloads/Mehrebenencoaching.pdf , 06.02.2011.

Peters, S. A. (2009): Der Gründungsberater, Ein konzeptioneller Ansatz zum Berufsbild [The Startup Consultant, a Conceptual Approach for the Profession]. In: Anderseck, K./ Peters, S.A. (eds.): *Gründungsberatung, Beiträge aus Forschung und Praxis.* Stuttgart, 39-50.

Müller, K.-D. / Flieger, W. / Krug, J. (2011): *Beratung und Coaching in der Kreativwirtschaft* [Consulting and Coaching Within the Creative Economy]. Stuttgart.

Schulte, R. / Kraus, S. (2009): Unternehmensberatung für Gründungsunternehmen: Eine Übersicht über das Berufsfeld der Gründungsberatung [Consultancy for Start-up Companies: An Overview on the Professional Field]. In: Anderseck, K. / Peters, S.A. (eds.): *Gründungsberatung, Beiträge aus Forschung und Praxis.* Stuttgart, 51-81.

Internet links

(Referring to section 3, table2; links finally tested on February 6, 2011)

Study course at open university Hagen [FernUni Hagen]	http://www.fernuni-hagen.de/GFS/CMS/index.php?option=com_content&task=view&id=39&Itemid=68
Quality seal by the "German Forum of Women Entrepreneurs" [DGF]	http://www.dgfev.de/2.html
Quality promotion by the "Federal Quality Circle for Start-up-Mentoring" [BQZ]	http://www.bqz-ev.de/ http://www.enigmaqplus.de/index.php?section=home

Quality attestation by the "Association of German Start-up Promotion Initiatives" [VDG]	http://www.vdg-forum.de/index.php?article_id=6
"Association of Consulting Business Economists" [VBV]	http://www.vbv.de

Acknowledgement

This paper was written within the project "Coordinating entrepreneurship promotion at universities and the promotion of more technology- and science-based start-ups in the State of Brandenburg" (2011-2013), co-financed by the State of Brandenburg (Ministry for Economic and European Affairs), by means of the European Funds for Regional Development (EFRE).

Netzbasierte Entrepreneurship Education – Chancen und Grenzen

Univ.-Prof. em. Dr. rer. pol. Klaus Anderseck, FernUniversität in Hagen,
klaus.anderseck@fernuni-hagen.de

1. Einleitung

Die Idee einer netzbasierten Entrepreneurship Education wurde bereits 1998 in die Programmatik des ersten EXIST-Programms der Bundesregierung aufgenommen. So sollten ein

- *intelligenter Einsatz "neuer Medien" für benutzerfreundliche, zielgruppenorientierte und transparente Information sowohl der Gründer als auch der Netzwerkpartner sowie*
- *Anwendungen in Lehre und Selbststudium ("Virtuelle Gründerhochschule")*

erfolgen. Zwar ließ sich die damals mit dieser Idee verbundene Vorstellung einer bundesweiten virtuellen Gründerhochschule nicht verwirklichen, doch wurden alle EXIST-Projekte zu netzbasierten Bildungsangeboten verpflichtet. An der FernUniversität in Hagen, die einerseits in einigen Bereichen bereits die virtuelle Universität verwirklicht hatte und die andererseits ein Fernstudienprogramm im Bereich Unternehmensgründung anbot, stellte sich natürlich die Frage nach der Übertragung dieses Angebotes in die neue Lernwelt des Internet und, damit zusammenhängend, die Frage nach den Möglichkeiten und Grenzen dieser Lernform für die Gründerausbildung.

2. Fachdidaktische Grundfragen

Die Beschäftigung mit dem Thema „Lehren von Entrepreneurship im netzbasierten Fernstudium"[1] bedeutet, sich mit einem sehr breiten Feld auseinanderzusetzen, denn es sind technische, bildungstheoretische und praktische Elemente miteinander zu kombinieren und zu organisieren. Die Perspektive, unter der hier nach Antworten gesucht wird, ist eine fachdidaktische: Was sind die Vorteile des netzbasierten Lehrens? Welche Bildungsziele können damit erreicht werden? Welche Inhalte lassen sich auf diese Weise lehren?

Bei diesen Fragen sind eine fachliche und eine methodische Dimension zu unterscheiden. Die fachliche Dimension umfasst die Analyse und Bestimmung der Lehrziele und der dazu gehörigen Lehrinhalte. Sie repräsentiert das objektivierte Wissen. Die methodische Dimension

---

[1] Für Ausbildungsprogramme im Gründerbereich hat sich im angelsächsischen Sprachraum der nicht angemessen ins Deutsche zu übersetzende Ausdruck „Entrepreneurship Education" eingebürgert.

enthält solche Elemente, die auf die Transformation des objektivierten Wissens in die subjektiven Wissens- und Verhaltensrepertoires der Lernenden gerichtet sind.

Um alle wichtigen Funktionen und Aufgaben einer netzbasierten Ausbildung in ein homogenes Konzept einzubinden, bedarf es mehrerer miteinander verbundener Plattformen (u. a. Systemplattform, Kommunikationsplattform und Lehrplattform). Während die Organisation der Plattformen adressatenunspezifisch und nach informations- und kommunikationstechnischen Regeln erfolgt, sind bei der inhaltlichen und medialen Organisation der Lehre zusätzlich didaktische Bedingungen zu beachten, denn beide sind eng miteinander verbunden. Blankertz spricht hier von dem „Implikationszusammenhang von Zielen, Inhalten und Methoden" (Blankertz 1975: 94).

Die Frage nach den Möglichkeiten und Grenzen eines netzbasierten Gründerstudiums muss diesen Implikationszusammenhang berücksichtigen: Inhaltlich ist zu klären, welche Ziele erreicht werden sollen, welche Lehrinhalte dazu notwendig sind und welche Unterrichts- und Trainingsmaßnahmen eventuell erforderlich sind. Methodisch ist zu prüfen, welche Ziele und Inhalte mit den zur Verfügung stehenden netzbasierten Lehrmedien zu den Lernenden transportiert werden können.

Begleitend zu diesen Klärungen ist in etwas abgewandelter Bedeutung die alte römische Regel *impossibilium nulla obligato est* zu beachten, zu deutsch etwa *Sollen impliziert Können*, d.h., es muss geklärt werden, welche Lehrziele und welche Lehrinhalte sich überhaupt mit dem Medienarsenal des Internets transportieren lassen und welche auf andere methodische Wege angewiesen sind. Was man nicht lehren kann, darf man auch nicht lehren sollen. Die Medienleistungen sind hier ein mögliches Engpasselement.

Entrepreneurship Education hat zwei inhaltliche Ausrichtungen: Aus akademischer Perspektive ist der Inhalt der Lehre in einem Fach „Unternehmensgründung" vorrangig durch die Resultate der Grundlagenforschung bestimmt. Das Richtlernziel kann von daher als **„entrepreneurial literacy"**[2] im Sinne einer umfassenden Bildung im Bereich des Entrepreneurship bezeichnet werden. Adressaten sind in der Regel Universitätsstudenten,

---

[2] Der Ausdruck ist nicht unmittelbar ins Deutsche zu übersetzen.

die Gründungswissenschaft als Pflicht- oder Wahlfach innerhalb eines akademischen Studienganges studieren und mit einer akademischen Prüfung abschließen. Von daher unterscheidet sich die akademische Lehre in diesem Fach in formaler Hinsicht nicht von der Lehre anderer akademischer Gegenstände, denn es wird überwiegend kognitives Wissen vermittelt.

Die zweite Interpretation des Lehrens von Entrepreneurship ist auf die Vermittlung von **Gründungskompetenz** gerichtet. Unterrichtsinhalte sind hier auf den Gründungsverlauf bezogene Kenntnisse und praktische Erfahrungen, die von den Adressaten in konkretes Handeln umgesetzt werden können.

3. Die Vermittlungsressourcen: Mediale und kommunikative Komponenten

Für die Beförderung von Lehrinhalten zum Lernenden gibt es zunächst einmal die beiden Alternativen: selbstgesteuertes Lernen und begleitetes Lernen (vgl. Abbildung 1). Selbstgesteuertes Lernen bedeutet, dass sich der oder die Lernende die Ziele des Lernens selbst setzt und auch selbst bestimmt, was, wann, wo und wie gelernt wird. Das begleitete Lernen vollzieht sich überwiegend in den Formen des Präsenzunterrichts, des traditionellen Fernstudiums mit dem physischen Transport von Lehrmaterial durch die Briefpost und neuerdings des netzbasierten Lernens mit dem elektronischen Transport von Informationen durch Drähte, organisiert über das Internet.

Selbstgesteuertes Lernen (Traditionelles Studium)			
Medien	Kommunikationsweg: Lesen, Hören, Sehen		**Lernender**
Begleitetes Lernen			
Lehrform	**Kommunikationsweg**	**Hauptmedium**	**Adressat**
Face to Face-Unterricht	Sprache	Verbalisierung	**Lernender**
Fernstudium	Briefpost	Printmaterial	**Lernender**
E-Learning	Drähte	Daten-Bits	**Lernender**

Abb. 1: Lernformen, Kommunikationswege und Medien

Von der Art des Kommunikations- oder Transportweges ist die Verpackung der Lehrinhalte zu unterscheiden, die in verschiedenen Medien, sowohl unimedial, d.h. einzeln, als auch multimedial, d.h. kombiniert, eingesetzt werden kann.

Wie das traditionelle Fernstudium so ist auch das virtuelle Lernen durch die Unabhängigkeit von Ort und Zeit bestimmt. Die Studierenden sind weder an feste Studienzeiten noch an bestimmte Lernorte und auch nicht an bestimmte Lehrpersonen gebunden, d. h. sie können innerhalb der 24 Stunden des Tages den PC einschalten und lernen, ganz nach Wunsch und Bedürfnissen. Sie können mit dem aktuellen Kurs arbeiten, die virtuelle Bücherei besuchen und das Internet für zusätzliche Informationen nutzen. Gerade für die Aus- und Weiterbildung im Gründungsbereich bietet das netzbasierte Studium mit seiner hohen Flexibilität ideale Bedingungen, die eine nahezu individuelle Taktung der Lernphasen und damit die Anpassung an die Strukturen persönlicher Situationen ermöglicht. Ob es auch als Mittel zur Erreichung der einschlägigen Lehr- und Lernziele geeignet ist, wird im Folgenden diskutiert werden.

4. Lernziele einer netzbasierten Entrepreneurship Education

Die fachlich-inhaltliche Lehr-/Lernplanung beginnt zweckmäßigerweise mit der Formulierung von Lehr- und/oder Lernzielen. In der Literatur über Entrepreneurship Education erfolgt dieser Schritt meistens über eine detaillierte Beschreibung der Phasen des Gründungsprozesses. Die Ergebnisse dieser Beschreibungen sind mehr oder weniger extensive Zusammenstellungen von Wissenselementen, Fähigkeiten und Kompetenzen, die als Lehr- oder Lernziele deklariert werden.

In derartigen Zusammenstellungen werden die Lehrziele meistens Kategorien zugeordnet, die ein Kontinuum bilden. So unterscheidet Hisrich z. B. zwischen „technical skills", „business management skills" und „personal entrepreneurship skills" (vgl. Abbildung 2). Diese drei Kategorien geben zwar Hinweise auf allgemeine inhaltliche Bereiche. Aus didaktischer Sicht ist es aber wichtig, dass die zu Lehrzielen mutierten Skills in lerntheoretischen Begriffen formuliert werden. Z. B. erfolgt in gängigen Theorien der Curriculumkonstruktion eine Einteilung der Lehrziele in „Wissen", „Einstellungen" und „Verhalten" (vgl. Engelhart / Furst / Hill / Bloom 1956).

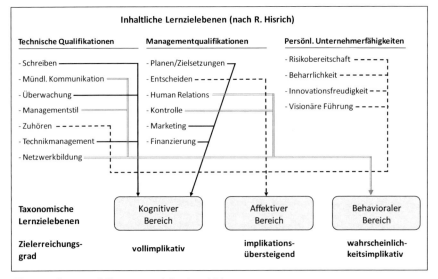

Abb. 2: Zuordnung von Skills zu taxonomischen Lernzielebenen

Werden die medialen und kommunikativen Ressourcen des netzbasierten Lernens von den drei taxonomischen Ebenen her beurteilt, so lässt sich sagen, dass sie vor allem auf Wissenserwerb, d.h. auf den kognitiven Bereich ausgerichtet sind (vgl. Abbildung 3), denn es sind Informationen, die auf den verschiedenen Wegen transportiert werden. Die Feedback-Instrumente und Lernhilfen unterstützen das Verstehen und die Anwendung des Wissens.

Typ	Lehr-Lern-Medium		Feedback
	Unimedial	Multimedial	
apersonal-nichtinteraktiv	Read only text (elektronisches Lehrbuch)	Mix aus Text, Bild, Ton, Video	ohne
apersonal-interaktiv	Programmiertes Training/Planspiel	Mix aus Text, Bild, Ton, Video	Programmierte Lernschleifen
personal-interaktiv	Dateikurs mit Einsendeaufgaben	Mix aus Text, Bild, Ton, Video	Mentorielle Betreuung (Teletutoring)

Abb. 3: Netzbasierte Lehr-/Lernmedien

Der kognitive Bereich des Lernens umfasst Aktivitäten wie das Speichern und das Erinnern von Informationen sowie das Begreifen und die Anwendung von Wissen. Lehrziele, die zu diesem Bereich gehören, können per effectum angestrebt werden (vgl. Nicklis 1976: 38), d. h., das Ergebnis der Lehraktivitäten ist planbar und vorhersagbar. Der größte Teil der Ziele der Gründerausbildung gehört zu diesem Bereich. Sie können also auch mit netzbasiertem Lernen effektiv erreicht werden.

Die Kategorie „Einstellungen" repräsentiert den affektiven Bereich des Lernens. Dieser Bereich ist zwar ebenfalls wissensbasiert, doch wird das Wissen mit Normen und Wertvorstellungen verknüpft und mit dem Ziel gelehrt, auf die Einstellungen und Werthaltungen der Lernenden einzuwirken. Die Formierung und die Veränderung von Einstellungen schließen aber individuelle Prozesse der Gewinnung von Einsicht und der Überwindung persönlicher Konflikte ein, die sowohl zur Ablehnung oder auch zur Übernahme neuer Einstellungen führen können. Von den kognitiven Elementen her ist das Lernergebnis zwar planbar aber aufgrund der Persönlichkeitsfaktoren kaum vorhersagbar.

Bei Zielen des behavioralen Bereichs, wie „Risikobereitschaft", „Managementstil" oder „Flexibilität" geht es in der Regel weniger um das Erlernen einfacher Verhaltensmuster, sondern um den Erwerb von Verhaltensdispositionen. Die dazu affinen Informationselemente können, da kognitiv, zwar vermittelt werden. Doch sind die Ergebnisse des Lehrens weder planbar noch voraussagbar. Die Ziele dieses Bereichs lassen sich, wie Nicklis es ausdrückt (vgl. Nicklis 1976: ebendort), wohl per intentionem aber nicht per effectum anstreben. Die mit den behavioralen Zielen gemeinten Dispositionen werden unter der Annahme, dass sie überhaupt erlernbar sind, eher über Sozialisationsvorgänge als durch intentionale Lehr-Lernprozesse erworben. Wie Hisrichs Auflistung zeigt, finden sich unter den behavioralen Zielen einer Entrepreneurship Education auch Charakter- und Persönlichkeitseigenschaften wie Intuition, Leistungsorientierung, unternehmerisches Gespür, Beharrlichkeit usw. Ob derartige Eigenschaften überhaupt zu beeinflussen sind, ist umstritten. Hier ist noch einmal an die Maxime „Sollen impliziert Können" zu erinnern: Das, was nicht erreicht werden kann, sollte auch nicht angestrebt werden.

Unter dem Aspekt der Vermittlung von Gründungskompetenz ist die Vermittlung praktischer Erfahrungen ein systembedingtes Negativum des netzbasierten Lernens. Viele Autoren sehen aber gerade in derartigen Erfahrungen einen unverzichtbaren Teil der Ausbildungsaktivitäten. Im netzbasierten Lernen wäre das zwar über eine Kooperation mit Praxiseinrichtungen grundsätzlich auch möglich, doch ergäbe sich aufgrund des Umstandes, dass die Studierenden weit verstreut wohnen, ein kaum zu bewältigender Organisationsaufwand. Was im netzbasierten Lernen geleistet werden kann, ist die virtuelle Heranführung der Studierenden an die Praxis mittels medialer Komponenten wie Film, Videosequenzen und netzbasierte Simulationen, d.h. per Anschauung. Das erhöht gewiss die Sensibilität, ersetzt aber nicht die direkte Erfahrung.

5. Zusammenfassung und Ausblick

Das netzbasierte Lernen bietet aufgrund seiner organisatorischen Flexibilität gute Vorbedingungen für eine Qualifikation von Gründern. Die medialen und kommunikativen Ressourcen eignen sich hervorragend für die Vermittlung von kognitiven Wissensinhalten. Sie sind jedoch weniger zur Erreichung affektiver Zielsetzungen geeignet. Behaviorale Ziele können damit überhaupt nicht angestrebt werden. Eine Grenze findet das netzbasierte Lernen auch dort, wo die Lernprozesse über eine Interaktion mit praktischen Situationen erfolgen müssen, denn das ist nur im Rahmen von Präsenzveranstaltungen möglich.

Literatur- und Quellenverzeichnis

Blankertz, H. (1975): *Theorien und Modelle der Didaktik*. 9. Aufl., München.

Braukmann, U. / Volmerig, R.-D. / Anderseck, K. / Kischko, U. (1999): *Struktur einer Virtuellen Unternehmerakademie*. Wuppertal.

Engelhart, M. D. / Furst, E. J. / Hill, W.H. / Bloom B. S. (1974): *Taxonomie von Lernzielen im kognitiven Bereich*. 4. Auflage, Weinheim / Basel.

Hisrich, R. (1993): Toward an organization model for entrepreneurship education. In: Klandt, H. / Müller-Böling, D. (Hrsg.), *Internationalizing Entrepreneurship Education and Training*. Köln / Dortmund, 16-41.

Nicklis, W. S. / Wehrmeyer, H. (1976): *Erziehungswissenschaftliche Forschungsmethoden*. Bad Heilbrunn.

Peters, O. (1995): *Die Didaktik des Fernstudiums*. Hagen.

Evaluating International Entrepreneurship Training Programmes
Intercultural Concepts and Practical Experiences in Developing Countries

Prof. Dr. Gerald Braun, Hanseatic Institute for Entrepreneurship and Regional Development (HIE-RO) an der Universität Rostock, gerald.braun@uni-rostock.de

1. Introduction: The Limits of Our Knowledge

When people start a business, extent a business or take over a business – they do learn, with, and without training. And although a great deal of time, resources and effort is invested into the education of entrepreneurs, our knowledge about the effects of this education is still rather limited (Kirby 2007: 21). This seems to be especially true for the assessment of the impact of entrepreneurship education in an intercultural context. Therefore the question still is: "With all this activity, there is still the nagging question: are we doing anyone any good?" (Robinson / Sexton 1985: 143).

2. Objectives and Methodology of the Intercultural Evaluation Study

"Evaluation refers to the process of worth or significance of an activity, policy or program. (It is) as systematic and objective as possible of a planned, ongoing, or completed intervention" (OECD 2000: 21). Four findings are in our context of special importance:

1. <u>A general valid definition of evaluation does not exist.</u> "To say that there are as many definitions as there are evaluators is not so far from accurate" (Franklin / Trasher, 1976: 10).
2. <u>Men do evaluate, not machines.</u> To evaluate means to give - more or less - subjective value judgements. "Subjective value judgements are inherent in evaluation and the question that a useful theory of effectiveness must address is and result-oriented whose values should count for how much" (Keely 1988: 189).
3. <u>Evaluations are goal- and result-oriented.</u> Their objectives are to judge/assess practical measures/projects/programmes and to contribute to their improvement (cp. Morra Imas / Rist 2009).
4. <u>Evaluations should be based on a theory of change</u>, moving from inputs to results.

To reduce complexity, our evaluation was interested in analyzing the impact of business start-up programmes. The objective was neither research nor control – but interactive learning, i.e. the change of attitudes both of the evaluated and the evaluators. The entrepreneurship education programmes were conducted in five developing countries in Latin America

(Brazil/Chile), Africa (Kenya), and Asia (Philippines/Vietnam) between 1995 and 2006. The participants of the start-up training were a heterogeneous group (university graduates/vocational training leavers/school drop-outs/illiterates/refugees/ex-combatants/jobless youths/released Civil Servants/single women/vulnerable groups of the informal sector).

Research Approach and Tools

Applying a 'most-different-tools'-approach we developed a methodological mix consisting of

- a questionnaire with 67 closed/open questions for altogether 320 participants of entrepreneurship education programmes,
- a questionnaire with 58 closed/open questions for 65 participants of training of trainer courses (TOT),
- a questionnaire with 47 closed/open questions for 53 participants of so-called appreciation workshops with project managers/Civil Servants,
- a structured in-depth-guide for 119 trainers and programme managers,
- open discussions in so-called regional workshops, altogether 14 workshops with 185 participants of entrepreneurship trainings,
- participation in 12 entrepreneurship training programmes,
- 27 on-site-visits of start-up firms.

	Entrepreneurship Education Programme	Training of Trainers (TOT)	Stakeholders, Project Managers, Bankers, Consultants
Brazil	N=52	N=27	N=8
Chile	N=53	N=14	N=6
Kenya	N=88	N=12	N=30
Philippines	N=80	N=12	N=6
Vietnam	N=47	___	N=3
Total	N=320	N=65	N=53

Tab. 1: Research Sample

3. Container Knowledge versus Entrepreneurship Competence Education

We identified and evaluated during the evaluation study:

(i) the container knowledge and the

(ii) entrepreneurial competence approach.

They differ fundamentally in their goals, methods, learning arrangements and – last, but not least – impact on the entrepreneurship promotion (cf. Figure 1).

Aspect	Container Knowledge	Entrepreneurial Competences
	SUPPLY Oriented	**DEMAND Oriented**
1. Approach	Content Driven	Process Driven
2. Focus	Teacher-led	Student-centred
3. Emphasis	Knowing that	Knowing how
4. Role of teacher	Expert	Facilitator/Fellow learner
5. Student's Activity	Working alone	Working in small groups
6. Student's role	Passive/Receptive	Active/Generative
7. Student's Expectation	Dependence	Independence
8. Student's discretion	Limited	Wide
9. Ethos	Competitive	Collaborative
10. Lessons	Programmed	Flexible, opportunist
11. Topic	Imposed	Negotiated
12. Mistakes	Not to be made	Are to be learned from
13. Assessment	Exams/tests	Profiles, results
14. View of the world	Right-wrong	Uncertainty, shades
15. Determined by	Exam boards	Local needs
16. Staffed by	Subject experts	Cross Curriculum team
17. Aim	Theory into practice	Practice into theory

Fig. 1: Container Knowledge versus Entrepreneurial Competence Education
Source: Braun 2006: 32.

The container knowledge approach is based on an input-output-learning paradigm. Learning is interpreted as the systematic and evolutionary elimination of not-knowing, i. e. it is based on input logics. "If we fill up the participants with more resources (knowledge, management skills, finance) the output (start-ups, entrepreneurship) will increase" (Röpke 2002: 276). Consequently, the learner is 'filled-up' with supply-oriented basic knowledge in law, business administration, finance, marketing etc. by 'all-knowing' superior instructors, trainers or professors. The predominant teaching method is knowledge teaching ex cathedra (front-desk-teaching). The participants are blocked in a passive-receptive role of consumers.

On the contrary to container learning the entrepreneurial competence approach is demand- or needs-oriented. It is based on a constructivist learning paradigm, and aims at activating entrepreneurial motivation – and only to a lesser extent at acquiring knowledge. The strengthening of entrepreneurial competences "is considered as a crucial input which enhances confidence, positive-thinking and self-awareness" (Hartig 1992: 1). The centrepiece of the evolutionary approach is the self-organized development of entrepreneurial soft skills by the participants for the participants, f. e. risk-taking, autonomy, self-esteem and networking. Consequently the trainer's role is reduced to being a moderator or facilitator of the learning process amongst equals. Achievement motivation is enhanced by action learning methods, organized by the participants mainly as team-work (Marsick / O'Neil 1999: pp.159). Action learning means to turn the traditional learning paradigm at upside down. Instead of university learning – 'tell-know-do' – the message is 'do-know-tell.

Depending on the specific environment, target groups, trainers, learning culture and available resources in practice often a 'mix' of both approaches exists. Therefore it was rather difficult to identify and especially to quantify the respective components of the applied approaches.

4. Evaluation Results

The exact identification of the impact of entrepreneurship training programmes – irrespective of the approach applied – is difficult because of two obvious reasons:

- The start-up and the survival-rates (to give an example) can be dependant on the growth of the economy, the development of demand, the access to credit, the existing regulatory regime etc. Therefore it is nearly impossible to isolate the effects of training from other variables. The impact of training programmes is often weaker than their societal environment.
- Some results of training, and even more so impacts, may only be identifiable after several years of the training.

(i) Container Knowledge Education

The results of our evaluations of conventional container education vary substantially, depending on the economic environment, culture of entrepreneurship, target group and trainer's competences. From an analytical perspective it is important to distinguish between different levels of evaluating (for details see: Davidsson / Wilklund 2001: pp. 81).

Generally speaking our evaluation of container education does come to negative or very moderate result, irrespective of the level evaluated.

On the <u>personal level</u> the participants complained that conventional training de-motivated them, as the training tried "<u>to turn dynamic and motivated personalities into bookkeepers</u>" (one female respondent). Being more academic and theoretically biased the programmes often were very far away from the real needs of potential entrepreneurs. The dominant methodology of front-desk teaching without activating the participants was felt to be non-entrepreneurial. It produced – if any – competencies which were the opposite of entrepreneurial behaviour. "<u>After the training I knew more about the business, but was less motivated to start a new business.</u>" In addition the programmes very often focused on existing and bigger companies without adapting to the needs of start-ups and micro-entrepreneurs.

On the <u>programme level</u> absenteeism of participants is wide-spread (which the programme management tries to reduce by giving daily allowances, free accommodation, transport subsidies etc.) and the drop-out rates reach up to 60 percent. Very often (up to 100 percent) the motivation to attend a conventional entrepreneurship training is to receive a certificate (preferably from an International Donor Agency) or to get a credit/venture capital from the banks (which often demands a certificate as collateral/security) – not to start a business.

Consequently the start-up rate of those few participants who successfully finish the course is very low – varying between 8- 15 percent. The survival rate of those who found a business is very difficult to assess and analyze. According to ILO (International Labour Organization) the survival rate of start-ups is defined of firms still existing 5 years after founding.

Considering all negative factors/results (low start-up rates predominantly in the micro-enterprise sector) it is not a surprise that on the regional/macro-economic level the additional income, employment, value added, taxes generated is marginal or can be completely neglected.

<u>To sum it up</u>: Conventional container education seems to be a failure on all relevant impact levels sometimes even a disaster. This is especially true if we take into account the cost-benefit ratio. Costs are relatively high, benefits are low.

(ii) Entrepreneurial Competence Education

Compared with container education action-learning (and competence) programmes generally seem to have a significantly higher positive impact on all three levels analysed.

On the individual level the vast majority of participants acknowledged the action-learning methodology, achievement-motivation approach and self-organised learning procedures. Concerning attitudes and behaviour the enhancement of entrepreneurial competences like self-confidence, creativity, initiative, risk-taking were mentioned. In addition the knowledge to develop and present a business-plan, to carry out a financial analyses and marketing concepts, to organise networks were referred to.

One interesting 'side-effect' (an unintended but positive result) of entrepreneurial competence education is that those participants who did not found a business argued they could use their newly acquired competencies to improve their daily life and/or job situation as dependent employees by becoming more intrapreneurial, i.e. an entrepreneur within an enterprise.

On programme level the most impressive results are: Low drop-out rates (between 5 – 10 percent), and high start-up rates (between 31 and 66 percent), depending on the macro-economic environment, sector, product etc. As with container training the best results were gained in Asian countries and amongst women in the service sector. The majority of start-ups (50 – 60 percent) take place in the trade, craft and service sector (because of the lower amount of venture capital needed compared with the manufacturing sector). The start-ups are mostly micro-enterprises with only the entrepreneur, sometimes supported by family members. Women predominantly found a business in the service sector (retail trade, sweat shops, snack bars) due to the fact that in these sectors/branches they need less venture capital. Men prefer the small manufacturing and trade sector (metal workshops, carpentry, masonry, bicycles repair, etc.)

With respect to the impact of entrepreneurship competence education on regional level additional 2 – 3 jobs have been created on average, including family members and relatively often part-time or seasonal jobs. The (additional) employment effect differs significantly between the sexes. Male entrepreneurs – although their start-up rates are lower – created 3 workplaces per newly founded business on average, females only 1.5 jobs. Reasons for the lower employment effect are that women prefer to found only a micro-enterprise because of difficulties to get a credit, risk-aversion and gender discrimination by law or officials.

Macro-level effects can be additional taxes and foreign currency generated by start-up companies, effects on the rate of self-employment, youth employment and socio-cultural effects on female entrepreneurship, and on special religious and ethnic groups. Unfortunately it is very difficult to identify potential effects on macro-level, because training programmes always cover only a small minority of potential entrepreneurs, compared with the total number of entrepreneurs in the region. Our evaluation of entrepreneurship training in Kenya for example comprised 88 participants – and local stakeholders estimated the number of entrepreneurs in the region being 27.000. One important, but generally neglected effect of successful start-up programmes is their potential crowding-out effect.

To sum it up: Although the results of action-learning training differ substantially between countries, economic environment, branches and target groups, the positive impact of evolutionary entrepreneurship education seems to be significantly higher compared to container education.

5. Intercultural Comparisons of Entrepreneurship Education Impact

Irrespective of the specific training approach, the following results (which should not be generalized) are interesting: The impact of training, especially on start-up-rates is highest in Asian countries, which might be explained with a more conducive environment, and/or higher achievement motivation of participants, and is lowest in African countries. Differences in the training impact within countries are often greater than between countries, depending on the trainer, on ethnic and religious background of participants. The start-up rates of women are on average lower (41 %, men: 46 %) – but the sustainable rate of their business is higher (38 %, men: 26 %). Maybe women are more cautious (or realistic or risk-avoiding), but are more persistent in their activities. Men prefer to start a business in the manufacturing/crafts sector, women in the trade/service sector which can be explained by the fact that trade needs less capital – and to gain access to credit is more difficult for women. There is a negative correlation between formal educational status and start-up rates: higher educational qualifications correlate with lower the start-up-rates (start-up rate of university graduates 29 %, primary school levers 40 %). Participants with an entrepreneurial family background (father/mother run a business) have significantly higher start-up rates (53 % compared with non-entrepreneurial background 39 %). Trainers with practical entrepreneurship experiences produce better training results than academic trainers with no entrepreneurial background. In hostile environment (corruption/exploitation) not starting a business is rationale.

A comparison of the two different entrepreneurship education approaches comes to the following results: Container education – 'filling up' participants with knowledge – decreases entrepreneurial spirit. Action learning training is higher estimated the lower educational qualifications and social background of participants. The impact of action learning methods is very low in learning cultures in which memorizing/not discussing dominates. The higher the formal education of participants (f. e. university graduates), the more difficult it is to introduce and implement action learning methodology. The younger the participants, the easier it is to apply action learning. Women are more open to 'unconventional' methods of training (f. e. self-organized action learning). The higher the formal education of trainers (f. e. PhD graduates), the more difficulties they find to apply participatory action learning.

6. Conclusion: Lessons learned and Recommendations

Unfortunately only very few evaluations do exist which meet scientific standards, which are representative and objective (if this is possible).

Problems of – more or less – all evaluations of training programmes seem to be:

Missing ex-ante and ex-post comparison

The impact of training can only be analyzed when comparing the competencies of participants before and after the training. This analysis is normally not done.

Missing control groups

In order to assess the impact of training we must know what would have happened without the training. Would start-up and survival rates been lower without training – or even higher? To answer this question an evaluation design is needed with identical control groups with no training. Unfortunately this kind of design is the exception, not the rule.

Use of inappropriate indicators

Programme managers and evaluation teams tend to use input indicators in training programmes (amount of money, number of courses and participants), not impact indicators. Not the money spent is of relevance (except in the context of a cost-benefit analysis) but the impact of a project on the beneficiaries and on society. Especially in training programmes which aim at the change of attitudes and actions the use participants as numbers ('head count') is misleading. Qualitative indicators which try to assess the development of entrepreneurial competencies – like increase of initiative, risk-taking, self-esteem – are in this case much more meaningful.

Lack of intercultural comparisons

Intercultural comparisons of entrepreneurship education programmes can be very productive, because they allow identifying differences in cultural values, attitudes and behaviour, influenced by religion, ethnicity, and history. But from a methodological point of view they are very demanding as well. This might be one reason that we do have only very few evaluations which are based on intercultural comparisons.

Problems of impact analysis

The exact impacts of entrepreneurship education programmes are difficult to assess:

i. The start-up and the survival-rates can be dependent on the economical growth, the existing regulatory regime etc., i.e. from the environment beyond the horizon of the training project. Isolating the effects of training from other 'environmental' variables is nearly impossible,

ii. Impacts of training may only be identifiable several years after implementation. Only longitudinal tracer studies – which are difficult and expensive – can determine these effects.

iii. Often systematic impact monitoring is missing, i.e. the implementation of the recommendations into practical actions are not followed up. Therefore in many cases the evaluations don't have any impact at all.

Last, but not least: Potential crowding-out effects of successful business start-up training are often being neglected, although theoretical considerations and empirical evidence demonstrate that these effects do exist.

Based on our practical experiences in developing countries we propose the following:

(1) With respect to entrepreneurship training programmes the development of an evaluation culture is necessary.
(2) Evaluations should aim at learning between equals, not at control from above.
(3) Evaluations should be participative, including relevant stakeholders, and integrating internal and external evaluators.
(4) Evaluations should be intercultural, combining different disciplines and perspectives.
(5) Evaluations should aim at assessing the impact, not the input of programmes.
(6) Evaluations should try to assess the impact of training programmes on different levels – from the individual to the macro-level.
(7) Evaluations should try to assess quantitative and qualitative results, not only the quantitative or only the qualitative impact.
(8) Evaluations always should try to include a cost-benefit-analysis of programmes.
(9) Evaluations should include a long-term impact monitoring, concentrating on the sustainability of effects.
(10) Evaluation should try to apply an intercultural approach and include longitudinal tracer studies.
(11) Evaluations should be endowed with sufficient resources (finance, manpower and time).
(12) Evaluators should be financially independent from the client.

At present evaluations which fulfil these standards are the exception and not the rule. This sobering insight says nothing about the quality of entrepreneurship education programmes, but much about the quality of their evaluations.

REFERENCES

Braun, G. (1997): Von der Idee zum Erfolg. Partizipative Trainingskonzepte für Existenzgründer. In: *Rostocker Arbeitspapiere zu Wirtschaftsentwicklung und Human Resource Development.* Rostock.

Braun, G. / Diensberg, C. (2003): Evaluation und Erfolgsbewertung internationaler Entrepreneurship Trainings. In: Walterscheid, K. (Hrsg.): *Entrepreneurship in Forschung und Lehre. Festschrift für Klaus Anderseck.* Frankfurt a. Main, 205-242.

Braun, G. (2006): From Container Knowledge to Entrepreneurial Learning. In: *Working Papers in Economics,* 21, 27–42 (Tallin University of Technology, Estonia).

Braun, G. (2008): Evaluating International Entrepreneurship Education Programmes: Lessons from Experience. In: Braun, G. / Kyrö, P. / Speer, S. (eds.): *Evaluating, Experiencing and Creating Entrepreneurial and Enterprising Networks.* Tampere, 93–112.

Davidsson, P. / Wiklund, J. (2001): Levels of Analysis in Entrepreneurship Research. In: *Entrepreneurship Theory and Practice.* 25, 81–99.

Franklin, J. L. / Trasher, J.H. (1976): *An introduction to program evaluation.* New York.

Hartig, S. (1992): *Entrepreneurship Training.* Berlin: ms.

Keely, M. (1988): *A Social Contract Theory of Organizations.* Notre Dame.

Kirby, D. A. (2003): *Entrepreneurship.* Maidenhead.

Marsick, V. J. / O'Neil, J. (1999): The Many Faces of Action Learning. In: *Management Learning.* 30, 159–176.

Morra Imas, L. G.; Rist, R. C. (2009): *The Road to Results. Designing and Conducting Effective Development Evaluations.* Washington D.C.

OECD (2000): *Improving Evaluation Practices. Best Practice Guidelines for Evaluation and Background Paper.* Paris.

Robinson, P.B. / Sexton, E.A. (1985): The Effect of Education and Experience on Self-Employment Success. In: *Journal of Business Venturing.* 9, 23–38.

Röpke, J. (2002): *Der lernende Unternehmer. Zur Evolution und Konstruktion unternehmerischer Kompetenz*. Marburg.

Das (Un)mögliche versuchen: Wie können Beratungsleistungen evaluiert werden?

DR. THOMAS FOHGRUB, BUNDESMINISTERIUM FÜR WIRTSCHAFT UND TECHNOLOGIE, TFOHGRUB@GMX.DE

1. Einleitung

Die Qualität einer Beratung zu messen oder sicher zu stellen, dass eine gewünschte Qualität eingehalten oder die vorhandene verbessert wird, ist ein sehr schwieriges Unterfangen. Gründungsberatungen können nicht vorher „ausprobiert" werden, sie sind nicht greifbar, und sie sind einmalig, da sie im Moment der Interaktion zwischen dem Berater und dem Klienten entstehen. Eine identische Reproduktion ist nicht möglich. Das Verfahren lebt von der Interaktion zwischen Berater und Klient. Gleichzeitig ist es beeinflusst durch eine Wissens-Differenz zwischen den beiden Personen (im Fall der Beratung durch einen Experten), genauso wie durch Sympathie/Antipathie, Skepsis und Offenheit sowie weitere externe Einflüsse, die kaum messbar sind. Dabei spielt es zunächst keine Rolle, worüber beraten wird und wer berät bzw. sich beraten lässt.

2. Welche Problemfelder gibt es bei der Qualitätssicherung von Gründungsberatung?

Betrachtet man die theoretischen Ansätze zur Qualitätssicherung, wird deutlich, dass Beratung für Existenzgründungswillige auf Grund der handlungsspezifischen Konzentration auf ökonomische Aspekte überwiegend eine Teildisziplin der Betriebswirtschaftslehre darstellt. Sie unterscheidet sich daher von anderen Beratungsrichtungen (bspw. Ehe-, Berufs-, Bildungs- und Arbeitslosenberatung), die inhaltlich eher in den Sozialwissenschaften verankert sind. Ein Schnittpunkt ist bei der Weiterbildungs-, Laufbahn- und Berufsberatung zu erkennen. Bei der Beratung eines Arbeitnehmers zu seiner individuellen beruflichen Entwicklung oder einer Existenzgründung müssen nicht nur die ökonomischen Aspekte der Idee betrachtet werden, sondern auch der Kontext, bspw. das persönliche Umfeld, ist zu beachten (vgl. Nestmann 2008: 12, 17; Gerstenmaier / Günther 2004: 935). Der Autor hat im Rahmen seiner Dissertation (vgl. Fohgrub 2010) die betriebswirtschaftlichen Methoden zur Sicherung der Qualität von Beratungsleistungen für Unternehmer im Bereich der Personal- und Organisationsentwicklung untersucht. Auch wenn sich diese Beratungen gegenüber einer Existenzgründungsberatung unterscheiden, wurden systematische Schwächen aufgezeigt, die ebenfalls bei der Existenzgründungsberatung zu beobachten sind: Eine einheitliche Strategie zur Sicherung der Beratungsqualität gibt es nicht.

1. Es gibt in der betriebswirtschaftlichen Literatur keine Evidenz, dass eine systematische Qualitätssicherung (ex ante, ongoing und ex post) der Beratungsdienstleistung stattfindet.

2. In der Mehrheit der Fälle wird die Qualitätssicherung der Beratungsleistung ex post durchgeführt. Dies erfolgt durch eine Messung der Zufriedenheit des Kunden über einen Fragebogen oder im Rahmen eines Abschlussgesprächs. Dabei geht eine hohe Kundenzufriedenheit nicht unbedingt mit einer qualitativ hochwertigen Beratung einher (vgl. Böckelmann 2003: 88) und ist zudem abhängig vom Zeitpunkt der Befragung. Wenn ein Existenzgründungsberater bspw. eklatante Schwächen bei seinem Klienten feststellt und ihn von seinem Existenzgründungsvorhaben abbringen will, wird er vermutlich im ersten Moment keine hohe Kundenzufriedenheit verzeichnen können. Je nachdem, wie einsichtig und selbstkritisch der Klient ist, kann sich dies im Laufe der Zeit noch ändern. Möglicherweise bleibt bei dem Kunden allerdings der ‚schlechte Eindruck der Beratung', da er sich ungerecht beurteilt sieht.

3. Gleichzeitig sind Ex post-Evaluationen für die Klienten nicht zweckmäßig. Eine nachträgliche Auswertung interessiert eher den Berater als den Kunden. Wenn ein Qualitätssicherungsprozess für einen aktuellen Beratungsfall tatsächlich wirken soll, dann muss dieser im Prozess eingebaut sein. Dies ist auch durch das „uno-actu-Prinzip" einer Dienstleistung bedingt, wonach Leistungserstellung und Leistungsabgabe immer zusammenfallen.

4. Wenn es eine prozessimmanente Qualitätssicherung gibt, bezieht diese sich auf die Organisation des Prozesses. Hier stehen bspw. die Vollständigkeit der zu erstellenden Berichte und die Einhaltung von Terminen im Vordergrund. Der organisatorische Ablauf einer Beratung ist wichtig, aber er kann nur das Korsett bilden, in dem die Beratung durchgeführt wird. Aufgrund der Dominanz des personellen Faktors bei einer Beratung greift eine alleinige Betrachtung der Organisation zu kurz.

5. Eine Meta-Betrachtung, wie sie in der Evaluation in Form der Meta-Evaluation oder in den Sozialwissenschaften in Form der Supervision existiert, ist bisher nicht verbreitet.

6. Selbstevaluation wird in der Literatur zu Unternehmensberatung wenig behandelt. Es gibt Ansätze einer Selbstreflexion, die ähnlich sind.

Wie anhand dieser Schwierigkeiten zu erkennen ist, reicht eine rein betriebswirtschaftliche Betrachtungsweise für die Sicherung der Qualität von Unternehmensberatung nicht aus. Die vorhandenen betriebswirtschaftlichen Methoden zur Qualitätssicherung decken nur einen Teil der relevanten Aspekte von Beratungsleistungen ab. Eine Kombination mit Methoden der Sozialwissenschaften kann hier helfen.

Die vorherrschende Methode zur Qualitätssicherung ist hier die Evaluation. Sie ist ein anwendungsorientierter Teil der Sozialwissenschaften und vereint Modelle und Instrumente, um eine umfassende Bewertung einer Beratung vorzunehmen. Die Bewertung kann vor, während und nach der Beratung durchgeführt werden. Je nach Erkenntnisinteresse, Budget, Methodenerfahrung und Offenheit kann eine Evaluation extern beauftragt und durchgeführt oder intern vollzogen werden. Auch im Bereich der Evaluation ist die vorherrschende Methode zur Datengewinnung die Befragung der Nutzer. Auch hier wird die Befragung überwiegend ex post durchgeführt. Mit der sog. teilnehmenden Beobachtung steht aber bspw. auch eine Methode zur Verfügung, die während des Beratungsprozesses eingesetzt werden kann.

Aus der Berufsberatungsforschung liegt zudem eine Konzeption vor, welche folgende Elemente einer Beratung evaluiert: Input, Ziel, Prozess, Output, Transfer und Ressourcen. Für jede Phase bzw. jedes Element einer Beratung stehen unterschiedliche Instrumente zur Verfügung.

3. Wie kann ein Evaluationsmodell für die Gründungsberatung aussehen?

Nur durch die Kombination verschiedener Maßnahmen kann die Qualität einer komplexen Leistung wie der Beratung analysiert und ggf. verbessert werden. Um eine möglichst hohe Qualität einer Beratungsleistung zu erreichen, müssen Maßnahmen zur Qualitätssicherung oder -verbesserung an unterschiedlichen Stellen der Beratungsleistung ansetzen:

- auf der organisatorischen Ebene des Projektträgers bzw. des Beratungsunternehmens,

- am Beratungsprozess selbst und
- bei dem Berater.

Der Autor hat im Rahmen seiner Dissertation ein praxisorientiertes Evaluationsmodell aus diesen drei Elementen entwickelt. Zusammenfassend sind dabei folgende konkrete Evaluationsanforderungen zu beachten:

Qualitätssicherung auf der organisatorischen Ebene des Projektträgers:

- Es sollte ein gemeinsames Leitbild für die Beratungen existieren, in dem die kontinuierliche Qualitätssicherung verankert ist.
- Es dürfen nur Beratungsaufträge angenommen werden, die in sachlicher, personeller und zeitlicher Sicht ordnungsgemäß abgewickelt werden können.
- Die notwendigen Ressourcen zur Realisierung des Auftrages sind bereit zu stellen.
- Die Berater sind regelmäßig fachlich und didaktisch zu schulen.
- Ein adäquates Arbeitsumfeld ist für die Berater zu gestalten.
- Es sollten Anreize zur Nutzung der Selbstevaluation im Unternehmen verankert sein, die über monetäre Anreize hinaus gehen sollten.

Qualitätssicherung des Beratungsprozesses:

1. Ex ante-Evaluation:

Die Bereitstellung von Checklisten und Gesprächsleitfäden kann sowohl die Einarbeitung von neuen Kollegen erleichtern, als auch helfen, ein Gespräch zu strukturieren und die wesentlichen Inhalte abzufragen.

2. Evaluation während einer Beratung:

Während einer Beratung sollten folgende Evaluationsdimensionen untersucht werden: Input (Klärung des Anliegens), Ziel (Absicht der Beratung), Prozess (bspw.

Methodik der Beratung) und Output (direkte Ergebnisse der Beratung). Die Evaluation kann dabei selbst oder durch einen externen Evaluator vorgenommen werden.

3. Ex post-Evaluation:

Nach Abschluss der Beratung sollte evaluiert werden,

a) welche konkreten mittelfristigen Ergebnisse die Beratung hatte und wie sie umgesetzt wurden und

b) welche Ressourcen dafür aufgewendet wurden.

Anforderungen an die Berater:

- Die Anforderungen an die Berater und die anzuwendenden Techniken sind vielfältig und unterscheiden sich in den Phasen des Beratungskreislaufes.

- Im Vorfeld einer Beratung muss der Berater in der Lage sein, Kontakt zu potenziellen Kunden aufzunehmen und Beratungsziele abzustecken.

- Während einer Beratung muss er die richtigen Techniken verwenden, um zunächst das Anliegen des Klienten genau zu klären.

- Im Anschluss daran sind die richtigen Methoden zur Lösung des Problems zu wählen. Je nach Auftragsumfang ist der Berater auch noch in der Umsetzungsphase mit eingebunden und muss evtl. auch auf Rückschläge und Fehlentwicklungen angemessen reagieren.

- Beendet werden sollte die Beratung durch eine Nachbereitung, in der sowohl die Ergebnisse, die eingesetzten Techniken, als auch die Ressourcen reflektiert werden.

Literatur- und Quellenverzeichnis

Böckelmann, C. (2003): *Qualitätsmanagement. Konzepte und ihre Anwendung in psychosozialen Beratungsstellen.* Heidelberg: Asanger.

Fohgrub, T. (2010): *Qualitätssicherung von Unternehmensberatung durch Evaluation*. Aachen: Shaker-Verlag.

Gerstenmaier, J. / Günther, S. (2004): Berufslaufbahnberatung (Career Counseling). In: Nestmann, F. / Engel, F. / Sickendiek, U. (Hrsg.): *Das Handbuch der Beratung. Ansätze, Methoden und Felder.* Tübingen: DGVT-Verlag (Beratung, 2), 933-945.

Nestmann, F. (2008): Die Zukunft der Beratung in der sozialen Arbeit. In: *Beratung Aktuell, Fachzeitschrift für Theorie und Praxis der Beratung.* H. 2, 1-25.

Zielgruppenspezifische Methoden in Entrepreneurship:
Fallstudien als Vermittler zwischen Theorie und Praxis

DIPL.-ÖK. STEFAN GLADBACH, , GLADBACH@WIWI.UNI-WUPPERTAL.DE[1]

DR. SEAN PATRICK SAßMANNSHAUSEN, SASSMANNSHAUSEN@WIWI.UNI-WUPPERTAL.DE[1]

[1] Institut für Gründungs- und Innovationsforschung, Schumpeter School of Business and Economics, Bergische Universität Wuppertal, Deutschland

1. Einleitung

Seitdem in den 1990er Jahren eine neue Förderkultur für Unternehmensgründungen in Deutschland entstand, legt auch die Wissenschaft einen Fokus auf die Ausbildung von Unternehmensgründern, also auf die Entrepreneurship Education. Diese umfasst alle didaktischen Anstrengungen, die jeweilige Zielgruppe für eine potenzielle selbstständige Tätigkeit zu sensibilisieren, und zielt auf den Erwerb spezifischer Kenntnisse und Fähigkeiten, die an gründungsrelevanten Handlungs- und Entscheidungsfeldern ausgerichtet sind (vgl. Uebelacker 2005). Doch welche Methodiken eignen sich im Besonderen dazu, diese umfangreichen und komplexen Kenntnisse und Fähigkeiten zu vermitteln? Nach Meinung der Verfasser ist die Fallstudien-Methodik besonders dazu geeignet, diese schwierige Aufgabe zu bewerkstelligen. Die Bezeichnung als „besonders dazu geeignet" impliziert dabei keinesfalls die Behauptung einer alleinigen oder ausschließlichen Eignung. Die Verfasser befürworten vielmehr einen Methodenpluralismus in der Lehre, fokussieren im vorliegenden Beitrag aber auf Fallstudien, da diese Methode in Deutschland eher unterbewertet wird.

2. Vorgehensweise

Im Folgenden wird gezeigt, was Fallstudien im Rahmen der Entrepreneurship Education zu leisten imstande sind, mit dem Ziel, die spezifischen Vorteile dieser Methodik darzulegen, um für eine vermehrte Verwendung von Fallstudien in der Gründungslehre zu plädieren sowie die Erstellung von sogenannten Teaching Cases zu forcieren. Wir behaupten, dass zu wenig Fallstudien in der deutschen Entrepreneurship Education zur Anwendung kommen, vor allem: zu wenig gute Fallstudien (siehe z. B. diverse Beiträge in Frank / Klandt 2002; Schmude / Uebelacker 2002).

Um den Wert von Fallstudien speziell für die Gründerausbildung zu belegen, soll in einer deduktiven Vorgehensweise zunächst auf die Sonderstellung der Entrepreneurship Education innerhalb der Betriebswirtschaftslehre eingegangen werden. Hiernach soll die Fallstudien-Methodik umrissen werden. In einem letzten Schritt werden die aus den vorherigen Kapiteln gewonnenen Ergebnisse gegenübergestellt und miteinander verglichen. Dies dient zur

Klärung der Frage, was die Fallstudien-Methodik innerhalb der Entrepreneurship Education leisten kann.

Dazu wählten die Verfasser ein exemplarisches Vorgehen: Mit Hilfe von leitfadengestützten Interviews wurde eine Fallstudie über ein Start-up erstellt, das durch das EXIST-Gründerstipendium gefördert wurde und derzeit kurz vor dem Markteintritt steht. Die so entstandene Einzelfallbeschreibung wurde speziell auf die Verwendung als Teaching Case, also zur Verwendung innerhalb der Gründungslehre, ausgerichtet, so dass anhand einer konkreten Fallstudie gezeigt werden kann, wie Fallbeschreibungen dazu beitragen können, mit Hilfe von Schilderungen aus der Praxis theoretisches Wissen zu vermitteln und anwendungsbezogene Handlungsfähigkeiten zu lehren. Hierauf sowie auf der gegebenen Literatur aufbauend werden verschiedene Kriterienkataloge dargelegt, die die speziellen Anforderungen von Fallstudien in Entrepreneurship skizzieren. Auf Basis einer detaillierten Analyse der innerhalb der Fallstudie enthaltenen gründungsrelevanten Themengebiete wurde eine ausführliche Teaching Note erstellt, die aufzeigt, wie Fallstudien auf die Erreichung der spezifischen Lernziele der Entrepreneurship Education abzielen und die konkreten Lerninhalte durch die inhärente, besondere Methodik vermitteln können (vorausgesetzt, dass Dozenten über die entsprechende didaktische Befähigung verfügen, mittels Fallstudien effektiv zu unterrichten).

Der vorliegende Beitrag fasst die Ergebnisse dieses Vorgehens zusammen und liefert eine Übersicht über Synergien zwischen Gründungslehre und Fallstudien, die zeigt, warum gerade Fallstudien dazu geeignet sind, die in der Unternehmerausbildung entscheidende Forderung nach Vermittlung von Handlungsfähigkeit in komplexen Zusammenhängen, vernetztem Denken, Urteilskraft und Interdisziplinarität zu schulen (vgl. Braukmann 2001). Auf eine Darstellung des erwähnten exemplarischen Falls muss dabei aus Platzgründen verzichtet werden.

3. Sonderstellung der Entrepreneurship Education

Die Entrepreneurship Education genießt innerhalb der Betriebswirtschaftslehre eine Sonderstellung, was nicht zuletzt an der Terminologie des Begriffs „Entrepreneurship Education" gezeigt werden kann. So existiert beispielsweise weder ein eigener Begriff für die Vermittlung des Faches Personal- und Organisationswesen – wie z.b. Organizational Behavior Education – noch ein solcher für die Lehre von Marketing oder gar der Bilanzwissenschaften – wie z.B. Marketing Education oder Accounting Education. Schon der Begriff der Entrepreneurship Education signalisiert also eine Sonderstellung innerhalb der Betriebswirtschaftslehre.

Diese ist dadurch begründet, dass die innerhalb des Faches Entrepreneurship enthaltenen Theorien und Lehrinhalte auf Kompetenzen abzielen, die sich von denjenigen, die in anderen Fächern der Betriebswirtschaftslehre vermittelt werden, teilweise deutlich unterscheiden. Eine Begründung für diese gesonderte Position findet Kuratko: „A core objective of entrepreneurship education is that it differentiates from typical business education. Business entry is fundamentally a different activity than managing a business [...]; entrepreneurial education must address the equivocal nature of business entry [...]." (Kuratko 2005). Die Sonderstellung der Entrepreneurship Education ist also vor allem in der fachlichen Diversifikation von Entrepreneurship begründet. Entrepreneure bedürfen einer weit breiteren Ausbildung als Manager innerhalb von Konzernstrukturen. Die Ausbildung von Unternehmensgründern und -gründerinnen erfasst idealerweise den Menschen als Ganzes und beschränkt sich nicht allein auf die Vermittlung fachspezifischen Wissens im Rahmen eines engen Funktionskontextes. Es handelt sich nicht allein um Wissensvermittlung, sondern zusätzlich auch um das Training von Fähigkeiten oder Fertigkeiten und die Entwicklung der Persönlichkeit.

Daher unterscheiden sich die Zielrichtungen der allgemeinen bzw. speziellen Betriebswirtschaftslehre und der Entrepreneurship Education, wie im Folgenden dargestellt wird.

4. Zielrichtungen der klassischen BWL und der Entrepreneurship Education

Die klassische Betriebswirtschaftslehre verfolgt vor allem das Ziel, Wissen, also Know-how, zu vermitteln. Entrepreneurship Education zielt hingegen neben der reinen Wissensvermittlung besonders darauf ab, die Eigenverantwortlichkeit und die Handlungsorientierung des Entrepreneurs in das Bewusstsein zu rufen (vgl. Filion 1996). Die folgende Tabelle skizziert die wesentlichen Unterschiede hinsichtlich der Zielrichtungen der klassischen Betriebswirtschaftslehre und der Entrepreneurship Education:

Klassische Betriebswirtschaftslehre	Entrepreneurship Education
Befürwortung einer Mitgliedschaftskultur	Befürwortung einer Führungskultur
Konzentration auf Gruppendynamik und Gruppenkommunikation	Konzentration auf die individuelle Weiterentwicklung
Entwicklung von Modellen, die generelle, abstrakte Regeln anstreben	Entwicklung von Modellen, die konkrete, spezielle Regeln (Heuristiken) anstreben
Basiert auf der Entwicklung von Selbstbewusstsein mit Schwerpunkt auf Anpassungsfähigkeit	Basiert auf der Entwicklung von Selbstbewusstsein mit Schwerpunkt auf Beharrlichkeit
Fokussiert auf das Erlangen von Know-how im Bereich des Managements von Ressourcen	Fokussiert auf das Erlangen von Know-how, das auf das Erkennen von unternehmerischen Gelegenheiten sowie die Generierung von Ressourcen abzielt

Tab. 1: Unterschiedliche Zielsetzungen von klassischer Betriebswirtschaftslehre und der Entrepreneurship Education (in Anlehnung an Filion 1996)

Durch die in Tabelle 1 dargestellten Unterschiede, insbesondere bezüglich der Fokussierung auf die Führungsrolle des Entrepreneurs und der Akquirierung noch nicht vorhandener Ressourcen im Gegensatz zum Team-basierten Ansatz der klassischen Betriebswirtschaftslehre mit dem Ziel, bereits vorhandene Ressourcen zu managen, scheint die Sonderstellung der Entrepreneurship-Lehre innerhalb der Betriebswirtschaftslehre gerechtfertigt (vgl. Klandt 1998). Aufbauend auf dieser Sonderstellung beschreibt Tabelle 2 einige charakteristische Kennzeichen von Lehr-Lernarrangements (vgl. Braukmann 2001), welche die Vermittlung des Faches Entrepreneurship begünstigend beeinflussen, und stellt diese der klassischen betriebswirtschaftlichen Fachdidaktik gegenüber. Ein Fokus liegt hier vor allem auf der Interaktion der Teilnehmer untereinander und mit dem Dozenten. Nur dadurch ist es möglich, den speziellen Anforderungen der Entrepreneurship-Lehre gerecht zu werden.

Klassische wirtschaftswissenschaftliche Fachdidaktik	Entrepreneurship Education
Frontalunterricht: Lernen nur durch den Dozenten	Dynamischer Unterricht: Lernen durch Dozenten, andere Studenten bzw. Teilnehmer, soziales Umfeld etc.
Lernen durch Schriften: Bücher, Artikel, Folien etc.	Lernen durch Ideenaustausch unmittelbar und durch Medien (z. B. Cases)

Klassische wirtschaftswissenschaftliche Fachdidaktik	Entrepreneurship Education
Student als passiver Teilnehmer: Lernen durch Zuhören	Student als aktiver Teilnehmer: Lernen durch Interaktion
Lernen von und durch vorgegebenen Inhalt und fertige Lösungen	Lernen durch „Entdeckung" von Inhalten und Generieren von Lösungen
Lernen zum Lösen von theoretischen Problemen	Lernen zum Erreichen von realen Zielen
Imitation / Nachahmung unerwünscht	Lernen durch Imitation / Nachahmung
Fehler machen unerwünscht	Lernen durch Fehler; Fehler als Chance zum Lernen

Tab. 2: Unterschiede zwischen klassischer Fachdidaktik und Entrepreneurship Education (in Anlehnung an Klandt / Volkmann 2006)

5. Die Fallstudien-Methodik

Die moderne Fallstudien-Methodik hat ihren Ursprung in der Kasuistik der Juristen, lässt sich aber auch schon bis zur Taktikausbildung des römischen Militärs zurückverfolgen. Innerhalb der Management-Lehre wurde diese Methode erstmals an der renommierten Harvard Business School angewendet (vgl. Kaiser 1983). Fallstudien bilden zeitgenössische Phänomene in einem realitätsnahen Kontext ab und analysieren diese. Hierbei sind die Grenzen zwischen Phänomenen und Rahmenbedingungen nicht direkt ersichtlich; zur Entscheidungsfindung können verschiedene Quellen als Hilfsmittel dienen (vgl. Yin 1984). Fallstudien innerhalb der Betriebswirtschaftslehre imitieren bzw. simulieren reale Situationen. Fallstudien sind in diesem Zusammenhang verbale Repräsentationen der Realität, die den Leser in die Rolle eines an der konkreten Situation Teilnehmenden versetzen (vgl. Ellet 2007). Bei der Bearbeitung von Fallstudien geht es meist nicht nur darum, den jeweiligen Fall zu bearbeiten und im Anschluss idealtypisch zu lösen. Vielmehr soll die Lehre anhand von Fallstudien darüber hinaus dazu dienen, die aus der Bearbeitung der Fallstudie gewonnenen Erkenntnisse zu generalisieren, so dass auch Situationen, die denen aus der Fallstudie ähneln, bewerkstelligt werden können (vgl. Euler / Hahn 2004). Fallstudien sind weiterhin dazu geeignet, verschiedene Kompetenzen zu vermitteln. Durch die dynamische und interaktive Art und Weise des Unterrichtens von Fallstudien ist es möglich, nicht nur Fachkompetenz, sondern auch Methoden-

und Sozialkompetenz zu vermitteln. Dies kann beispielsweise dadurch gelingen, dass Fälle zunächst in Einzel-, Partner- und Gruppenarbeit von den Teilnehmern der jeweiligen Veranstaltung bearbeitet werden, um in einem zweiten Schritt Probleme sowie Problemlösungen im Plenum gemeinsam zu diskutieren. Wichtig hierbei ist, dass der Dozent zu einer konstruktiven Diskussion beiträgt und ermutigt, sowie durch seine Moderation den Teilnehmern zu verstehen gibt, dass nicht der eine, richtige Lösungsansatz existiert. Auf keinen Fall sollte der Dozent eine einzige Musterlösung vorgeben, um rasch zum nächsten Fall überzugehen – u.a. hierin unterscheiden sich Fallbeispiel und Fallstudie. Sind diese Rahmenbedingungen gegeben, so ist es durch Fallstudien in Entrepreneurship möglich, den besonderen Anforderungen der Entrepreneurship-Lehre gerecht zu werden, wie das folgende Kapitel darlegt.

6. Fallstudien in der Entrepreneurship Education

Auf den vorherigen Seiten wurde deutlich, inwieweit sich die Entrepreneurship-Lehre von der klassischen Betriebswirtschaftslehre in ihren Zielsetzungen und auch in ihrer Didaktik unterscheidet. Im vorangehenden Kapitel wurde zudem die Fallstudien-Methodik beschrieben, die laut Auffassung der Autoren in besonderem Maße dazu geeignet ist, die speziellen Inhalte des Faches Entrepreneurship zu vermitteln. Die folgende Tabelle stellt typische didaktische Zielsetzungen der Entrepreneurship Education jenen methodischen Möglichkeiten gegenüber, die die Fallstudien-Methodik bietet. So ist es durch den Einsatz von Fallstudien insbesondere möglich, nicht nur Fachwissen zu lehren, sondern auch die Sozialkompetenz der Teilnehmer einer Entrepreneurship-Veranstaltung zu stärken sowie methodische Analyseinstrumente, wie bspw. „Porter's Five Forces" (vgl. z.B. Porter 2008), anhand real existenter Fälle zu vermitteln und anzuwenden und deren Nutzen und Grenzen im Kontext von Entrepreneurship erfahrbar zu machen.

	Was sollte Entrepreneurship Education gewährleisten?	Was können Fallstudien gewährleisten?	
Ausrichtung auf das eigene Selbstbewusstsein	Befürwortung einer Führungskultur	Situationsschilderungen aus Sicht von Entscheidungsträgern	**Erarbeitung, Argumentation und Diskussion eigener Lösungsansätze**
	individuelle Weiterentwicklung	Entwicklung eigener Lösungsansätze	
	individuelle Beharrlichkeit	Schulung von Argumentationsfähigkeit und Durchsetzungsvermögen	
	Verständnis und Wertschätzung der Funktion des Unternehmers	Darstellung von Unternehmern als positive Kraft	
	Schulung von Führungs-, Motivations- und Kommunikationskenntnissen	Schulung, individuelle Lösungsansätze zu erzeugen und zu vermitteln	
Schulung von Urteilskraft und Entscheidungskompetenz	Entwicklung konkreter, spezieller Regeln (Heuristiken)	Aufzeigen von verschiedenen Handlungsalternativen	**Eigenständige Informationsrecherche, eigenständige Bewertung von Problemen, eigenverantwortliche Festlegung auf eigene Lösungsansätze**
	Fokus auf das Erlangen von Know-how für das Erkennen von „Opportunities"	Schulung spezifischen Know-hows durch individuelles Nachvollziehen von „Entdeckungspfaden"	
	Fähigkeit, innovative und ökonomisch erfolgversprechende Produkte / Dienstleistungen zu entwickeln	Nachvollziehen von erfolgreichen Fallschilderungen sowie Lernen anhand von Fehlern anderer	
	Fähigkeit, auch ohne vollständige Information, also in unsicheren Situationen, Entscheidungen zu treffen	Schulung strukturierter Informationsrecherche, um unvollständige Informationen zu kompensieren	
	Schulung wirtschaftlicher Methodenkompetenz / Vermittlung verschiedener Analyseinstrumente	Bearbeitung der Fälle durch Anwendung verschiedener Analyseinstrumente	
	Theoriebasiertes Fundament		
	Praxisorientiertes Fundament		

Tab. 3: Fallstudien in Entrepreneurship

7. Schlussfolgerungen

Fallstudien ermöglichen sowohl die Vermittlung eines theoriegestützten Fundaments, als auch die Lehre und Anwendung von gründungsrelevantem (positivem und / oder negativem)

Praxiswissen, also beide Aspekte eines gründungsrelevanten Kenntnisbereichs, gemeinsam mit einer damit einhergehenden Schulung der Urteilsfähigkeit. Durch Fallstudien ist es möglich, diese beiden Aspekte – Theorie und Praxis – durch eine Methode zu lehren, um somit die so wichtig gewordene Entrepreneurship Education an Hochschulen effizient und effektiv zu gestalten (wenige Entrepreneurship-Lehrbücher folgen in ihrer Konzeption genau jenem gewinnbringenden Nexus von Theorie und Praxis, vgl. Roberts / Stevenson / Sahlman 2007). Zugleich vermitteln Fallstudien tiefe Einblicke in die jeweils entsprechenden Branchen. Fallstudien sind zusätzlich in der Lage, nicht nur praxisrelevantes sowie theoretisches Wissen anhand real existierender Fallbeschreibungen zu lehren, sondern auch die Sozialkompetenz der Teilnehmer zu stärken. Dies kann durch einen dynamischen und interaktiven Unterrichtsansatz geschehen, der Teilnehmer dazu ermutigt, eigene Lösungsansätze zu entwickeln und im Plenum gegenüber anderen Ansätzen zu verteidigen. Die Fähigkeit, konstruktive Kritik zu äußern und auch zu empfangen, sowie die Schärfung des Durchsetzungsvermögens in Bezug auf Verhandlungssituationen sind von nicht zu unterschätzender Bedeutung für potenzielle Gründer.

Zusammenfassend sollte nach Meinung der Autoren daher der Einsatz von Fallstudien innerhalb der deutschen Entrepreneurship-Lehre intensiviert werden, da sich andere, klassische Unterrichtsformen wie bspw. der Frontalunterricht nur bedingt dazu eignen, die besonderen Anforderungen der Entrepreneurship Education zu erfüllen. Der Ausbau dieser Unterrichtsform innerhalb der Gründungslehre und die Schulung von Dozenten in ihrer Anwendung würden somit einer Verbesserung der Gründungskultur an deutschen Hochschulen dienen.

Literatur- und Quellenverzeichnis

Braukmann, U. (2001): Wirtschaftsdidaktische Förderung der Handlungskompetenz von Unternehmensgründerinnen und -gründern. In: Koch, L. T. / Zacharias, C. (Hrsg.): *Gründungsmanagement: mit Aufgaben und Lösungen*. München / Wien: Oldenbourg, 79-94.

Ellet, W. (2007): *The Case Study Handbook. How to Read, Discuss, and Write Persuasively About Cases*. Boston, MA, USA: Harvard Business School Press.

Euler, D. / Hahn, A. (2004): *Wirtschaftsdidaktik*. Wien: Haupt Verlag.

Filion, L. J. (1996): Entrepreneurship and Management: Differing but Complementary Process. In: Klandt, H. (Ed.): *Internationalizing Entrepreneurship Education and Training. Proceedings of the IntEnt-Conference at Stichting Gelderse Hogescholen, Arnhem/University of Nijmegen, Netherlands, June 23-26, 1996*. Lohmar / Köln: Josef Eul Verlag (Reihe FGF Entrepreneurship-Research Monographien, Band 19), 260-278.

Frank, H. / Klandt, H. (Hrsg.) (2002): *Gründungsmanagement: Fallstudien*. München: Vahlen Verlag.

Kaiser, F. J. (1983): Grundlagen der Fallstudiendidaktik – Historische Entwicklung – Theoretische Grundlagen – Unterrichtliche Praxis. In: Kaiser, F.-J. (Hrsg.): *Die Fallstudie. Theorie und Praxis der Fallstudiendidaktik*. Bad Heilbronn: Verlag Julius Klinkhardt, 9-34.

Klandt, H. (1998): Entrepreneurship spielend lernen: Erfahrungen beim Einsatz eines Computerplanspiels zur Vermittlung der mittelständischen Unternehmerrolle. In: Faltin, G. / Ripsas, S. / Zimmer, J. (Hrsg.): *Entrepreneurship. Wie aus Ideen Unternehmen werden*. München: C. H. Beck, 197-216.

Klandt, H. / Volkmann, C. (2006): Development and Prospects of Academic Entrepreneurship Education in Germany. In: *Higher Education in Europe*. Vol. 31, No. 2, July 2006, 195-208.

Kuratko, D. (2005): The Emergence of Entrepreneurship Education: Development, Trends, and Challenges. In: *Entrepreneurship Theory and Practice*. September 2005, 577-579.

Porter, M. E. (2008): *The Five Competitive Forces that Shape Strategy*. In: Harvard Business Review. Jan., Vol. 86 (1), 78-93.

Roberts, M. J. / Stevenson H. H. / Sahlman W. A. (2007): *New Business Ventures & the Entrepreneur*. Boston: McGraw-Hill Irwin.

Schmude, J. / Uebelacker, S. (2002): *Gründerausbildung in Deutschland und den USA: Eine Analyse zur Organisation und Ausrichtung von Entrepreneurship-Professuren.* Bonn / Berlin: Deutsche Ausgleichsbank.

Uebelacker, S. (2005): *Gründungsausbildung. Entrepreneurship Education an deutschen Hochschulen und ihre raumrelevanten Strukturen, Inhalte und Effekte.* Wiesbaden: Deutscher Universitäts-Verlag.

Yin, R. K. (1984): *Case Study Research: Design and Methods.* Sage, Newbury Park, CA.

Gründen im Spannungsfeld von Kunst und Ökonomie

PROF. DR. HERBERT GRÜNER, O. PROFESSUR WIRTSCHAFTSWISSENSCHAFTEN, KUNSTHOCHSCHULE BERLIN /
REKTOR BBW HOCHSCHULE BERLIN, HERBERT.GRUENER@KH-BERLIN.DE

1. Das Spannungsfeld von Kunst und Ökonomie

Damien Hirst, einer der bekanntesten Künstler weltweit, ist wieder einmal eine künstlerische Intervention mit hoher Aufmerksamkeit gelungen. Anlässlich der Eröffnung einer Galerie in Hong Kong 2011 stellt er einen mit Diamanten verzierten Babyschädel (*For Heaven's Sake*) aus, der in Bezug zu einem der teuersten Kunstwerke der letzten Jahre steht, das ebenso von ihm gefertigt wurde (vgl. Gagosian Galery 2011). *For the love of God* wurde für rund 50 Millionen Pfund verkauft. Bereits im Vorfeld der Ausstellung gab es Streit (vgl. Menden 2011) und provozierte Fragen. Ist Damien Hirst' Tun nun provokative Kunst, kalkuliertes Marketing oder sogar beides? Die von artinfo24 gestellte Frage (vgl. artinfo24 2011 a) wird bei facebook kontrovers diskutiert (vgl. artinfo24 2011 b):

- *Ivan: „Künstlerische Provokation mit sehr gutem Marketing!*
- *Heinz Josef: „Als Künstler würde es mir schlecht werden wegen der Einfallslosigkeit!"*

Die Antworten illustrieren zwei Sichtweisen: (1) künstlerischer Erfolg und ökonomischer Erfolg sind gleichermaßen möglich; (2) ökonomisch erfolgreiche Kunst verliert den Anspruch darauf, „echte" Kunst zu sein. Welche Sichtweise soll nun eingenommen werden, wie ist das Spannungsfeld von Kunst und Ökonomie aufzulösen? Diese Fragen sollen im Folgenden mit Blick auf Gründung und berufliche Selbständigkeit von Künstlern im Kontext der Kreativwirtschaft erörtert werden. Es zeigt sich, dass gerade in der relativ neuen volkswirtschaftlichen Branche, der Kultur- und Kreativwirtschaft, ein vergleichsweise hoher Teil der Akteure beruflich selbständig ist (vgl. BMWi 2010). Kern dieser Branche ist der Künstler/der Kreative als künstlerischer/kreativer Wertschöpfer. Wodurch unterscheiden sich jedoch nun Künstler als Gründer von anderen, und wie agieren Künstler im eben skizzierten Spannungsfeld?

2. Kunst in der Wettbewerbsarena der Kreativwirtschaft

Die Kultur- und Kreativwirtschaft ist ein Teil der Volkswirtschaft, der relativ jung ist und noch nicht gänzlich definiert. Während der amerikanische Wissenschaftler Richard Florida (eine häufig rezipierte Quelle) einen eher berufssoziologischen Ansatz wählt, in dem er von creative classes spricht (vgl. Florida 2002), liegt der Definition in Deutschland und der EU eine

Branchenbestimmung zu Grunde (vgl. Söndermann 2009). Im Folgenden wird Kreativwirtschaft als die Gesamtheit künstlerischer/kreativer Teilbranchen bezeichnet, und die dort künstlerisch/kreativ/kulturell Tätigen werden unter dem Oberbegriff des Künstlers zusammengefasst.

Die ökonomische Gesamtentwicklung der Kreativwirtschaft (Anzahl der Unternehmensgründungen, Bruttowertschöpfung, Gesamtumsatz etc.) ist ausgesprochen positiv (vgl. BMWi 2010; Söndermann 2009; Müller / Flieger / Krug 2011) und veranlasst zu bestimmten sozioökonomischen Aspirationen. Bei genauerer Betrachtung zeigt sich jedoch, dass nicht jede Hoffnung erfüllt wird. So blieb z. B. die erhoffte Schaffung sozialversicherungspflichtiger Arbeitsplätze unter den Erwartungen einiger Bundesländer (vgl. Senatsverwaltungen für Wirtschaft, Kultur und Stadtentwicklung 2009). Auch die Einkommenssituation der Künstler ist in Teilen prekär und überrascht sogar Branchenkenner (vgl. BDK 2010; Künstlersozialkasse 2011). Die Einkommenssituation ist u.a. ein Ergebnis der Kleinteiligkeit der Branche mit ihrer hohen Wettbewerbdichte, in der neben professionellen Künstlern Amateure ohne erwerbswirtschaftliches Interesse als Wettbewerber auftreten (vgl. Grüner / Schmidt 2010).

Wie verhalten sich nun Künstler in dieser Wettbewerbsarena der Kreativwirtschaft, die einerseits besonders attraktiv ist (Wachstumschancen) und andererseits eher volatil (Verdrängungswettbewerb)? Hilft ihnen unternehmerisches Denken und Handeln? Unternehmer und Unternehmertum sind der wissenschaftliche Gegenstand von Entrepreneurship, weshalb dieser Ansatz zur Klärung dieser Fragen herangezogen wird.

3. Gründer und Gründen in der Wettbewerbsarena der Kreativwirtschaft

Die Forschung zur Gründung (Entrepreneurship-Forschung) enthält eine Reihe von Aspekten. Zu ihnen zählen sowohl *die Person* des Entrepreneurs (z.B. Eigenschaften/Qualifikationen) als auch deren *Aktion* (z. B. Schaffung neuer Einheiten/kommerzielle Ausbeutung von Neuheiten) (vgl. Woywode 1998). Daneben werden Aspekte von *Funktion* (Eigentümer-, Risiko-, Leistungs-, Wachstumsfunktion etc.) (vgl. Pinkwart 2000) und *Institution* (Branchen/Sektoren) (vgl. Förderkreis Gründungs-Forschung 2006) untersucht. Relativ neu ist der Aspekt, der Kulturschaffende in einen Entrepreneurship-Zusammenhang stellt: Cultural

Entrepreneurship als unternehmerisches Denken und Handeln mit kulturellen Zielen (vgl. Konrad 2010: 99).

Analog zur allgemeinen Gründungsforschung ist auch in der Kreativgründungsforschung – soweit man davon sprechen kann – noch kein einheitlicher Ansatz bzw. Gesamtkonzept erkennbar (vgl. Grüner 2009, 185). Ebenso wie die betriebswirtschaftlichen Gründungskonzepte, zeigen auch die betriebswirtschaftlich ausgerichteten Kreativwirtschaftskonzepte zumindest eine Gemeinsamkeit: Es geht um den Kreativen als Gründer im spezifischen Gründungskontext. Anders als in der allgemeinen betriebswirtschaftlichen, wird in der kreativwirtschaftlichen Gründungsforschung der enge Zusammenhang von Person und "Produkt" als konstitutiv gesehen. Das "Produkt" ist gewissermaßen nicht von der Person zu trennen. "Produkte" der Kreativwirtschaft ergeben sich aus kreativem, innovativem Denken und Handeln von kreativen Individuen (vgl. Florida 2002; Florida 2005; Vogel / Boatwright 2005). Allerdings ist das "Produkt" nur dann von betriebswirtschaftlicher Relevanz, wenn es sowohl in einen Verwertungszusammenhang gestellt werden kann als auch gestellt wird. Individuelle künstlerische Kreativität führt nur dann zur ökonomischen Innovation, wenn ein Ausgleich zwischen Kreativität und klassischem betriebswirtschaftlichen Verhalten gelingt (vgl. Puchta 2009). Dazu benötigen die kreativen Gründer allerdings unternehmerisches Denken und Handeln (vgl. Ruh / Schulze 2009).

Betrachtet man indes die Ziele der Kreativgründerpersonen in der Praxis, wird deutlich, dass sich einige von ihnen durchaus nicht immer als "Geschäftsleute" verstehen und ihr Schaffen nicht durchgängig auf den Verwertungszusammenhang ausgerichtet ist (vgl. Morisse / Engler 2007; Ruh / Schulze 2009). Als Ziel und Indikator des kreativen Erfolgs gelten für diese Personen die besondere ästhetische Qualität der eigenen Arbeit sowie die Verwirklichung eigener künstlerischer bzw. kultureller Ideen (vgl. Grüner et al. 2009; Kräuter 2005; Mandel 2007). Ein eigenes Unternehmen/die berufliche Selbständigkeit ist dann das Vehikel zur Erreichung des Zieles. Möglicherweise ist dies eine erste Erklärung für den relativ geringen ökonomischen Erfolg vieler Kreativgründer (vgl. Deutscher Kulturrat u. a. 2006; Künstlersozialkasse 2011).

Greift man die Ergebnisse einer Untersuchung über kreative Gründer in der Metropolregion Berlin auf, so lässt sich folgende Aussage treffen: Kreative gründen anders! Zumindest anders, als dies in Gründungsempfehlungen gefordert wird. So ist zwar die Qualifikation der Kreativgründer ausgesprochen hoch, jedoch einseitig ausgerichtet. Während die fachliche Qualifikation (künstlerische, designerische bzw. kulturelle) außer Frage steht, existieren vor und während der Gründung große Defizite im Bereich der unternehmerischen Qualifikationen (wirtschaftliches und rechtliches Wissen) und ein eher geringes Interesse an der Erreichung betriebswirtschaftlicher Ziele. Handlungsleitende Motive der Gründung sind im Wesentlichen das Verwirklichen eigener kreativer Ideen und Konzepte sowie die Durchführung von Projekten. Ein Renditestreben im ökonomischen Sinne ist häufig nicht die Triebfeder des Gründungshandelns, eher die Vorstellung einer hohen "Kreativrendite" i. S. von vielen verwirklichten künstlerischen Ideen. Nicht die Erkundung des Marktes und die Entdeckung und Deckung unbefriedigten Bedarfs stehen dabei im Mittelpunkt der Aktivitäten, sondern die Kreation von Neuem an sich. Danach erst erfolgt die Suche nach Möglichkeiten, mit diesem Neuen die eigene wirtschaftliche Existenz zu sichern. Das alles mag mit einer der eingangs geschilderten Sichtweisen zusammenhängen, dass eine Marktorientierung des Künstlers dazu führt, dass dessen Kunst die Seele verliert und damit den Anspruch, echte Kunst zu sein.

Wird diese Sichtweise ggf. bereits in der künstlerischen Ausbildung an Hochschulen vermittelt und der Blick auf die berufliche Wirklichkeit der Absolventen im Ausbildungszusammenhang vermieden? Sollte dies der Fall sein, gilt es, das Blickfeld der Studierenden bereits frühzeitig an der Hochschule um den Aspekt der beruflichen Möglichkeiten nach dem Studium zu erweitern.

4. Das Spannungsfeld von Kunst und Ökonomie in der Künstlerausbildung berücksichtigen!

Im Spannungsfeld von Kunst und Ökonomie zu agieren, ist kein einfaches Unterfangen! Häufig sind ästhetische Ideen und Konzepte sowie künstlerische Visionen schwer in marktliches Handeln umzusetzen. Dennoch: Wer sich erwerbswirtschaftlich betätigen und in der Wettbewerbsarena der Kreativwirtschaft behaupten will, kommt nicht umhin, in gewisser Weise unternehmerisch zu denken und zu handeln. Deshalb ist es erforderlich, dass dieser Aspekt in die Ausbildungskonzepte von künstlerischen Hochschulen Einzug hält. Dass besonders den

Hochschulen die wesentliche Aufgabe zukommt, hier tätig zu werden, ergibt sich nicht zuletzt daraus, dass Künstler im Vergleich zu anderen Gründern dreimal häufiger über einen Hochschulabschluss verfügen. Die Forderung an die Hochschulen, sich der beruflichen Wirklichkeit ihrer Absolventen anzunehmen, wird zudem durch die aktuellen hochschulpolitischen Ziele verstärkt. Im Rahmen der Internationalisierung der akademischen Ausbildung, des sog. Bologna-Prozesses, sind Hochschulen gehalten, die Berufsbefähigung (employability) ihrer Studierenden zu erhöhen.

Mit Blick auf das berufliche Verhalten ihrer Absolventen (hohe Gründungsbereitschaft und das Beschreiten der Wege in die Selbständigkeit), erwächst die Verpflichtung der Hochschulen, curricular eingebundene Angebote über Gründung anzubieten. Dies ist aber nach wie vor nicht konsequent und durchgängig in Lehre und Forschung künstlerischer Hochschulen verankert. Ähnliches gilt oftmals für den Praxisbezug der Lehre und die Öffnung der Hochschule zu externen Partnern. Es ist dringend geboten, in der Lehre Gründungsthemen als integrierten Teil im Studium zu verankern und frühzeitig studentische Gründungsideen zu fördern und in Projekten mit Partnern außerhalb der Hochschule zu entwickeln. Das hilft den Studierenden und kann zudem zu einer langfristig und konzentriert angelegten und profilbildenden Strategie der Hochschule ausgebaut werden. Das bedarf jedoch einer klaren normativen Entscheidung der Kunsthochschule über die Frage: „Sind wir ‚Schonraum', der die Lebens- und Berufswirklichkeit der Künstler nach Abschluss ihrer Ausbildung möglichst lange unberücksichtigt lässt, oder wollen wir die künstlerische Ausbildung mit Blick auf die gesellschaftliche Wirklichkeit zur Ausgangslage wählen?"

Wir vertreten das Konzept des Bezugs auf gesellschaftliche Wirklichkeit. Das ist jedoch keine Aufforderung an Hochschulen und deren Studierende, jedem Trend zu folgen, ohne Rücksicht auf eigenständige künstlerische Konzepte oder ästhetische Ansprüche. Damit ist auch nicht die Forderung an Studierende und Hochschulen verbunden, diese Wirklichkeit unwidersprochen zu akzeptieren, sondern vielmehr sie zu verändern. Gelingt es, Künstler in der Ausbildung bereits auf die Rahmenbedingungen künstlerischen Tuns außerhalb der Hochschule vorzubereiten, kann dies zu mehr Freiheiten in der Kunst führen. Denn existenzielle Sorgen der Absolventen sind kaum für deren künstlerisches Arbeiten bereichernd, sie als befruchtende Voraussetzung für künstlerischen Erfolg zu bezeichnen, ist zynisch und wird den lebensweltlichen Problemen der Künstler nicht gerecht.

Erst wenn es gelingt, für ein ästhetisches Werk auch ein ökonomisch tragfähiges Konzept für den Schöpfer des Werkes zu entwickeln, entstehen Freiheiten, die wiederum Voraussetzung für künstlerisches Arbeiten sind. Zugegeben: Auch dieser Ansatz wird nicht dazu führen, dass jeder Absolvent einer Kunsthochschule den Erfolg eines Damian Hirst erzielen wird. Auch zugegeben: Nicht jeder Künstler eignet sich zum unternehmerisch Denkenden und Handelnden in der Wettbewerbsarena der Kreativwirtschaft, und nicht jede Kunst ist markttauglich. Deshalb wird es weiterhin eine Aufgabe des demokratischen Gemeinwesens bleiben, Möglichkeiten für Kunst und Künstler zu schaffen, die nicht für das Spannungsfeld von Kunst und Ökonomie geeignet sind. Da aber auch dieser Forderung andere in der politischen Wettbewerbsarena entgegen stehen, bedarf es kluger wettbewerbsgerechter Strategien und qualifizierter Akteure! Es ist nämlich kein Naturgesetz, dass gerade die Künstler das wirtschaftliche Schlusslicht in der Gruppe der Professionals mit hoher Qualifikation und hohem Berufsethos bilden (vgl. Buschle / Klein-Klute 2007)!

Die Bedeutung der Kunst und der Künstler im sozio-ökonomischen Gefüge ist mithin ein spannendes Thema, dem sich Kunsthochschulen, ihre Lehrenden und Studierenden, nicht zuletzt auch mit Blick auf Selbständigkeit im Spannungsfeld von Kunst und Ökonomie, aber auch im Spannungsfeld von künstlerischer Individualität und künstlerischer Solidarität, nicht entziehen sollten!

Literatur – und Quellenverzeichnis

artinfo 24 (2011a): Damien Hirst provoziert wieder mit Diamanten und Schädel. Abrufbar im Internet. URL: http://www.artinfo24.com/shop/artikel.php?id=639. Stand: 07.04.2011.

artinfo24 (2011b): *Damien Hirst - Kunst, Marketing oder Provokation*. Abrufbar im Internet. URL: http://www.facebook.com/topic.php?uid=10505633956&topic=17211. Stand: 07.04.2011.

BMWi - Bundesministerium für Wirtschaft und Technologie (Hrsg.) (2010): *Kultur- und Kreativ-wirtschaft Deutschland 2009. Monitoringbericht*. Berlin: BMWi.

BDK - Bundesverband Deutscher Kommunikationsdesigner (2011): *Blitzumfrage - Wie viel verdienen deutsche Kommunikationsdesigner?* Abrufbar im Internet. URL:http://www.bdg-desiner.de/fileadmin/user_upload/Download/BDG_Blitzumfrage_Januar_2010.pdf. Stand: 10.04.2011.

Buschle, N.; Klein-Klute, A. (2007): *Freie Berufe in Deutschland. Ergebnisse der Einkommenssteuerstatistik 2001*. Wiesbaden: Statistisches Bundesamt, Lohn- und Einkommensstatistik. Zitieren von Quellen im Internet. URL: http://www.bundestieraerztekammer.de/datei.htm?filename=freieberufeeinkommen. pdf&themen_id=4984&PHPSESSID=92b8f4edce21329ee075d724dec568e4. Stand: 29.10.2010.

Deutscher Kulturrat u. a. (2006*): Selbstständige Künstlerinnen und Künstler in Deutschland - zwischen brotloser Kunst und freiem Unternehmertum?* Berlin.

Florida, R. (2002): *The Rise of the Creative Class. And How It's Transforming Work, Leisure, Community and Every Life*. New York: Basic Books.

Florida, R. (2005): *The Flight of the Creative Class*. New York: HarperCollins.

Förderkreis Gründungs-Forschung e.V. (2006): *G-Forum Jahreskonferenz, 9.-10.11.2006 Berlin, Workshop 10: Entrepreneurship in Creative Industries*. URL: http://www.fgf-ev.de/structure_default/main.asp?G=111327&A=1&S=qVhoI313F8107x41GVEU303T6 x0F2j5243r7xH7uW0c21WW4812&N=158576&ID=-1&P=&O=&L=1031. , 28.10.2010.

Gagosian Galery (2011): *Gagosian Inaugurates Hong Kong Gallery With An Exhibition by Damien Hirst*. URL: http://i1.exhibit-e.com/gagosian/30b4f802.pdf , 07.04.2011.

Grüner, H. (2009): Gründungen in der Kreativwirtschaft in der Metropolregion aus betriebswirtschaftlicher Sicht. In: Grüner, H. / Kleine, H. / Puchta, D. / Schulze, K.-P. (Hrsg.): *Kreative gründen anders*. Bielefeld: transcript, 193-202.

Grüner, H. / Kleine, H. / Puchta, D. / Schulze, K.-P. (Hrsg.) (2009): *Kreative gründen anders.* Bielefeld: transcript.

Grüner, H./ Schmidt, F. (2010): *Volkssport Design. Symposium zur Lage der Designprofession. Nachspiel.* Berlin: Kunsthochschule Berlin-Weißensee.

Konrad, E. D. (2010): *Kulturmanagement und Unternehmertum* (Edition Kreativwirtschaft), Grüner, H. / Konrad E. D. (Hrsg.), Stuttgart: Kohlhammer.

Kräuter, M. (2005): Besonderheiten der Existenzgründung in Kulturberufen. In: Drda-Kühn, K. / Prinz, K. (Hrsg.): *Das Auskommen finden mit dem Einkommen. Kulturarbeit als Wirtschaftsförderung. Strategien für Kulturschaffende in virtuellen Arbeitsumgebungen.* Dokumentation der 3. vertikult-Konferenz, 17. Juni 2005, Schloss Engers/Neuwied. Bad Mergentheim: Vertikult-Projektleitung Media K GmbH, S. 25-29.

Künstlersozialkasse (2011): *Durchschnittseinkommen der aktiv Versicherten auf Bundesebene nach Berufsgruppen, Geschlecht und Alter zum 01.01.2010.* URL: http://www.kuenstlersozialkasse.de/wDeutsch/ksk_in_zahlen/statistik/durchschnittseinkommenversicherte.php?WSESSIONID=4dda38eade2cc4c335f0641cd8367956 , 26.03.2011.

Mandel, B. (2007): *Die neuen Kulturunternehmer. Ihre Motive, Visionen und Erfolgsstrategien.* Bielefeld: transcript.

Menden, A. (2011): Damien Hirst und der Babyschädel - Um Himmels willen. URL: http://www.sueddeutsche.de/kultur/damien-hirst-und-der-babyschaedel-um-himmels-willen-1.1044664 , 07.04.2011.

Morisse, J. / Engler, R. (2007): *Wovon lebst du eigentlich? Vom Überleben in prekären Zeiten.* München/Zürich: Piper.

Müller, K.-D. / Flieger, W. / Krug, J. (2011): *Beratung und Coaching in der Kreativwirtschaft* (Edition Kreativwirtschaft), Grüner, H. / Konrad E. D. (Hrsg.). Stuttgart: Kohlhammer.

Pinkwart, A. (2000): Entrepreneurship als Gegenstand wirtschaftswissenschaftlicher Ausbildung. In: Buttler, G. / Herrmann, H. / Scheffler, W. / Voigt, K.-I. (Hrsg.): *Existenzgründung. Rahmenbedingungen und Strategie. Wirtschaftswissenschaftliche Beiträge 176.* Heidelberg: Physica-Verlag, 180-209.

Puchta, D. (2009): Kreative Finanzierung - Innovative Finanzierungslösungen für die Kreativwirtschaft. In: Grüner, H. / Kleine, H. / Puchta, D. / Schulze, K.-P. (Hrsg.): *Kreative gründen anders.* Bielefeld: transcript, 39-74.

Ruh, U. / Schulze, K.-P. (2009): Rahmenbedingungen für Gründungen in der Kreativwirtschaft. In: Grüner, H. / Kleine, H. / Puchta, D. / Schulze, K.-P. (Hrsg.): *Kreative gründen anders.* Bielefeld: transcript, 23-38.

Senatsverwaltung für Wirtschaft, Technologie und Frauen / Der regierende Bürgermeister von Berlin/ Senatskanzlei – Kulturelle Angelegenheiten / Senatsverwaltung für Stadtentwick-lung (Hrsg.) (2009): 2. *Kulturwirtschaftsbericht. Kulturwirtschaft in Berlin – Entwicklungen und Potenziale.* Berlin: Senatsverwaltung für Wirtschaft, Technologie und Frauen.

Söndermann, M. (2009): *Leitfaden zur Erstellung einer statistischen Datengrundlage für die Kulturwirtschaft und eine länderübergreifende Auswertung kulturwirtschaftlicher Daten. Im Auftrag der Ad-hoc-Arbeitsgruppe Kulturwirtschaft der Wirtschaftsministerkonferenz.* Köln: Büro für Kulturwirtschaftsforschung. URL: http://www.bundesrat.de/cln_109/DE/gremien-konf/fachministerkonf/wmk/Sitzungen/09-12-14-15-WMK/09-12-14-15-leitfaden-9,templateId=raw,property=publicationFile.pdf/09-12-14-15-leitfaden-9.pdf , 01.09.2010.

Vogel, C. M. / Cagan, J. / Boatwright, P. (2005): *Design of Things To Come. How Ordinary People Create Extraordinary Products.* New Jersey.

Woywode, M. (1998): *Determinanten der Überlebenswahrscheinlichkeit von Unternehmen.* Baden–Baden: Nomos.

Development Center für Gründer

Dajana Langhof, Gründungscoaching Berlin, post@dajana-langhof.de

Unternehmensberaterin, Business Coach und Trainerin im Kontext von Unternehmensgründungen

1. Einleitung

Die Entwicklung eines Trainingskonzepts für Gründer, das die Beurteilung individueller Gründerpotenziale ermöglicht, war das Ziel, das ich 2009 im Rahmen meiner Diplomarbeit am Lehrstuhl für Innovationsmanagement und Entrepreneurship der Universität Potsdam verfolgt habe. Hintergrund ist die in der Bundesrepublik Deutschland durch Fördermittel finanzierte Gründungsunterstützung für Menschen auf dem Weg in die Selbstständigkeit. Der von mir entwickelte Ansatz - Development Center für Gründer - ist seit 2010 ein Element des BIEM Startup Navigators. Bereits seit 2009 wende ich ihn bei den regionalen Lotsendiensten im Land Brandenburg an. Viele Menschen sehen in der Selbstständigkeit eine große Chance zur Selbstverwirklichung oder einen Weg, ihrer Arbeitslosigkeit zu entkommen. Doch „[w]ie ist es zu schaffen, gewöhnliche Menschen – weil wir letztlich nie genug Talente haben werden – zu befähigen, außergewöhnliche Leistungen zu erbringen?" (vgl. Malik 2006). Traditionelle Anforderungsprofile für Gründer verlangen von Selbstständigen, Alleskönner zu sein. In unserer heutigen arbeitsteiligen Welt hingegen heißt Selbstständigkeit jedoch nicht mehr, ständig alles selbst zu tun.

In diesem Beitrag möchte ich insbesondere auf die gesellschaftliche Relevanz von Gründungen eingehen, darauf, dass Unternehmertum erlernbar ist, und auf die Frage, warum eine systemische Perspektive bei dieser Thematik angewendet werden soll. Auf diese Basis wurde die Entwicklung eines Konzepts für ein Development Center als Weiterentwicklung des Assessment Centers gestützt.

2. Entwicklung statt Auswahl

Die gesellschaftliche Relevanz von Gründungen, die Relevanz einer systemischen Perspektive sowie die Möglichkeit, Unternehmertum zu erlernen, führen zur Ausgestaltung eines Development Centers. Dabei waren vor allem nachstehende Grundannahmen leitend.

Gesellschaftliche Relevanz von Gründungen

Eine starre Organisation der Arbeit behindert die Entwicklung der Persönlichkeit, weshalb Arbeit und Selbsterfüllung zunehmend als Gegensatz aufgefasst werden. In Zukunft wird von den Menschen ein spannungsreiches Persönlichkeitsprofil gefordert. Der Wandel in der Arbeitswelt und der Lebensführung bringt Erwerbstätige als Arbeitsgestalter hervor: Die Persönlichkeit wird zur beruflichen Ressource und umgekehrt findet eine Professionalisierung der Persönlichkeit statt. Individuelle Ziele, Bedürfnisse und Motivation rücken in den Vordergrund. Der Drang nach Erfahrung, Entfaltung und Gestaltung führt zum ökonomisch erfolgreichen kreativen Gründer. Dieser erlebt Arbeit als lustvoll, weil sie für ihn Hobby und Freizeit zugleich ist. Gründer sind lieber „kleine Herren als große Knechte".

Zur Relevanz einer systemischen Perspektive

„Ziel ist es nicht, Ursachen für Probleme zu finden, sondern Ziele und Lösungen in der Zukunft zu erreichen" (vgl. Radatz 2006). Im Alltag begegnet jeder Mensch durch Zugehörigkeit oder Ausgeschlossenheit unterschiedlichen Systemen, z. B. Familiensystemen, Vereinssystemen, Clubsystemen, Unternehmens- oder Abteilungssystemen. Menschen entwickeln sich im System. Sie sind nicht immer die gleichen und verwirklichen sich auch nicht immer in ein und dieselbe Richtung. Der Wechsel in ein neues System in Verbindung mit einem Rollen-, Funktions- oder Aufgabenwechsel erklärt Verhaltensänderungen. Personen verhalten sich zur gleichen Zeit in unterschiedlichen Systemen differenziert. Im Beruf, aber auch im Privatleben, setzt erfolgreiches Handeln voraus, sich verschiedener, teilweise widersprüchlicher Rollenerwartungen bewusst zu sein, diese flexibel anzunehmen oder sich bewusst davon abzugrenzen, um die eigene Person und Zielsetzung nicht zu vergessen.

Unternehmertum lernen

In jedem Menschen ist Lebensenergie verborgen, Energie als ein Maß von Aktivität und Veränderung. Schumpeter definiert unternehmerische Energie als Lebensenergie, die entwickelbar ist. Durch die Kultivierung dieser Energie, die als Potenzial in jedem stecke, könne sich der Mensch selbst als Unternehmer erzeugen (nach Röpke 2002: 37).
In meiner Arbeit bin ich der Grundannahme Röpkes gefolgt, der behauptet, dass jeder Mensch „eine positive Veränderungsfähigkeit", also eine „potenzielle Fähigkeit zur Selbstevolution" als Ressource in sich trägt. Ferner ist die Entfaltung der eigenen Potenziale bewusstseinsgesteuert, und dieses Bewusstsein lässt sich nur selbst entwickeln.

Unternehmerisches Handeln beinhaltet mehr als das Vorhandensein von Fachwissen sowie spezifischen Methoden und Techniken. Unternehmertum und Selbstständigkeit sind vor allem eine Sache der Einstellung und des Verhaltens. Nicht nur von der bisherigen, sondern auch von der zukünftigen Persönlichkeitsentwicklung eines Gründers hängt ab, ob sich unternehmerische Denk- und Handlungsweisen noch aufbauen lassen.

Development Center

Die Erkenntnisse der Auseinandersetzung mit der Systemtheorie, insbesondere mit dem Verhalten von „Menschen in sozialen Systemen", unterstützen meine Meinung, dass die Beurteilung von Gründerpotenzialen in Form eines Development Centers erfolgen soll. Bisher werden dazu auch klassische Assessment Center verwendet, die der Einschätzung aktueller Kompetenzen oder der Prognose künftiger beruflicher Entwicklungen dienen.

Eine innovative Weiterentwicklung des Assessment Centers, in der nicht die Beurteilung, sondern vielmehr die Entwicklung der Person im Fokus steht, ist das Development Center, in dem die Teilnehmer typische AC-Übungen absolvieren, um ein intensives Feedback zu erhalten. Das Development Center kann daher als intensive Trainingsmaßnahme mit AC-Elementen betrachtet werden. Deutliche Abgrenzungsmerkmale zum AC sind teilnehmende statt neutral-distanzierte Beobachter, die Konzentration auf entwickelbare Dimensionen (z. B. Kommunikation statt Grundintelligenz) sowie ein inszeniertes Lernen und Feedback innerhalb des Verfahrens. Der Mehrnutzen für die Teilnehmer ist das Lernen wichtiger Anforderungen, das Wissen über ihre Fremdwirkung, das Aufzeigen erster Veränderungen während der Veranstaltung, die Lernzielsetzung und -verfolgung im Anschluss an das DC sowie erkennbare Verhaltensänderungen im Alltag.

Das in Abbildung 1 visualisierte Johari-Fenster verdeutlicht, wie sich durch Feedback das eigene Selbstbild mit der Wahrnehmung anderer vergleichen lässt. „Feedback ist eine Rückmeldung an eine Person über deren Verhalten und wie dieses von anderen wahrgenommen, verstanden und erlebt wird. Solche Rückmeldungen finden im Kontakt mit anderen ständig statt, bewusst oder unbewusst, spontan oder erbeten, in Worten oder körpersprachlich." (Achouri 2009: 6 f.).

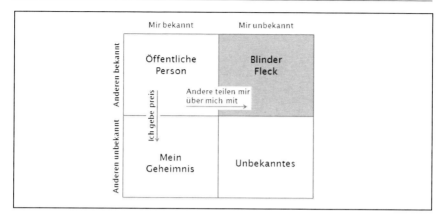

Abb. 1: Johari-Fenster (Quelle: Achouri 2009: 7)

Öffentlich sind die Anteile der Persönlichkeit, die einem selbst und auch anderen bekannt sind, weil sie nach außen getragen werden. Beziehungen hingegen werden ganz wesentlich von nicht-öffentlichen Bereichen bestimmt. Was der Betroffene von sich weiß oder kennt, aber anderen gegenüber nicht zugänglich macht oder aktiv vor ihnen verbirgt, ist geheim. Alles, was weder dem Betroffenen noch Dritten bekannt ist, ist unbekannt. Das Johari-Fenster illustriert insbesondere den so genannten „Blinden Fleck" im Selbstbild eines Menschen, also alles, wovon der Betroffene selbst keine Ahnung hat, worum Dritte jedoch sehr wohl wissen. Das Ziel beim Lernen in der Gruppe ist, den Bereich der öffentlichen Person größer und alle anderen Bereiche kleiner werden zu lassen, indem der gemeinsame Handlungsspielraum transparenter und weiter gestaltet wird.

3. Schlussfolgerungen

In meinem Konzept „Development Center für Gründer" finden systemisches Denken und Handeln sowie wichtige Erfolgsfaktoren für Gründungen Berücksichtigung. Durch die Teilnahme an einem Development Center erhalten Gründungsinteressierte die Möglichkeit, ihr Ideenkonzept und ihre Person zu reflektieren und weiter zu entwickeln. Konkret geht es um die gezielte Herausarbeitung des eigenen Angebots, der Zielgruppe, des Kundennutzens und eines Alleinstellungsmerkmals. Darüber hinaus ist die Auseinandersetzung mit der eigenen Persönlichkeit, insbesondere das Bewusstmachen der eigenen Stärken sowie deren gezielter

Einsatz im Kontext der geplanten Selbstständigkeit, unabdingbar. Nicht zu vernachlässigen ist der Ausblick auf die Wirtschaftlichkeit der Geschäftsidee – eine erste Rentabilitätsvorschau. Schließlich soll mit einer Selbstständigkeit auch immer die Deckung der privaten Lebenshaltungskosten ermöglicht werden.

Somit ist ein Development Center (z. B. viertägig) eine wichtige Voraussetzung für das Schreiben eines Businessplans und kann sogar (z. B. 10-tägig) für die gesamte Businessplanentwicklung eingesetzt werden.

Literatur- und Quellenverzeichnis

Achouri, C. (2009): *Systemic Leadership: Ein innovativer Weg der Personalführung.* München: Oldenbourg Verlag.

Eck, C. / Jöri, H. / Vogt, M. (2007): *Assessment-Center.* Heidelberg: Springer Medizin Verlag.

Faltin, G. (2008): *Kopf schlägt Kapital.* München: Carl Hanser Verlag.

Faltin, G. / Zimmer, J. (1998): Die anderen Unternehmer, in: Faltin, G. / Ripsas S. / Zimmer, J. (Hrsg.): *Entrepreneurship: Wie aus Ideen Unternehmen werden.* München: Beck, 77-84.

Klages, H. (2001): Brauchen wir eine Rückkehr zu traditionellen Werten? In: Aus *Politik und Zeitgeschichte.* 29, 7-14.

Levold, T. (2003): Die Professionalisierung der Persönlichkeit: Zur gesellschaftlichen Aktualität von Coaching. In: Martens-Schmid, K. (Hrsg.): *Coaching als Beratungssystem: Grundlagen, Konzepte, Methoden.* Heidelberg: Economica Verlag, 55-88.

Linke, J. (2003): Reflexionsbereiche im systemischen Coaching. In: Martens-Schmid, K. (Hrsg.): *Coaching als Beratungssystem: Grundlagen, Konzepte, Methoden.* Heidelberg: Economica Verlag, 125-155.

Malik, F. (2006): *Führen Leisten Leben: Wirksames Management für eine neue Zeit.* Frankfurt / Main: Campus Verlag.

Mutz, G. (2001): Der souveräne Arbeitsgestalter in der zivilen Arbeitsgesellschaft. In: *Aus Politik und Zeitgeschichte.* 21, 14-23.

Noelle-Neumann, E. / Petersen, T. (2001): Zeitenwende: der Wertewandel 30 Jahre später. In: *Aus Politik und Zeitgeschichte.* 29, 15-22.

Radatz, S. (2006): *Beratung ohne Ratschlag: Systemisches Coaching für Führungskräfte und BeraterInnen*. 4. Auflage, Wien: Verlag Systemisches Management.

Röpke, J. (2002): *Der lernende Unternehmer: zur Evolution und Konstruktion unternehmerischer Kompetenz*. Marburg: Marburger Förderzentrum für Existenzgründer aus der Universität.

Schmid, B. (2008): Selbstfindung und Sinn im Beruf und in der Organisation. In: *Perspektive blau.* URL: http://www.systemische-professionalitaet.de/isbweb/content/view/75/129/ , 19.06.2009.

Schuler, H. / Höft, S. (2004): Diagnose beruflicher Eignung und Leistung. In: Schuler, H. (Hrsg.): *Lehrbuch Organisationspsychologie*. 3. Auflage, Bern: Verlag Hans Huberg, 289-343.

Simon, F. B. (2007): *Einführung in Systemtheorie und Konstruktivismus*. 2. Auflage, Heidelberg: Carl-Auer Verlag.

Westerfeld, K. (2004): *Förderung persönlichkeitsbezogener unternehmerischer Kompetenzen im Rahmen der Existenzgründungsqualifizierung an Hochschulen: Bildungstheoretische Analyse, Zielkonturierung und didaktische Arrangements*. Paderborn: Eusl-Verlagsgesellschaft mbH.

Der Gründungsberater – Ein konzeptioneller Ansatz zum Berufsbild und Umsetzung in einem Weiterbildungscurriculum

DIPL.-VOLKSW. SASCHA A. PETERS, GRÜNDERFERNSTUDIUM, FERNUNIVERSITÄT IN HAGEN,

SASCHA.PETERS@FERNUNI-HAGEN.DE

1. Einleitung

Existenzgründer müssen sich bei ihrem Unterfangen, den Weg in die Selbständigkeit zu gehen, mit zahlreichen, sehr komplexen Zusammenhängen und Problemen beschäftigen, die sie nur teilweise eigenständig zu lösen im Stande sind. Wissenslücken, Probleme in der Informationsbeschaffung bzw. fehlende Interpretationen der zur Verfügung stehenden Informationen zählen neben generellen Finanzierungsproblemen und personenbezogenen Problemen zu den Hauptursachen des Scheiterns von Unternehmensgründungen (vgl. BMWi 1995: 9; Hunsdiek / May-Strobl 1986: 117 ff.; May-Strobl / Paulini 1996: 5 f.). Durch die Verbesserung des Informations- und Wissensstandes der potentiellen Existenzgründer sollen und können daher grobe Fehleinschätzungen und die damit einhergehenden Fehlentscheidungen vermieden werden. Allerdings kann eine gute Beratung nicht nur an einer erfolgten Gründung festgemacht werden, sondern sie besteht auch darin, gezielt von einem Gründungsvorhaben, welches nur geringe Aussicht auf Erfolg hat, abzuraten. Beide Szenarien können als erfolgreiche Beratung gewertet werden (vgl. Anderseck 2000: 3).

Angesichts des großen und häufig unüberschaubaren Angebotes an Beratungsleistungen dürfte es dem normalen Existenzgründer Schwierigkeiten bereiten, den für sich geeigneten Berater zu identifizieren und auszuwählen. „So ist diese Tätigkeit weder als ein Beruf definiert noch sind Begriffe wie Gründerberater oder der Markt für diese Tätigkeit geschützt." (Anderseck 2001: 264). Die zentrale Aufgabe ist daher die inhaltliche Ausgestaltung eines Gründungsberaterprofils, da ein solches bisher nicht existiert. Die zentrale Frage ist: Wie kann ein mögliches Berufsbild eines Gründungsberaters konzipiert werden?

2. Methodologie

Im Mittelpunkt dieses Beitrags steht die Erarbeitung eines Berufsbildes für Gründungsberater. Einführend werden die wesentlichen Grundlagen und Begriffe im Zusammenhang mit der Gründungsberatung erläutert, damit eine einheitliche Sprach- und Diskussionsgrundlage gegeben ist. Dabei wird kurz Bezug genommen auf die allgemeine Unternehmensberatung, aus der auch die Gründungsberatung abzuleiten ist. Allerdings stellt sich das Aufgabenspektrum eines Gründungsberaters komplexer dar als das eines, in der Regel spezialisierten, Unternehmensberaters.

Anschließend werden die grundsätzlichen Charakteristika der Beratung und die Spezifika bei der Existenzgründung in Zusammenhang gebracht, um ein mögliches Berufsprofil für Gründungsberater abbilden zu können. Hierbei wird sowohl auf die bisherigen wissenschaftlichen Abhandlungen als auch auf Projektergebnisse Bezug genommen. Im Ergebnis soll ein generelles Berufsbild stehen, welches jedoch keinen Anspruch auf Vollständigkeit erheben kann und möchte. Inhaltlich wird sich das Berufsprofil insbesondere auf die Qualifikationsebene eines Gründungsberaters beziehen. Zudem soll es dazu dienen, die Diskussion um einheitliche Standards für Gründungsberater anzustoßen. Abschließend wird noch die Weiterentwicklung eines Curriculum für ein Weiterbildungsstudium für Gründungsberater, welches seit 2000 erfolgreich an der FernUniversität in Hagen durchgeführt wird, dargestellt.

3. Theoretische Fundierung

Die in der Literatur zu finden Gestaltungsansätze für ein Berufsbild des Gründungsberaters kann man als sehr übersichtlich bezeichnen. Bisherige Definitionen begreifen die Gründungsberatung im Wesentlichen als eine Spezialisierung der Unternehmensberatung bei Gründungsvorhaben. Dabei lassen sich aus dem Begriff „Beratung" zwei grundlegende Bedeutungen ableiten. Das transitive Verständnis „jemandem mit Ratschlag beistehen" und das intransitive Interaktionsmuster des „gemeinsamen Überlegens, Besprechens, sich Beratens" (vgl. Weisbach 1990: 64; Bohland 1991: 10).

Oftmals werden die Begriffe Gründungsberatung (vgl. Schütte 1996: 25) und Existenzgründungsberatung (vgl. VBV 2010: 4) synonym verwendet. Der wesentliche Unterschied besteht jedoch in der Bezugsebene beider Begriffe. Die Gründungsberatung stellt die Organisation des zu gründenden Unternehmens in den Mittelpunkt. Bei der Existenzgründungsberatung wird hingegen speziell auf die Gründerperson abgezielt, da eine personengebundene Aktivität, nämlich die Existenzgründung, beraten wird. In diesem Beitrag wird der Begriff Gründungsberatung als Oberbegriff für das Berufsbild verwendet, da eine Unterscheidung der Begrifflichkeiten in der Praxis keine Anwendung findet.

Die bisherigen wissenschaftlichen Arbeiten (vgl. Bensch 1992; Hüfner / Icks 1995; Schütte 1996; Tödt 2001) befassen sich zudem primär mit der Prozessebene und nicht mit der Qualifizierungsebene der Gründungsberatung. Die einzigen Arbeiten, die sich bisher mit dem möglichen Berufsbild des Gründungsberaters, der Legitimation und der Professionalisierung beschäftigen, stammen von Anderseck (vgl. Anderseck 2000, 2001). Anderseck kommt zu dem Schluss, dass die Gründungsberatung eine eigene Profession, definiert als „die Gesamtheit aller Professionals einer bestimmten Art" (vgl. Daheim 1970: 39), darstellt. Dieser Terminus wird vor allem auf solche Dienstleistungsberufe angewendet, die eine akademische Ausbildung als Grundlage der Berufsausübung voraussetzen (vgl. Rüschemeyer 1969: 301). Die Soziologen Carr-Saunders und Wilson definieren entsprechend „Professionalisierung als die Herausbildung von Berufspositionen auf der Basis wissenschaftlicher Qualifikationen" (vgl. Carr-Saunders / Wilson 1933).

Betrachtet man die Beratungsleistung von Unternehmen und Personen allgemein, so kommt es zu Fragen, Problemen oder Entwicklungen, bei denen es eine Vielzahl von Einflussfaktoren, wie z. B. die konkrete Beratungssituation, die Art des Beratungsproblems, die individuellen Voraussetzungen und Zielvorstellungen seitens des Klienten und des Beraters oder die Umwelteinflüsse auf die Beratung, zu beachten gilt. Alle Einflussgrößen haben Auswirkungen auf den Beratungsprozess, auf die Beziehung zwischen Klient und Berater und den Erfolg der Beratung. Dies ist gerade bei der Gründungsberatung noch ausgeprägter, da der Existenzgründer nicht losgelöst von seiner persönlichen und seiner unternehmerischen Umwelt agieren kann. Daher bedarf es einer eingehenden Analyse eines jeden Umweltfaktors (vgl. Hunsdiek / May-Strobl 1986: 114 ff.). Laut Tödt verfolgt die Gründungsberatung dabei insbesondere zwei Ziele (vgl. Tödt 2001: 94). So wird durch den Berater „der persönliche Entscheidungsproeß des Existenzgründers für oder gegen das geplante Vorhaben ... unterstützt (Wissensvermittlung und Anregung zur Selbstreflexion)", und es werden „bei Entscheidung für die Existenzgründung, die inhaltlich-konzeptionellen Grundlagen für die Entwicklung eines tragfähigen Vorhabens geschaffen ... (Handlungsorientierung und Unterstützung)" (Tödt 2001: 94). Durch diese Ziele entstehen Interaktionsbeziehungen zwischen dem potentiellen Existenzgründer und seinem Berater, die, wie bei Dienstleistungsberufen üblich, durch eine Leistung definiert sind. Die Interaktion zwischen Klienten und Experten ist durch eine Wissensasymmetrie gekennzeichnet (vgl. Dewe 1991: 110 ff.). Unter einem Experten ist hier jemand zu verstehen, „von dem eine Leistung erwartet wird, der aufgrund seiner durch Fachwissen legitimierten Stellung etwas geben soll" (Dewe 1991: 111). Als Klient wird hierbei derjenige definiert, der „eine Leistung zumeist als (lebenspraktische) Hilfe erwartet" (Dewe 1991: 111).

Die Analyse der Interaktion zwischen Berater und Gründer lässt sich wie folgt zusammenfassen:

Der **Berater** hat folgende Rollen inne:	Der **Gründer** hat folgende Rolle inne:
Experte Lehrender Coaching-Partner Berater in „Lebensfragen"	Klient Empfänger von Informationen, Strategien und Unterstützung
Der gesamte Prozess ist:	
ganzheitlich: Existenzgründer kann nicht losgelöst von persönlicher und unternehmerischer Umwelt agieren => genaue Analyse von jedem Umweltfaktor! **komplex:** nicht im Sinne einer einfachen Aufgabenübertragung, sondern abhängig von der Entwicklung des Gründungsmodells und ständig neuen Anforderungen **interaktiv:** geprägt von dauernder Kommunikation **integrierend-verantwortungsvoll:** Persönlichkeit des Gründers wird in allen Dimensionen zur Weiterentwicklung angeregt (vgl. hierzu u.a. auch Tödt 2001: 95-96)	

Abb. 1: Analyse der Interaktion zwischen Berater und Gründer

4. Ergebnisse

Aufgrund der vorhergehenden Diskussion und Ergebnisse lässt sich ein erstes Kompetenzanforderungsprofil als Leitfaden für das Berufsbild des Gründungsberaters zeichnen. Dieses wurde unter anderem im Rahmen der Gemeinschaftsinitiative EQUAL, unter Mitwirkung der EU und des Bundesministeriums für Arbeit und Soziales, entwickelt (vgl. VDG 2006).

Die vier wesentlichen Kompetenzanforderungen sind:

1. Wissen	2. Fähigkeiten
<ul><li>Gründungsberatungsprozess</li><li>Methodenkenntnisse</li><li>Finanzierungszugänge</li><li>Regionale/ lokale gründungsspezifische Gegebenheiten</li><li>Fachübergreifendes Wissen</li><li>Zielgruppenspezifische Besonderheiten</li><li>Kenntnisse branchenspezifischer Anforderungen</li></ul>	<ul><li>Analytische Fähigkeiten</li><li>Soziale Kompetenz</li><li>Projektmanagement</li><li>Netzwerkkompetenz</li><li>Informationsbeschaffung</li><li>Beurteilungsfähigkeit von Geschäfts-/ Finanzplanung</li><li>Pädagogische Fähigkeiten</li></ul>
3. Erfahrung	4. Beratungsansatz
<ul><li>Berufs- und Branchenerfahrung</li><li>Beratungserfahrung</li><li>Führungserfahrung</li><li>Implementierungserfahrung</li><li>Coachingerfahrung</li></ul>	<ul><li>Proaktivität<ul><li>Verbindlichkeit/ Seriosität</li><li>Eigenmotivation</li></ul></li><li>Offenheit/ Neugier/ Vorurteilsfreiheit</li><li>Orientierung auf Kundenbedürfnisse</li><li>Objektivität/ Realitätssinn/ Ehrlichkeit</li><li>Vertrauen/ Zuversicht</li></ul>

Abb. 2: Mindestanforderungen an Gründungsberater

5. Konzeptionelle Vorgaben für ein Weiterbildungsprogramm für Gründungsberater und der Transfer in ein Weiterbildungscurriculum

Die Ziele eines Weiterbildungsprogramms liegen insbesondere in

- der Grundlagenvermittlung,
- der Professionalisierung und
- der Vermittlung von zielgruppenspezifischer Gründungsberatung.

Beim Transfer des Kompetenzanforderungsprofils in ein Weiterbildungscurriculum ist auf folgende Punkte besonderer Wert zu legen:

- Vermittlung von Wissen und Besonderheiten der Gründungsberatung durch Studienbriefe, Seminare und Präsenzphasen;
- Nachweis von Gründungsberatungserfahrung durch bisherige Berufserfahrung oder durch Praktika während des Studiums;

- Thematisierung und Vermittlung von Beratungsansätzen sowie affektiver Werthaltungen durch Kursmaterialien und Präsenzseminare;
- Orientierung inhaltlicher Schwerpunkte an bisherigen Evaluierungen und Erfahrungen in der Gründungsberatung.

Ein Weiterbildungsansatz für Gründungsberater könnte ein Curriculum mit folgendem Aufbau haben:

- Modul 1 – Unternehmensgründung in Theorie und Praxis
- Modul 2 – Gründungsberatung in Theorie und Praxis
- Modul 3 – Spezielle Zielgruppen in der Gründungsberatung
- Präsenzphasen zur praktischen Wissensvermittlung
- Abschlussarbeit zu einem Thema im Bereich Gründungsberatung.

6. Implikationen für Entrepreneurship-Forschung und -Praxis

Für die weitere Auseinandersetzung mit dem Thema „Berufsbild für Gründungsberater" ist es von großem Interesse, auf die nationalen Gegebenheiten und Besonderheiten in Bezug auf diesen Ansatz einzugehen. Da die bisher verfügbare Literatur als sehr beschränkt anzusehen ist und dies gleichzeitig den bisherigen Forschungsstand aufzeigt, besteht hier großer Bedarf an weiteren Forschungsarbeiten. Notwendig ist dabei sowohl die weitere Untersuchung der generellen Anforderungen an ein Berufsprofil und von dessen Durchsetzbarkeit in der Öffentlichkeit, als auch die Weiterentwicklung bestehender Professionalisierungsprogramme für Gründungsberater, wie z.B. das GründerFernstudium an der FernUniversität in Hagen.

Von weiterem Interesse sind zudem insbesondere empirische Untersuchungen zum Thema, da diese bisher überhaupt nicht existieren. Auch eine generelle Untersuchung des Marktes wäre sinnvoll und notwendig, um den Status quo der Gründungsberatung in ganz Deutschland betrachten zu können. Dies bezieht sich sowohl auf Förderprogramme von Bund und Ländern als auch auf weitere Spezialisierungen der Gründungsberatung. Auch die prinzipiell hohe Interdisziplinarität des Themas bietet viel Raum für zukünftige Untersuchungen.

Literatur- und Quellenverzeichnis

Anderseck, K. (2000): *Start Up Counselling. Ein Ansatz zur Professionalisierung in der Gründerberatung.* Diskussionsbeiträge Fachbereich Wirtschaftswissenschaft, Nr. 293, Hagen: FernUniversität.

Anderseck, K. (2001): Der Gründungsberater – Elemente zu seiner Professionalisierung. In: *Internationales Gewerbearchiv.* Nr. 49, 256-272.

Bensch, D. (1992): *Problemperzeption und Beratungsbedarf bei der Unternehmensgründung: eine empirische Arbeit über das Erkennen von Problemen in der Gründungsphase und die daraus abgeleitete Beratungsnachfrage originärer Unternehmensgründungen.* Wien: Service Fachverlag an der Wirtschaftsuniversität.

Bohland, H. (1991): *Interaktionsstrukturen im Einzelberatungsgespräch der landwirtschaftlichen Beratung.* Kiel: Wiss. Verlag Vauk.

BMWi - Bundesministerium für Wirtschaft (1995): *Starthilfe – Der erfolgreiche Weg in die Selbständigkeit.* 5. Auflage, Bonn.

Carr-Saunders, A. M. / Wilson, P. A. (1933): *The Professions.* Oxford.

Daheim, H. (1970): *Der Beruf in der modernen Gesellschaft.* 2. Auflage, Köln / Berlin.

Dewe, B. (1991): *Beratende Wissenschaft.* Göttingen.

Hüfner, P. / Icks, A. (1995): *Die Qualifizierung von selbständigen Unternehmern in den neuen Bundesländern.* ifm-Materialien, Nr. 110, Bonn: Institut für Mittelstandsforschung.

Hunsdiek, D. / May-Strobl, E. (1986): *Entwicklungslinien und Entwicklungsrisiken neugegründeter Unternehmen.* Schriften zur Mittelstandsforschung, Nr. 9 NF, Stuttgart.

May-Strobl, E. / Paulini, M. (1996): *Insolvenzen im Mittelstand – Daten und Fakten.* ifm-Materialien, Nr. 121, Bonn: Institut für Mittelstandsforschung.

Rüschemeyer, D. (1969): Freie und akademische Berufe. In: Bernsdorf, W. (Hrsg.): *Wörterbuch der Soziologie.* 2. Aufl., Stuttgart, 301-305.

Schütte, A. (1996): *Unternehmensberatung in der Bundesrepublik Deutschland. Unter besonderer Beachtung der Beratung bei Unternehmensgründung. Theoretische und empirische Analyse sowie konzeptionelle Weiterentwicklung.* Frankfurt am Main / Berlin / Bern / New York / Paris / Wien: Lang.

Tödt, A. (2001): *Wirkung und Gestaltung von Beratung und Weiterbildung im Prozeß der Existenzgründung. Eine qualitative Untersuchung am Beispiel von Existenzgründern im ostdeutschen Transformationsprozeß.* München / Mering: Hampp.

VBV – Vereinigung beratender Betriebs- und Volkswirte e.V. (Hrsg.) (2010): *Grundsätze ordnungsmäßiger Gründungsberatungen – GoG –*, 4. grundlegend überarbeitete und aktualisierte Auflage.

VDG - Verein Deutscher Gründungsinitiativen (2006): *Vortrag zu den Kompetenzanforderungen an Gründungsberater/innen in der AG Qualitätstestierung*. 31. August 2006, Berlin.

Weisbach, C.-R. (1990): Beratung kann man lernen – ist empathische Kompetenz trainierbar? In: Brunner, E. J. / Schönig, W. (Hrsg.): *Theorie und Praxis von Beratung*. Freiburg im Breisgau, 62-76.

Aktionslernorientierte Trainerausbildung in der Gründerlehre

Dr. Anke Reichert, ARSeminarberatung/Lehrbeauftragte für International Entrepreneurship, FOM Hochschule für Oekonomie & Management Berlin, reichert@ar-seminarberatung.de

1. Einleitung

In einer empirischen Untersuchung zur Trainerprofessionalität identifizierten Akteure des Weiterbildungsmarktes 45 Fähigkeiten, Eigenschaften und Kenntnisse, anhand derer sie professionelles Trainerhandeln einschätzen können (vgl. Reichert 2008). Da hierbei keine Einschränkung auf spezielle pädagogische Felder wie beispielsweise Seminar-, Beratungs- oder auch Coachingarbeit erfolgte, sondern „Lehrende" aus unterschiedlichen Institutionen und Branchen teilnahmen, kann dieses Befragungsergebnis auf Lehrende in der Gründerlehre angewendet werden. Mitarbeiterinnen und Mitarbeiter in der Gründerlehre haben dies in Interviews bestätigt und hervorgehoben, dass insbesondere die pädagogische Kompetenz ausgebaut werden müsse, um die Lehrleistung zu optimieren (vgl. Reichert 2010). Zum Zeitpunkt der Interviews erwarben die Mitarbeiterinnen und Mitarbeiter in der Gründerlehre an Hochschulen, Fachhochschulen und An-Instituten diese durch Learning by Doing. Dieses Erfahrungslernen wird als zwingend notwendig beschrieben, bietet jedoch nur eingeschränkte Möglichkeiten, um innovative Lernarrangements zu konzipieren und umzusetzen. Neben Professionalisierungsbestrebungen wie Selbstreflexion, Literaturrecherche und -analyse, Netzwerkbildung sowie kollegialem Austausch kann die im Folgenden vorgestellte aktionslernorientierte Trainerausbildung das Fundament einer kontinuierlichen Anpassung und Verbesserung der Lehrtätigkeit bilden.

2. Zur Ausprägung und Entwicklung von Trainerkompetenzen

Ein professioneller Trainer verfügt über Fähigkeiten, Fertigkeiten und Kenntnisse in sechs Kompetenzfeldern. Neben fachlicher Kompetenz sind sowohl soziale, persönliche, methodische und unternehmerische als auch pädagogische Kompetenz nachzuweisen. Die Darstellung der sechs Kompetenzfelder auf einem Kompetenzrubik (Abbildung 1) soll veranschaulichen, dass alle genannten Fähigkeiten zusammenhängen. Der notwendige Grad der Ausprägung ist jedoch in Abhängigkeit zum jeweiligen Tätigkeitsfeld näher zu bestimmen. Während beispielsweise Beratungsfähigkeit in der Lehrsituation mit Großgruppen nur in geringem Maße erforderlich ist, ist diese Fähigkeit bei der Gründerberatung unabdingbar und sollte ausgeprägt nachweisbar sein. Darüber hinaus sollten die einzelnen Fähigkeiten entsprechend der jeweiligen Tätigkeit noch konkretisiert werden. So sollte beispielsweise Sachkenntnis als Teil der fachlichen Kompetenz in der Gründerlehre mit „Elemente des Businessplans", „Finanzierungsmodelle", „Marketingstrategien" etc. spezifiziert werden. Diese Konkretisierung ist von jedem Akteur selbst vorzunehmen, um persönliche Stärken sowie ausbaufähige Potenziale zu benennen und gezielt handlungsfähig zu sein.

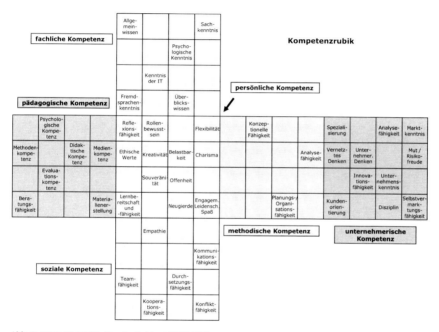

Abb. 1: Kompetenzrubik (Quelle: Reichert 2008: 234)

Die nähere Betrachtung der Bereiche persönliche und soziale Kompetenz macht deutlich, dass viele Fähigkeiten „einfach" im Laufe des Lebens erworben werden. So sind etwa Belastbarkeit oder Empathie Eigenschaften, die im Wesentlichen nicht auf die Teilnahme an einer Bildungsveranstaltung, den Besuch einer speziellen Schulform oder das Lesen eines Buches zurückzuführen sind. Dennoch führt eine persönliche Analyse anhand des Kompetenzrubiks dazu, sich der persönlichen Qualitäten und/oder eigenen Potenziale bewusst zu werden. Die Befragten aus der Gründerlehre (vgl. Reichert 2010) betonen beispielsweise, dass sie zwar über ethische Werte verfügen, diese jedoch nicht konkret benennen können. Erwähnenswert ist an dieser Stelle, dass alle Befragten sowohl Neugierde als auch Engagement/Spaß/Freude als selbstverständlich betrachteten. Sie betonten, dass sie ihre Aufgabe selbst gewählt hätten und eine Tätigkeit im wissenschaftlichen Umfeld nur auf Basis von Neugierde angenommen werde. Hier zeigt sich beispielhaft, dass Fähigkeiten/Eigenschaften erstens informell erworben werden, zweitens nicht eindeutig definiert sind und drittens nicht konkret hinterfragt werden – drei Problemfelder, die im Zuge der Auseinandersetzung mit Professionalisierungsprozessen zu beachten sind.

Bei der näheren Beschäftigung mit der pädagogischen Kompetenz identifizierten die Befragten (ohne grundständige pädagogische Qualifizierung) jedoch persönliche Defizite. Sie bestätigen, dass sie bei der Vorbereitung der Lehr-/Lernsituation eher bereits früher angewandte Methoden und Medien optimieren als neue Arrangements zu entwickeln. Zu diesen Optimierungen gehören z. B. die zeitliche Planung des Lehrgesprächs in Abhängigkeit von der Gruppengröße oder die Modifikation der Medien und Visualisierungen. Gründe für dieses Vorgehen könnten sein, dass den Gründerlehremitarbeiterinnen/-mitarbeitern explizite Kriterien zur begründeten Methoden- und Medienauswahl nicht bekannt sind und sich das Repertoire auf selbst erlebte bzw. selbst durchgeführte Methoden beschränkt. Es liegt auf der Hand, dass insbesondere bei der Zielsetzung, unternehmerische Selbstständigkeit von Teilnehmerinnen/Teilnehmern zu fördern, eine Erweiterung des Methoden- und Medienrepertoires zu einer Optimierung von Lernangeboten führt.

3. Eckpunkte des Lehr-/Lernarrangements in der Gründerlehre

Ausgehend von der These, dass Gründerlehre mit dem Ziel angeboten wird, Selbstständigkeit zu fördern, könnte grundsätzlich geschlussfolgert werden, dass

1. die Teilnehmer ein Interesse am Unternehmertum mitbringen - im Idealfall verfügen sie bereits über eine Gründungsidee;

2. sie ihre unternehmerischen Stärken und Potenziale kennen sollen, um diese für Gründungsvorhaben systematisch reflektieren zu können;

3. sie Methoden und Techniken kennen sollen, um eine Gründungsidee auf ihre Marktfähigkeit hin zu überprüfen und dies in einem Businessplan auszudrücken.

Im Idealfall bedeutet dies, dass ein Teilnehmer sein Gründungsvorhaben im Zuge einer Veranstaltung überprüft, modifiziert und fixiert, so dass der Schritt in die Selbstständigkeit direkt erfolgen kann.

Die Realität zeichnet jedoch ein anderes Bild, so dass sich Mitarbeiterinnen und Mitarbeiter in der Gründerlehre mit den unterschiedlichsten Herausforderungen konfrontiert sehen, wie beispielsweise folgende:

- Die Motivation der Teilnehmerinnen und Teilnehmer reicht von „Sammeln von credit points im Zuge des Studiums" über „Mal gucken, was Selbstständigkeit ist" bis zu „Ich möchte eine konkrete Geschäftsidee realisieren".

- Neben der Förderung von Selbstständigkeit sind Lernziele zu formulieren und zu beachten, die eine Beurteilung der Semesterleistung der Teilnehmerinnen und Teilnehmer ermöglichen.

- Die Gründungsideen der Teilnehmerinnen und Teilnehmer reichen von Einzelunternehmungen bis zu kapital- und personalintensiven Vorhaben in allen Branchen, was eine unterschiedliche Tiefe bei der Behandlung der einzelnen Themen und damit einen differenzierten Methodeneinsatz erfordert.

- Kreative Geschäftsideen stellen sich im Veranstaltungsverlauf als nicht geeignet heraus, was zu Motivationsverlusten und Frustrationen bei den Teilnehmerinnen und Teilnehmern führt.

- Die Teilnehmerzahl variiert im Veranstaltungsverlauf, was eine kontinuierliche Planung erschwert.

- Die Seminarzeiten orientieren sich „am Stundenplan" der Institution und nicht an zu lernenden Inhalten.

- Die Durchführung erfolgt in unterschiedlichen Räumen, so dass didaktisch-methodische Planungen nicht umgesetzt werden können.

- In den Institutionen stehen je nach Ausstattung nur ausgewählte Medien zur Verfügung.

Bereits diese beispielhafte Problembenennung macht deutlich, dass Mitarbeiterinnen und Mitarbeiter sehr flexibel agieren müssen, um die Lehr-/Lernziele in der Gründerlehre konsequent verfolgen zu können. Dafür sind didaktische Kenntnisse und ein umfangreiches Methodenrepertoire notwendig. Ein Lösungsansatz wird im Folgenden skizziert.

4. Förderung der methodischen Kompetenz mit aktionslernorientierten Methoden

Die befragten Mitarbeiterinnen und Mitarbeiter in der Gründerlehre äußerten sich dahingehend, dass sie ein geeignetes Methodenrepertoire benötigen, welches sie im Lehralltag anwenden können. In dem hier vorgestellten Lösungsansatz erleben sie aus Teilnehmerperspektive Aufbau und Durchführung einer Lehr-/Lernveranstaltung. Sie generalisieren gemeinsam die Lernerfahrungen und reflektieren die Erkenntnisse aus der Trainerperspektive, so dass eine direkte Übertragung auf die persönliche Lehrsituation möglich wird. Die individuelle Professionalisierung erfolgt demnach schrittweise über Kennenlernen durch Erleben, Reflektieren und Generalisieren und wird durch das Anwenden in der Realsituation abgeschlossen.

Als Rahmenkonzept wird ein aktions- und handlungsorientierter Lernansatz verfolgt, bei dem Situationen geschaffen werden, die aktives Lernen ermöglichen. Das Wissen wird dabei in mehreren Schritten und unter Nutzung mehrerer Gehirnareale generiert. Dadurch wird jede/jeder Teilnehmende in die Lage versetzt, spielerische Erlebnisse mit vorhandenem Wissen zu verknüpfen und neue Informationen hinzuzufügen. Indem Lernende zurückmelden, dass sie bei diesem Ansatz auch noch Spaß am Lernen hatten, ist die Basis für eine „freiwillige Vertiefung" gelegt. Dies ist umso wichtiger, da die Lernforschung deutlich darauf hinweist, dass Training/Wiederholungen erforderlich ist/sind, um die Inhalte auch in anderen Kontexten abzurufen. Zu betonen ist, dass mit der beschriebenen Handlungs- und Aktionsorientierung ein Lehr-/Lernarrangement zur Professionalisierung durchgeführt wird, das direkt zur Förderung unternehmerischer Kompetenzen einsetzbar ist und als authentisch bezeichnet werden kann.

Der Trainingsverlauf orientiert sich am Seminarphasenrad (Abbildung 2).

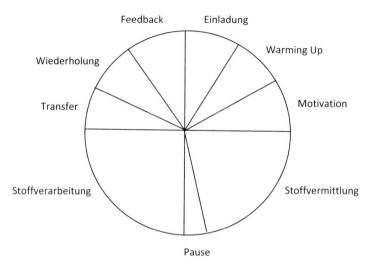

Abb. 2: Seminarphasenrad (Quelle: Ritter-Mamczek/Lederer 2010: 49)

Auf den ersten Blick erscheint diese Verlaufsplanung gerade erfahrenen Lehrkräften selbstverständlich. Es ist jedoch hervorzuheben, dass die Phasen Einladung, Warming up und Motivation sowie Transfer, Wiederholung und Feedback häufig nicht bewusst genutzt werden, um den Lernprozess gezielt zu steuern bzw. abzurunden (vgl. Reichert 2010). Die Teilnehmerinnen und Teilnehmer lernen Methoden für jede Phase kennen, wodurch sie einerseits verschiedene Methoden konkret erleben und andererseits mit dem Seminarphasenrad ein Instrument an die Hand bekommen, um die eigene Veranstaltungsplanung zu optimieren.

Die folgenden inhaltlichen Schwerpunkte eignen sich erfahrungsgemäß für eine zweitägige Veranstaltung:

- Methodisch-didaktischer Gesamtzusammenhang
    - Lernen – wie geht das?
    - Begriffsklärung: Lehren, Trainieren, Spielen

- Handlungsorientierte Seminargestaltung: Methoden, Übungen, Medien für jede Seminarphase

- Der Einstieg: Kennenlernen, Motivieren
- Die Stoffvermittlung: Spannung aufbauen, Stoff vermitteln
- Die Pause: Aktivierung, Konzentration
- Die Stoffverarbeitung: Handlungs- und Aktionsorientierung
- Der Ausstieg: Wiederholung, Transfer, Feedback

- Umgang mit schwierigen Seminarsituationen
  - Was ist überhaupt schwierig?
  - Teilnehmertypen (Motivationstypen, Lerntypten, Rollen in Gruppen)
  - Steuerungsinstrumente zum Umgang mit Konflikten und Störungen

- Stoffvermittlung mit aktionslernorientierten Methoden
  - Aktionslernen – Spielen, Reflektieren, Generalisieren
  - Mit Fußball zur SWOT-Analyse

(Die Konzeption basiert auf einem Trainingsszenario der splendid-Akademie und ist im Kontext von Train-the-Trainer-Seminaren in diversen Branchen im Einsatz.)

Diese Schwerpunktsetzung ermöglicht es, einerseits Basiswissen zur didaktischen Planung sowie Konzeption von Lernveranstaltungen zu erarbeiten und andererseits Spielsituationen zu erschließen, die direkt in der Gründerlehre eingesetzt werden können. Der letzte Punkt (Mit Fußball zur SWOT-Analyse) ist beispielhaft genannt. Es handelt sich dabei um eine Aktionslernübung, in der die Teilnehmerinnen und Teilnehmer aufgeteilt in zwei Mannschaften gegeneinander Fußball spielen. Im Sinne von „Was haben wir in der Situation gelernt?", werden das Spielergebnis und das Spielerverhalten danach mit leitenden Fragen der Trainerin/des Trainers reflektiert. Das Zwischenergebnis wird in einem dritten Schritt direkt in die vier Felder der SWOT-Analyse übertragen. Der nächste Lernschritt dient dann der Anwendung am eigenen Beispiel (vgl. Braun 2005).

Der Medieneinsatz zur Unterstützung des Lernprozesses ist von den Aktionen abhängig. Auch hier wird auf Vielfalt geachtet, um im Rahmen des Trainings unterschiedliche Varianten erlebbar zu machen und Kriterien zur Medienauswahl herauszuarbeiten.

Es kommen sowohl Utensilien vom Fußball bis zum Dartspiel als auch Bastelmaterialien zum Einsatz. Zur Visualisierung werden klassische Unterrichtsmedien wie Tafel, Flipchart, OH-Projektor, PC/Beamer genutzt.

Die beschriebene Veranstaltung ist für einen Zeitraum von zwei Tagen konzipiert und sollte den Auftakt für einen systematischen Professionalisierungsprozess bilden. Nach der Umsetzung in der persönlichen Lehrsituation ist eine Vertiefung mit Themen wie beispielsweise „Innovative Trainingsmethoden", „Kreativ visualisieren" oder auch „Methodeneinsatz in der Beratersituation" zu empfehlen. Geeignet sind Veranstaltungen mit Workshopcharakter, die Raum für eine kritische Reflexion der eigenen Tätigkeit geben und den kollegialen Austausch fördern.

5. Schlussfolgerungen

Die Gründerlehre ist nur so gut wie ihre Akteure. Die Zielsetzung, Gründer mit ihren Geschäftsvorhaben individuell zu begleiten, erfordert ein Methoden- und Medienrepertoire, das nur punktuell über Praxiserfahrung, Reflexion und Literaturanalyse optimiert werden kann. Benötigt wird ein Basiswissen über Lehr- und Lernarrangements, das die Gründerlehremitarbeiterinnen und -mitarbeiter befähigt, flexibel auf Teilnehmerinteressen zu reagieren. Im Trainerbereich in der Erwachsenenbildung hat sich die Seminar-/Workshopteilnahme zur Professionalisierung der pädagogischen Kompetenz fest etabliert. Neben dem Lernen durch Praxiserfahrungen sowie Literaturstudium schätzen Trainerinnen und Trainer insbesondere die kreative Anregung durch pädagogische Spezialisten und die Möglichkeit, sich direkt mit Kollegen austauschen zu können. Zusätzlich nutzen sie diese Veranstaltungen zum Auf- und Ausbau ihrer persönlichen Netzwerke. Mitarbeiterinnen und Mitarbeiter in der Gründerlehre greifen auf dieses Instrument hingegen nur selten bis gar nicht zurück. Im Sinne von Professionalisierungsbestrebungen des Einzelnen und auch einer systematischen Qualitätsentwicklung in der Gründerlehre wäre dies jedoch nur konsequent.

Literatur- und Quellenverzeichnis

Braun, G. (2005): *Projekt BEA (Baltic Entrepreneurship Actionlearning)*. Unveröffentlicht.

Braun, G. / Diensberg, C. (2001): *Grundlagen der Gründerqualifizierung. Planung und Einbettung – Durchführung – Evaluation*. Hagen (Fernstudienbrief).

Döring, K. / Ritter-Mamczek, B. (1999): *Lehren und trainieren in der Weiterbildung*. Weinheim.

Reichert, A. (2008): *Trainerkompetenzen in der Wissensgesellschaft. Eine empirische Untersuchung zur Professionalisierung von Trainern im quartären Bildungssektor*. Frankfurt/Main.

Reichert, A. (2010): *Wie optimieren Mitarbeiterinnen und Mitarbeiter in der Gründerlehre ihre Lehrleistung?* Unveröffentlicht.

Ritter-Mamczek, B. / Lederer, A. (2010): *splendid.Räder – Vergnügt Struktur geben!* Berlin.

Spitzer, M. (2006): *Lernen – Gehirnforschung und die Schule des Lebens*. Heidelberg.

Evaluierung von Erfolgsfaktoren technologieorientierter Unternehmensgründungen anhand eines ressourcenbasierten Modellansatzes

Ronald Reich, Friedrich-Schiller-Universität Jena (Doktorand),
Inhaber der Firma JTI Jena, ronald.reich@jti-jena.de

Andreas Meder, Thüringer Ministerium für Wirtschaft, Arbeit und Technologie (Referat Grundsatzfragen), andreas.meder@tmwat.thueringen.de

1. Einleitung sowie Einordnung in die Literatur des Strategischen Managements

Der konzeptionelle Ansatz des „Strategischen Managements" sucht nach Erklärungsmustern, warum Firmen einen strategischen Wettbewerbsvorteil gegenüber Konkurrenten erlangen und ihn dauerhaft halten können. Ein Wettbewerbsvorteil ist demnach darauf zurückzuführen, dass ein Unternehmen ein Produkt oder eine Dienstleistung mit niedrigeren Kosten als ein Mitbewerber herstellen kann (wobei zunächst von gleicher Produkt- oder Dienstleistungsqualität ausgegangen wird).

Das Unternehmen als organisatorische Einheit basiert grundsätzlich auf dem Streben nach Gewinn. In der Literatur des Strategischen Managements rückt neben dem Gewinnstreben auch die Nachhaltigkeit des Handelns in den Fokus der Betrachtung. Die mit der Unternehmung angestrebte Gewinnmaximierung birgt die Gefahr eines zu kurzfristig ausgerichteten Agierens (dabei kann zur Erreichung kurzfristiger Betriebsziele die betriebliche Substanz so geschmälert werden, dass die mittel- und langfristige Wettbewerbsfähigkeit nachhaltig geschwächt würde). Deshalb fokussiert der Ansatz des Strategischen Managements gleichzeitig auf mehrere Ziele, wie den erfolgreichen Unternehmensaufbau, die nachhaltige Bestandssicherung der Firma und die Generierung und den Ausbau kurz- und langfristiger Wettbewerbsvorteile bei gleichzeitiger Sicherung der betrieblichen Substanz. Das unternehmerische Handeln wird nun darauf ausgerichtet sein, geeignete Steuerungsinstrumente zur Erreichung dieser genannten Ziele zu finden (vgl. Casson 2000). Die Erfolgsfaktoren- bzw. Erfolgspotentialforschung nimmt sich dieser Herausforderung an, wobei die Erfolgspotentiale als Steuergrößen des Unternehmensgewinns gelten und sowohl unternehmensinterne als auch - externe Komponenten aufweisen.

Innerhalb des Strategischen Managements existieren mehrere Erklärungsansätze, wie nachhaltig höhere Gewinnpotentiale (als Mitbewerber) erzielt werden können. Die beiden wichtigsten Theorien zur Erklärung nachhaltig höherer Gewinnansätze sind das 5-Kräfte-Wettbewerbsmodell von Porter (vgl. Porter 1980) sowie die Ressourcentheorie (Resource Based View, RBV) (vgl. Penrose 1959). Letztere Theorie wird von verschiedenen Autoren als das führende Paradigma innerhalb des Strategischen Managements angesehen (vgl.

Wernerfelt 1984; Barney 1997; Freiling 2001; Ferreira / Azevedo 2007) und bildet die theoretische Basis unserer Untersuchung. Die Ressourcentheorie, die von der grundsätzlichen Annahme ausgeht, dass die interne Ressourcenausstattung den langfristigen Wettbewerbsvorteil beeinflusst, wurde ab Mitte der 80er Jahre durch eine Vielzahl von Autoren weiterentwickelt (vgl. Wernerfelt 1984; Barney 1986; Diericks / Cool 1989; Barney 1991) und hat bis heute ihre Aktualität nicht verloren, was jüngste wissenschaftliche Arbeiten belegen (vgl. Weiss 2009; Campagna 2009; Gresse 2010; Morecroft 2010; Shum / Lin 2010; Weissenberger-Eibl / Schwenk 2010). Eine Vielzahl erfolgreicher, transnationaler Technologiefirmen, wie z. B. IBM, Hewlett-Packard, Samsung und Rolls-Royce, nutzt Erkenntnisse der Ressourcentheorie, um fortwährend zukunftsorientierte strategische Managemententscheidungen vorzubereiten (vgl. O'Reilly and Tushman 2007; Morecroft 2010).

Der Ressourcenbegriff selbst ist innerhalb der Ressourcentheorie so zentral, dass er häufig in der Literatur aufgegriffen und behandelt wurde (siehe Abb. 1). Generell gehen viele Autoren mit der Sichtweise von Barney konform, dass Ressourcen den so genannten „VRIN" Eigenschaften (*Valuable* - bewertbar; *Rare* - rar; *Imperfectly imitable* - nur unvollständig imitierbar; *Non substitutable* - nicht vollständig ersetzbar) folgen.

Quelle	Ressourcenverständnis
Wernerfelt 1984, S. 172	Resources: "..anything which could be thought of as a strength or weakness of a given firm."
Caves 1980	Resources: "(...) those (tangible or intangible) assets that are tied semipermanently to the firm".
Grant 1991, S. 118 f.	Resources: "(...) are inputs into the production process (...)."
Barney 1991, S. 101	"Firm resources include all assets, capabilities, organizational processes, firm attributes, information, knowledge etc. controlled by a firm that enable the firm to conceive of and implement strategies that improve its efficiency and effectiveness."
Barney 1995, S. 50	"A firm´s resources and capabilites include all of the financial, physical, human, and organizational assets used by a firm to develop, manufacture, and deliver products or services to its customers."
Amit / Schoemaker 1993, S. 35	Resources: "(...) will be definded as stocks of available factors that are owned or controlled by the firm."
Black/Boal 1994, S. 134	"Resouces can be viewed as a configuration or network of factors."
Montgomery 1995, S. 257	Resource: "(...) something that can be used for support or help; an available supply that can be drawn on when needed."

Hunt/Morgan 1995, S. 1, ähnlich auch Mühlbacher 1997, S. 199	Resources: "... the tangible and intangible entities that enable the firm to produce efficiently and/or effectively a market offering that has value for some market segment or segments.
Wolfsteiner 1995, S. 44	"Ressourcen sind all diejenigen Faktoren, die als Input in die Produktion von Gütern und Dienstleistungen eingehen (i.Or.kursiv. (...) Ressourcen gehören dem Unternehmen oder unterliegen zumindest seiner Kontrolle. Durch ihre Kombination mit anderen Ressourcen werden sie zu Endprodukten verknüpft."
Sanchez et al. 1996, S. 8. (Hervorh. i. Or.)	"Ressources are *assets that are available and useful* in detecting and responding to market opportunities or threats."
Bamberger/Wrona 1996, S. 132	Ressource: "(...) wird der Begriff (...) sehr weit gefaßt, so daß fast alle internen materiellen und immateriellen Güter, Systeme und Prozesse als interne Ressourcen definiert werden können."
Teece/Pisano/Shuen 1997, S. 39	"Resources are firm-specific assets that are difficult if not impossible to imitate."
Thiele 1997, S. 39	Ressource: "(...) jeder immaterielle oder materielle Faktorposten (...), der in irgendeiner Form zu einer Wertschöpfung beitragen kann."
Capron/Hulland 1999, S. 42	Resources: "(...) stocks of knowledge, physical assets, human capital, and other tangible and intangible factors that a business owns or controls (...) which enable the firm to procude, efficiently and/or effectively, marketing offerings that have value for some market segments (...)"

Tab 1: Vielfalt der Ressourcendefinitionen innerhalb der RBV-Literatur (Quelle: Freiling 2001: 14)

2. Wissenschaftliche Problemstellung und Forschungslücke

In der Literatur wurde empirisch belegt, dass Unternehmen langfristige Wettbewerbsvorteile durch den Besitz und die aktive Nutzung von immateriellen Ressourcen (wie spezifisches Wissen, Branchenerfahrungen oder Patente) sowie durch gezielte Entwicklungs- und Kooperationsvorhaben mit externen Partnern erlangen können (vgl. Prahalad / Hamel 1990; Galunic / Rodan 1998; Gautam 2004). Obwohl Ressourcen und Kompetenzen schwer nachahmbar und unternehmensspezifisch sind (vgl. Abb. 1), lassen sie sich doch kategorisieren (vgl. Boudreau / Ramstad 1997; Carmeli / Tishler 2004; Gautam 2004). Giovanni Azzone war der Erste, der als Bewertungsrahmen für den Unternehmenserfolg ein so genanntes Ressourcenmeßsystem (RMS) in der Literatur vorstellte (vgl. Azzone / Bertelé / Rangone. 1995). Er blieb bei seinen Darstellungen aber rein auf einer qualitativen Ebene bei der Ressourcenbewertung, was später in der Literatur u. a. durch Bhatt & Grover verbessert wurde (vgl. Bhatt and Grover 2005). Unsere Methodik bzw. unser Forschungsansatz zur Systematisierung und Kategorisierung sowie zur Ressourcenmessung und abschließenden Bewertung (hinsichtlich des statistisch zu erwartenden Gründungserfolgs auf der einen Seite und hinsichtlich des Vergleichs mit Ressourcenkombinationen anderer anonymisierter Datenbankteilnehmer auf der anderen Seite) in einem neuartigen RMS für gründungsrelevante Einzelressourcen soll die in der Literatur beschriebenen Methoden erweitern und für die Praxis des Entrepreneurship nutzbar machen.

Zusammenfassender Bezug zur Literatur: In unserer Methodik des Ressourcenmeßsystems (RMS) für gründungsrelevante Ressourcengruppen (insbesondere für technologieorientierte Gründungsvorhaben in Gründungsteams) wird der Ansatz des Resource Based View (RBV) sowie folgender angrenzender Theorien umgesetzt:

- Theorie der „Dynamic Capabilities" – Ergänzung des RBV um die Punkte Kompetenzen, Prozessabläufe und Rekombinationsvermögen, die in schnell wachsenden Marktsegmenten und turbulenten Marktzyklen eine besondere Rolle spielen (vgl. Teece / Pisano 1994),

- Theorie des „Social Based View" – insbesondere Interaktionen des Gründerteams nach außen, wie z. B. das gezielte Anbahnen von Entwicklungskooperationen (vgl Eisenhardt / Schoonhoven 1996),

- Theorie des „Knowledge Based View" – Methoden und Wirkung der Kompetenzsteigerung, z. B. durch gezielte Anwendung von Wissensmanagementwerkzeugen (vgl. Spender 1994).

Eine empirische Untersuchung zu ca. 100 Gründungsvorhaben im Technologie- bzw. wissensintensiven Bereich (Teilnehmerteams von Businessplanwettbewerben mit konkreten Gründungsabsichten) wendet dieses RMS an.

Die „klassischen" Darstellungen etwa von *Teece & Pisano und Barney* zur Ressourcengliederung (vgl. Teece / Pisano 1994; Barney 1997; Teece / Pisano / Shuen 1997) werden in unserem Modell um dynamische Elemente ergänzt. Der vormals statische Ansatz der Ressourcen in der Ressourcentheorie wurde in der Literatur kritisiert, und es wurden ergänzende „dynamische Elemente" (vgl. Dynamic Capabilities) beschrieben (vgl. Eisenhardt / Schoonhoven 1996; Priem / Butler 2001; Hitt / Jackson / DeNisi 2007; Schreyögg / Kliesch-Eberl 2007; Gresse 2010; Kraaijenbrink / Spender / Groen 2010). Weiterhin folgten in der Literatur der letzten Jahre Untersuchungen zur Wirkung von Einzelressourcengruppen auf den zu erwartenden Gründungserfolg, aber es fehlte aus unserer Sicht eine übergeordnete Methodik bzw. ein Bezugsrahmen, z. B. in Form eines Ressourcenmeßsystems (RMS), für gründungsrelevante Ressourcen (vgl. Shane / Stuart 2002; Talaulicar / Grundei / Werder, 2005; Rothaermel / Deeds 2006; Thornhill 2006; Walter / Auer / Ritter 2006; Ferlic 2007). Die Gestaltungsobjekte in Form von Ressourcen, Kompetenzen oder zu etablierenden Prozessfolgen (als Beispiel für Dynamic Capabilities) werden der RBV-Theorie entsprechend bei geplanten Gründungsvorhaben die spätere Ressourcenausprägung sowie das interne Erfolgspotential beeinflussen, was schon aus einer umfangreichen Form des Businessplans abgelesen werden kann. Entsprechend wäre eine Untersuchung interessant, welche einen statistisch signifikanten Zusammenhang zwischen durchschnittlicher Ressourcenstärke bzw. -ausprägung und zu erwartendem Gründungserfolg aufzeigt. Mit unserem Ressourcenmeßsystem haben wir eine entsprechende Analyse durchgeführt. Weiterhin haben wir es als unsere Zielstellung angesehen, die methodische Schrittfolge von der Ressourcenidentifikation und -systematisierung (Herleitungen aus der RBV-Literatur) über das Ressourcenscreening (mit Hilfe eines standardisierten Fragenkatalogs) bis zur Auswertung so transparent zu gestalten, dass eine Übertragbarkeit in die Praxis und eine weitere Verwendung u. a. bei Gründungscoaches, Trägern von Businessplanwettbewerben und Gründungsinteressierten zukünftig ermöglicht wird.

Unser vorgestelltes Ressourcenmeßsystem soll eine objektivierte Bewertung von Businessplänen sowie eine darauf basierende Abschätzung des zu erwartenden Unternehmenserfolges bereits in der Vorgründungsphase ermöglichen. Neben der rein fachlich-inhaltlichen, der branchenspezifischen (die i. d. R. vom Fachwissen des Jurors abhängt) sowie der formalen Betrachtung von Businessplänen von High-Tech-Gründungen gibt es heute kein etabliertes Verfahren zur Gesamtbewertung von Unternehmen, welches Ressourcenausprägungen und -kombinationen anhand von Businessplänen bewertet und empirisch fundierte Aussagen über den Zusammenhang zwischen aktueller Ressourcenausprägung und zu erwartendem Gründungserfolg trifft. Wir sind der Ansicht, mit unserem RMS einen interessanten Lösungsansatz für die bislang unbeantwortete Frage nach einem geeignetem Bewertungsrahmen für technologieorientierte Gründungsfirmen, basierend auf ressourcenbasierten Ansätzen des Strategischen Managements, vorstellen zu können. Im Folgenden möchten wir die Hypothese testen, ob eine auf einem RMS basierende Bewertung gründungsrelevanter Ressourcen aussagekräftige Rückschlüsse auf den zukünftigen Gründungserfolg zulässt.

3. Beschreibung der Methodik und des Ansatzes

In diesem Abschnitt stellen wir das von uns auf Basis der eben genannten konzeptionellen Ansätze erstellte RMS vor. Dabei wird insbesondere auf die Herleitung des Modells eingegangen. Wie oben bereits erwähnt, zeigt sich dieses System als weit gefasster Bewertungsrahmen für interne Erfolgspotentiale junger Gründungvorhaben als geeignet. Die Methodik wurde zunächst bei High-Tech-Gründungsvorhaben empirisch getestet, die an regionalen bzw. einem überregionalen Businessplanwettbewerben teilnahmen.

SCHRITT 1: Identifikation relevanter Einzelressourcen

Zur Identifikation der in der einschlägigen Literatur am häufigsten auftretenden Einzelressourcen (und deren Zuordnung zu so genannten Einzelressourcengruppen) haben wir insgesamt 203 Fachartikel im Bereich der o. g. Theorien danach ausgewertet, wie spezifische Ressourcen genannt und ein Zusammenhang zu Erfolgspotentialen einer Unternehmung postuliert wurde. Es wurden insgesamt 15 Einzel- und gründungsrelevante Ressourcen herausgefiltert, deren Relevanz für die Firmenentwicklung und Performance etablierter sowie neugegründeter Unternehmen empirisch nachgewiesen wurde (siehe Abb. 2).

R110	Stärke der eigenen Forschung und Entwicklung
R111	Vermögen, gezielt Allianzen insb. in FuE einzugehen
R112	Anpassen/ Verändern/ Rekombinieren vorh. Ressourcen
R113	Wissensverarbeitung/ Wissensmanagement/ IT
R114	Synergienutzung zwischen internen Funktionsbereichen
R115	Exitorientierte Denkweise
R116	Vorhandensein/ Weiterentw. von aktuellem Fachwissen
R117	Prozeß-know-how in der Fertigung
R118	Kundenorientierung/ Kundengewinnung/Verstehen Kundenprobleme
R119	Teambildung/ Human Ressource Management
R120	eigene Patent- und Schutzrechtsituation
R121	umfassendes Qualitäts- und Prozeßmanagement
R122	Akquisition und Einführung neuester Fertigungstechnologien
R123	aktives Lernen und Problemlösungskompetenz als Team
R124	Erfahrung/ Vollständigkeit Managementteam/ Motivation

Abb. 2: Das Modell der 15 Einzelressourcengruppen nach Reich; die o. g. 15 Einzelressourcen wurden in der RBT-Literatur in den gescreenten Artikeln (203 Artikel) zwischen 3- und 11mal genannt.

SCHRITT 2: Operationalisierung der relevanten Einzelressourcen und Datenerhebung

Die Analyse zur Untersuchung der Relevanz der Einzelressourcen für den Unternehmenserfolg junger High-Tech-Unternehmen basiert auf 93 Businessplänen von Teilnehmern an vier regionalen Businessplanwettbewerben unterschiedlicher Bundesländer aus den Jahren 2004 bis 2007. Von diesen Teilnehmern gründeten 56 später erfolgreiche Unternehmen. Als Erfolg wurde dabei die bestehende Existenz des Unternehmens nach 3 Jahren Geschäftstätigkeit sowie die Einstellung mindestens eines Arbeitnehmers[7] gewertet. Zur Erhebung der nach unserer Ansicht für den Unternehmenserfolg ausschlaggebenden 15 Einzelressourcen wurden die Businesspläne jeweils mit 5 standardisierten Einzelfragen[8] untersetzt.

Das Ressourcenscreening[9] erfolgte dabei anhand eines Scoringverfahrens, bei dem eine Einordnung von Stärken / Schwächen des jeweiligen Businessplanes in Relation zur Vergleichs-

---

[7] Gleichzeitige Erfüllung beider Kriterien für „erfolgreich"; Nachscreening erfolgte separat 3-5 Jahre nach Teilnahme am BP-Wettbewerb und nach dem Erstscreening durch die Autoren.

[8] Die 75 Standardfragen unseres RMS sind zwar der RBT-Literatur entlehnt, passen in dieser Form jedoch nur zu Firmen, die auch eigene Forschung und Entwicklung betreiben (wollen), was bei High-Tech-Gründungen stets der Fall ist.

[9] *Freiling (1998)* zeigt in seinem Ressourcen-Check-Up (in zwei Teilen publiziert) zwei unterschiedliche Wege auf: Weg 1 – szenariogestützte Kompetenzbedarfsanalyse, wobei eine Vorabeinschätzung zukünftig benötigter Ressourcen gegeben wird und dann eine szenariogestützte Analyse von vorhandenen Kompetenzen und deren relativer Kompetenzstärke hin zur Idealausstattung abgeleitet wird; Weg 2 – „VRIN" bzw. „VRIO" Checkliste nutzen, um Ressourcen zu identifizieren und den eigenen Stand mit der „Skill Cluster Analyse" in einer fünfstufigen Bewertungsskala im Wettbewerbsvergleich darzustellen.

gruppe aller bereits in der Datenbank vorhandenen Gründungsvorhaben erfolgte. In Abb. 3 wird exemplarisch die Zusammenfassung der entsprechenden 5 Einzelfragen zur Einzelressource „Anpassen/ Verändern/ Rekombinieren von Ressourcen" (R112) dargestellt. Die Ausprägung jeder Einzelfrage wird auf einer fünfteiligen Skala von 1,0 bis 2,0 bewertet, wobei die Bewertung „2,0" dem bestmöglichen Wert entspricht. Kann eine Frage anhand der Angaben aus dem zu screenenden Businessplan nicht beantwortet werden, so fällt sie als Teilantwort aus der Bewertung heraus.

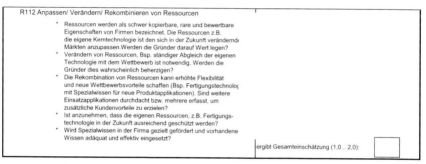

Abb. 3: Beispiel der 5 Standardfragen für die Einzelressourcengruppe 112

Das Ressourcenscreening[10] erfolgte dabei anhand eines Scoringverfahrens, bei dem eine Einordnung von Stärken / Schwächen des jeweiligen Businessplanes in Relation zur Vergleichsgruppe aller bereits in der Datenbank vorhandenen Gründungsvorhaben erfolgte. In Abb. 3 wird exemplarisch die Zusammenfassung der entsprechenden 5 Einzelfragen zur Einzelressource „Anpassen/ Verändern/ Rekombinieren von Ressourcen" (R112) dargestellt. Die Ausprägung jeder Einzelfrage wird auf einer fünfteiligen Skala von 1,0 bis 2,0 bewertet, wobei die Bewertung „2,0" dem bestmöglichen Wert entspricht. Kann eine Frage anhand der Angaben aus dem zu screenenden Businessplan nicht beantwortet werden, so fällt sie als Teilantwort aus der Bewertung heraus.

---

[10] *Freiling (1998)* zeigt in seinem Ressourcen-Check-Up (in zwei Teilen publiziert) zwei unterschiedliche Wege auf: Weg 1 – szenariogestützte Kompetenzbedarfsanalyse, wobei eine Vorabeinschätzung zukünftig benötigter Ressourcen gegeben wird und eine szenariogestützte Analyse von vorhandenen Kompetenzen und deren relativer Kompetenzstärke hin zur Idealausstattung abgeleitet wird; Weg 2 – „VRIN" bzw. „VRIO" Checkliste nutzen, um Ressourcen zu identifizieren und den eigenen Stand mit der „Skill Cluster Analyse" in einer fünfstufigen Bewertungsskala im Wettbewerbsvergleich darzustellen.

SCHRITT 3: DATENAUSWERTUNG BZGL. DES ZU ERWARTENDEN GRÜNDUNGSERFOLGS

Die Datenauswertung ermöglicht Rückschlüsse zu „Stärken und Schwächen" der spezifischen Ressourcenkombination des gescreenten Gründungsvorhabens im Vergleich zu den anderen anonymisierten Vorhaben (z.b. auch aus der gleichen Branche), zum Ressourcenmittelwert sowie hinsichtlich weiterer Fragestellungen, wie die nach den Vorteilen bestimmter Kombinationen der 15 Einzelressourcengruppen in Hinsicht auf den statistisch zu erwartenden Unternehmenserfolg je nach Branche.

4. Ergebnisse

Die Analyse, ob die Höhe des Ressourcenmittelwertes (RMW), der sich als mathematischer Mittelwert aus den 15 Einzelressourcengruppen errechnet, einen statistisch signifikanten Einfluss auf den zu erwartenden Gründungserfolg hat, wurde mit einem Logit-Modell auf Basis von 93 Beobachtungen getestet. Im Ergebnis (siehe Abb. 5) können wir feststellen, dass ein statistisch signifikanter Zusammenhang zwischen Ressourcenmittelwert und dem zu erwartenden Gründungserfolg besteht. Dabei scheint die Varianz der RMW keine aussagekräftige Rolle zu spielen. Sowohl Unternehmen, deren Mittelwert durch eine extrem hohe Bewertung in einer Einzelressourcengruppe angehoben wurde, als auch Unternehmen, die eine relativ gleichmäßig hohe Verteilung der einzelnen Ressourcengruppen aufweisen, erzielten eine höhere Gründungserfolgswahrscheinlichkeit als Unternehmen mit einem geringeren RMW.

Aus Abb. 4 wird ersichtlich, dass die überwiegende Mehrheit der erfolgreichen Unternehmen (dunkle Vierecke) eine höhere durchschnittliche Ressourcenausprägung aufweist als die nicht erfolgreichen Gründungsunternehmen (helle Dreiecke). Weiterhin konnte gezeigt werden, dass ein sehr niedriger RMW von unter 1,5 den Gründungserfolg erheblich negativ beeinflusst (von n=8 Gründungsvorhaben, die einen RMW von < 1,5 hatten, wurde kein einziges Unternehmen erfolgreich gegründet), und ein RMW von über 1,9 auf das Vorhandensein eines ausgewogenen Mixes an gründungsrelevanten Ressourcen schließen lässt (Wahrscheinlichkeit einer erfolgreichen Unternehmensgründung aus dem Konzept heraus lag bei 94%; bei n=17 und 16 erfolgreichen Umsetzungen).

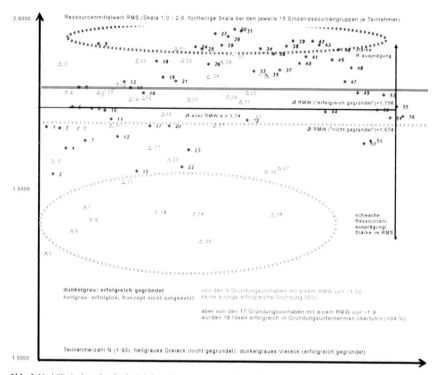

Abb. 4: Verhältnis der „durchschnittlichen Ressourcenausprägung" zu „Unternehmenserfolg"

Logit Model on Firm Success		
Variable	Coefficient	p-Value
RMW	4,98	> 0,01
Intercept	-8,2	> 0,01

Abb. 5: Zusammenfassung der empirischen Ergebnisse mit Logit-Modell

In der geplanten Weiterführung unserer Untersuchung soll die Methodik verfeinert und die Anzahl auszuwertender Businesspläne weiter erhöht werden. Diese Erweiterung der Datenbasis wird uns nicht nur in die Lage versetzen, detaillierter das Zusammenspiel der einzelnen

Ressourcen zu untersuchen. Vielmehr wollen wir auch analysieren, ob die Einflüsse einzelner Ressourcengruppen sektorale Spezifika aufweisen. Das vorgestellte RMS stellt in unseren Augen eine theoretisch fundierte und praxisrelevante Lösungsvariante dar, mit der Erfolgsfaktorenforschung und RBV-Theorie verbunden werden und dabei eine objektivierte Bewertung von Neugründungen im High-Tech-Bereich ermöglicht wird.

Literatur- und Quellenverzeichnis

Azzone, G. / Bertelé, U. / Rangone, A. (1995): Measuring resources for supporting resource-based competition. In: *Management Decision* 33(9): 57-62.

Barney, J. (1991): Firm Resources and Sustained Competitive Advantage. In: *Journal of Management* 17(1): 99-120.

Barney, J. (1997): *Gaining and Sustaining Competitive Advantage*. MA: Addison-Wesley.

Barney, J. (1986): Organizational culture: can it be a source of sustained competitive advantage? In: *Academy of Management Review* 11: 656-665.

Bhatt, G. D. / Grover, V. (2005): Types of Information Technology Capabilities and Their Role in Competitive Advantage: An Empirical Study. In: *Journal of Management Information Systems* 22(2): 253-277.

Boudreau, J. / Ramstad, P. M. (1997): Measuring intellectual capital: Learning from financial history. In: *Human Resource Management* 36(3): 343-356.

Campagna, S. (2009): *KMU-spezifische Ressourcen als Voraussetzung für die Wettbewerbsfähigkeit am Beispiel eines Büromöbelherstellers*. Thesis TU Dortmund, Hamburg: Kovac, Schriftenreihe strategisches Management.

Carmeli, A. / Tishler, A. (2004): The relationships between intangible organizational elements and organizational performance. In: *Strategic Management Journal* 25(13): 1257-1278.

Casson, M. (2000): An Entrepreneurial Theory of the Firm, in: Foss, N. / Mahnke, V.: *Competence, Governance, and Entrepreneurship. Advances in Economic Strategy Research.* New York: Oxford University Press: 116-145.

Diericks, I. / Cool, K. (1989): Asset stock accumulation and the sustainability of competitive advantage. In: *Management Science* 35(12): 1504-1510.

Eisenhardt, K. M. / Schoonhoven, C. B. (1996): Resource-based View of Strategic Alliance Formation: Strategic and Social Effects in Entrepreneurial Firms. In: *Organization Science* 7(2): 136-150.

Ferlic, F. (2007): The Human Factor: Resource-based Thresholds to Optimum Firm Growth. *Strategic Management Society.* San Diego.

Ferreira, J. / Azevedo, S. (2007): *Entrepreneurial Orientation as a main Resource and Capability on Small Firm's Growth.* MPRA Paper No. 5682, 09. November 2007 Munich.

Freiling, J. (2001): *Resource-Based View und ökonomische Theorie.* Wiesbaden: Deutscher Universitätsverlag.

Galunic, D. C. / Rodan, S. (1998): Resource recombinations in the firm: knowledge structures and the potential for Schumpeterian innovation. In: *Strategic Management Journal* 19: 1193-1201.

Gautam, R. (2004): Capabilities, business processes, and competitive advantage: Choosing the dependent variable in empirical tests of the resource based view. In: *Strategic Management Journal* 25: 23-37.

Gresse, C. (2010): Die Wirkung der Wissensmerkmale auf den Wissens- und Technologietransfer in verteilter Teamarbeit und F&E-Kooperationen. In: Stephan, M. / Kerber, W. / Kessler, T. / Lingenfelder, M.: *25 Jahre ressourcen- und kompetenzorientierte Forschung, Teil II.* Wiesbaden: Gabler: 165-193.

Hitt, M. / Jackson S. / DeNisi, A. (2007): *Managing Knowledge for Sustained Competitive Advantage: Designing Strategies for Effective Human Resource Management.* New York: Jossey-Bass.

Kraaijenbrink, J. / Spender, J.C. / Groen, A. J. (2010): The resource-based view: a review and assessment of its critiques. In: *Journal of Management* 36(1): 349-372.

Morecroft, J. (2010). Resource Coordination and Firm Performance: A System Dynamics View In: Strohhecker, J. / Größler, A.: *Strategisches und operatives Produktionsmanagement. Empirie und Simulation.* Wiesbaden: Gabler: 3-22.

O'Reilly, C. / Tushman, M.L. (2007): Ambidexterity as a Dynamic Capability: Resolving the Innovator's Dilemma. In: *Harvard Business School Working Paper 07-088.* Cambridge, MA.

Penrose, E. (1959): *The Theory of the Growth of the Firm.* New York: John Wiley.

Porter, M. E. (1980): *Competitive Strategy. Techniques for Analyzing Industries and Competitors.* New York: Free Press. Auf deutsch erschienen als: Wettbewerbsstrategie: Methoden zur Analyse von Branchen und Konkurrenten. Frankfurt am Main 1983: Campus.

Prahalad, C. K. / Hamel G. (1990): The core competence of the corporation. In: *Harvard Business Review* 68(3): 79-91.

Priem, R. L. / Butler, J. E. (2001): Is the Resource-Based "View" a Useful Perspective for Strategic Management Research? In: *Academy of Management Review* 26(1): 22-40.

Rothaermel, F. / Deeds, D. (2006): Alliance type, alliance experience and alliance management capability in high-technology ventures. In: *Journal of Business Venturing* 21: 429-460.

Schreyögg, G. / Kliesch-Eberl, M. (2007): How dynamic can organizational capabilities be? Towards a dual-process model of capability dynamization. In: *Strategic Management Journal* 28(9): 913-933.

Shane, S. / Stuart, T. (2002): Organizational Endowments and the Performance of University Start-ups. In: *Management Science* 48(1): 154-170.

Shum, P. / Lin, G. (2010): A resource-based view on entrepreneurship and innovation. In: *International Journal of Entrepreneurship and Innovation Management* 11(3): 264-281.

Spender, J.-C. (1994): Organizational knowledge, collective practice, and Penrose rents. In: *International Business Review* 3: 353-367.

Talaulicar, T. / Grundei, J. / Werder, A. V. (2005): Strategic decision making in start-ups: The effect of top management team organization and processes on speed and comprehensiveness. In: *Journal of Business Venturing* 20: 519-541.

Teece, D. / Pisano, G. (1994): The Dynamic Capabilities of Firms: an Introduction. In: *Industrial and Corporate Change* 3(3): 537-556.

Teece, D. / Pisano, G. / Shuen, A. (1997): Dynamic capabilities and strategic management. In: *Strategic Management Journal* 18(7): 509-533.

Thornhill, S. (2006): Knowledge, innovation and firm performance in high- and low-technology regimes. In: *Journal of Business Venturing* 21: 687-703.

Walter, A. / Auer, M. / Ritter, T. (2006): The impact of network capabilities and entrepreneurial orientation on university spin-off performance. In: *Journal of Business Venturing* 21: 541-567.

Weiss, M. (2009): *Aufbau eines Konzeptes zur ressourcenorientierten Messung des Diversifikationsgrades.* Thesis Universität Erlangen-Nürnberg. Berlin: Pro Business Verlag, 1. Aufl., Schriftenreihe des Instituts für Unternehmungsplanung, 311.

Weissenberger-Eibl, M. / Schwenk, J. (2010): Dynamic Relational Capabilities (DRC) - Dynamische Beziehungsfähigkeiten und interorganisationaler Wissenstransfer von Unternehmen, in: Stephan, M. / Kerber, W. / Kessler, T. / Lingenfelder, M.: *25 Jahre ressourcen- und kompetenzorientierte Forschung, Teil III*. Wiesbaden: Gabler, 445-462.

Wernerfelt, B. (1984): A resource-based view of the firm. In: *Strategic Management Journal* 5: 171-180.

Teil 2 Gründungs- und Kompetenzförderung in Aktion: Methoden, Vorgehensweisen und Erfahrungen in hochschulischer und außerhochschulischer Umsetzung

Der Erfolg der neuen (Klein-)Gründer. Von der erfolgreichen (Klein-)Gründung zum etablierten Unternehmen – der Coach als „Mitunternehmer"

JÖRN BADEN, BUG BERATERHAUS, J-BADEN@T-ONLINE.DE

DR. NADINE TOBISCH, WISOAK, N.TOBISCH@WISOAK.DE

1. Einleitung

Welche Faktoren sind entscheidend für eine erfolgreiche Gründung? Die Person, das Konzept oder das nötige Startkapital? Ist es sinnvoll, ein Gründungsmodell anhand eines Businessplans zu bewerten? Worauf kommt es wirklich an, und wie kann die Gründung sinnvoll unterstützt werden?

Grundprobleme, dies beantworten zu können, resultieren aus der Vielfalt von Gründern und Gründungsvorhaben, sowie aus der Intransparenz des Feldes. Zu Gründungen, die im Rahmen von Gründungs-Förderprojekten begleitet werden (z.b. durch Projekt BRIDGE in Bremen), ist mehr bekannt als zu Gründungen in der „freien Wildbahn", die ohne solche Förderprojekte starten. Insgesamt aber gilt: Gründungspersonen und Gründungsvorhaben sind inhomogen und schwer auf gemeinsame Nenner zu bringen. Was haben der angehende bzw. selbständige Wärmedämmberater und die angehende bzw. selbständige Grafikerin wirklich gemeinsam? Gibt es eindeutige Faktoren, die zu einer erfolgreichen Gründung führen? Neben exogenen Bedingungen, die auf Gründungen und Erfolge wirken, liegen entscheidende Gründe wohl in der Person selbst. Aber wodurch zeichnet sich ein erfolgreicher Gründer aus, und wie kann er identifiziert werden?

2. Die Gründer

Unser BuG Beraterhaus begleitet zurzeit ca. 300 Gründungen, wovon sich ca. 250 Gründungen erfolgreich am Markt etabliert haben. Diese coachende Begleitung führt zusammen mit der insgesamt dabei gesammelten Erfahrung auch zu Eindrücken / Bewertungen dahingehend, wer wohl eher erfolgreich sein wird und wer nicht. Und gemessen an diesem frühen „Bauchgefühl" ist das sich später einstellende tatsächliche Ergebnis oft gar nicht so überraschend. Allerdings sind diese erfahrungsbasierten Eindrücke und Bewertungen zugleich schwer zu objektivieren. Mit dem Ziel einer besseren Validierung entwickelte einer der Co-Autoren für seine Magisterarbeit (vgl. Baden 2006) einen Fragebogen (angelehnt an Hofstede 2009: 9), der sich mit den Themenbereichen Symbole, Helden, Rituale und Werte befasste. Dabei lag der Schwerpunkt auf Fragen, die Aufschluss darüber gaben, wie sich die Befragten in entsprechenden Situationen, anlehnend an ihr persönliches Wertemuster, verhalten. Die Ergebnisse der Befragung (vgl. Baden 2006: 41-75) zeigen, dass erfolgreiche Gründer übereinstimmende Antworten bei dem Bereich Werte angaben. Nicht erfolgreiche oder Nicht-Unternehmer wichen hiervon signifikant ab. Dies weist auf deutliche Unterschiede hin.

Diese Ergebnisse und unsere Erfahrungen im Beraterhaus zeigen, dass z.B. Herkunft, Bildung, Qualifikation und Konzept für den Erfolg vieler solcher Gründungen von eher untergeordneter Bedeutung sind. Vielmehr entschiedet hier in der Regel die Persönlichkeit des Unternehmers über Erfolg oder Misserfolg der Gründung. Nicht jede Person ist zum Unternehmer geeignet, und viele stark persönlichkeitsbasierten unternehmerischen Handlungsmuster (z.B. Durchsetzungsvermögen, Verhandlungsgeschick) lassen sich zumindest nicht kurzfristig ohne weiteres erlernen.

Darüber hinaus sind erfolgreiche Gründer oft sehr eigenwillige Personen, die anecken. Nahezu alle untersuchten erfolgreichen Gründer hatten keine gradlinigen Lebensläufe. Viele Gründer haben den Schritt in die Selbständigkeit gewagt, weil sie ein schwieriges Verhältnis zu ihrem Vorgesetzten hatten und deshalb die Geschicke lieber selbst in die Hand nehmen wollten.

3. Gründungscoaching und Gründungsberatungen bei Gründungen in der „freien Wildbahn"

Was folgt aus der Besonderheit der "Kultur der neuen Gründer" für das Gründungscoaching bzw. für die Gründungsberatung? Hierbei denken wir, wie einleitend erwähnt, weniger an die „konzeptionellen Gründungen", die von Gründungs-Förderprojekten über längere Zeit begleitet werden und die dort ihre Konzepte schrittweise entwickeln. (Bei diesen Gründungen spielt die Person des Gründers möglicherweise eine etwas untergeordnete Rolle.) Bei den (Klein-) Gründungen in der „freien Wildbahn" jedoch muss nach unserer Erfahrung in erster Linie die Person bzw. die Persönlichkeit besonders beachtet werden, damit eine erfolgreiche Zusammenarbeit überhaupt erst möglich wird. Falls die Personen eine Unternehmerpersönlichkeit haben, können auch „die unwahrscheinlichsten" Gründungen zu Erfolgen führen (z.B. englischsprachiger Videoversand, Japanische Teehäuser u.v.m.).

Für das Coaching, das eine hohe sozial-kommunikative Kompetenz sowie viel Fingerspitzengefühl erfordert, muss der Coach eine besondere Rolle einnehmen, damit die Zusammenarbeit erfolgreich sein kann. Die nachstehende Aufstellung nennt einige wesentlichen Handlungsmuster und Eigenschaften, die ein Coach idealerweise für Gründungsberatungen mitbringen sollte:

- Aufbau einer offenen und einladenden Atmosphäre, adäquate Kleidung, keine Distanz aufbauen, um Honorare zu „rechtfertigen".

- Gleichwertigkeit der Rollen; Berater und Gründer sind gleichwertige Gesprächspartner (Gründer nicht von „oben herab" behandeln).

- Herstellung einer persönlichen Gesprächsebene (wenn die Chemie nicht stimmt und auch keine gemeinsamen Interessen außerhalb der Beratung erkennbar sind, dann ist die Beratung auch nicht effektiv).

- Klare Bennennung eigener Kompetenzen (Abgrenzung eigener Handlungskompetenzen zu Lehrbuchwissen).

- Selbst ein Unternehmer sein (Authentizität als selbständiger Berater; nur wer selbst die richtigen Überlegungen – am besten aus eigener Erfahrung – anstellen kann, kann auch effektiv beraten).

- Aufbau und Pflege eines Kompetenznetzwerkes (der Berater muss nicht alles wissen, sollte aber für alle wesentlichen Bereiche kompetenzerprobte AnsprechpartnerInnen für den Gründer kennen).

- Ein Ansprech- und Austauschpartner für alle Belange sein (besonders auch private Bereiche müssen thematisiert werden, da sie wesentlich auf den Betrieb einwirken).

Manche der genannten Punkte lesen sich wie selbstverständlich, und dennoch liegen hier oft auch wesentliche Probleme in der Beratungspraxis. Das Verhältnis zwischen Gründer und Berater ist vielfach ineffizient oder sogar gestört. Dabei hängt der Erfolg einer Gründung vor allem von einer guten Begleitung ab.

4. Schlussfolgerungen

Im Ergebnis kann festgehalten werden, dass zwei wesentliche Bedingungen für eine erfolgreiche (Klein-)Gründung in der „freien Wildbahn" erfüllt sein müssen. Als erstes muss der Gründer eine Unternehmerpersönlichkeit sein, mit dazugehörigen Werten und Orientierungen. Darüber hinaus muss der Gründungsberater oder Gründungscoach zur „Kultur der neuen Gründer" passen. Das bedeutet, dass der Berater die entsprechenden Eigenschaften und Kompetenzen mitbringen sollte, wie oben skizziert. Diese werden aber nicht immer erfüllt. Auch bürokratisierte Abläufe (z.B. KfW) können für eine offene und gute Beratung eher hinderlich sein. Sach- und fachkundig kompetente und vertrauenswürdige Gründungsberater sind sehr selten, da sich überdurchschnittlich fähige Berater mit anderen lukrativeren Beratungssegmenten befassen.

Als Anregung für die Qualitätsentwicklung in der Gründungsunterstützung könnten die oben genannten Eigenschaften, die ein Coach mitbringen sollte, für eine weiter zu entwickelnde Checkliste dienen, wie sie weiter unten als Beispiel aufgeführt ist. Diese Checkliste kann als Leitfaden für ExistenzgründerInnen hilfreich sein, um sich besser in dem unüberschaubaren „Beraterdschungel" (vgl. hierzu auch z.B. www.existenzgruender-helfer.de) orientieren zu können. Zu überlegen ist auch, inwiefern eine unabhängige regionale Institution als erste Anlaufstelle fungieren kann.

Beispiel für eine Checkliste zur Beraterauswahl (Eigene Darstellung)

1. **Das Konzept:** Was hat der Berater für einen Unternehmensschwerpunkt? Wie positioniert er sich am Markt? Wie ist die konkrete Vorgehensweise geplant bei der Beratung?

2. **Der Berater:** Wie setzt sich sein Lebenslauf zusammen? Er muss auch außerhalb der Universität fundierte und einschlägige Berufserfahrungen gesammelt haben. Eine wissenschaftliche Tätigkeit zählt hier nicht. Ist er freiberuflich tätig? Sein Auftreten: Wie tritt er als Berater auf?

3. **Formale Kriterien:** Wo ist der Berater akkreditiert (bspw. regionale Institutionen: RKW Bremen, NBank oder überregionale wie z.B. KfW)?

4. **Fachliche Kompetenzen:** In folgenden Bereichen muss der Berater zwingend über vertiefte fachliche Kompetenzen verfügen: Rechtsformen, Buchhaltung, Steuern, Marktauftritt, Kundenakquisition und Marketing.

5. **Persönliche Kompetenzen:** Offen, kommunikativ, ehrlich, authentisch, effektiv, interessiert und vieles mehr. Neben den fachlichen Kompetenzen ist dieser Aspekt von entscheidender Bedeutung.

6. **Zielgruppen der Beratung:** Wer wird beraten? Wo liegt der Beratungsschwerpunkt? Wo liegen Besonderheiten?

7. **Erreichbarkeit des Beraters:** Ist der Berater schnell und unbürokratisch zu erreichen? Wichtige Fragen müssen zeitnah geklärt werden können.

8. **Kosten der Beratung:** Neben dem kostenlosen Erstgespräch sollte der Unternehmer keine Berührungsängste haben, fortlaufend im Begleitprozess viele Fragen stellen zu dürfen. Deshalb bietet sich ein Pauschalhonorar an.

Literatur- und Quellenverzeichnis

Baden, J. (2003): *Praktische Tipps für kleine und mittlere Unternehmen.* Bremen: Verlag Jörn Baden.

Baden, J. (2004): *Noch mehr praktische Tipps für kleine und mittlere Unternehmen.* Bremen: Verlag Jörn Baden.

Baden, J. (2006): *Die Kultur der neuen Gründer – eine empirische Untersuchung.* Magisterarbeit nicht veröffentlicht, Bremen.

Hofstede, G. (1996): *Cultures and Organizations: Software of the Mind.* USA: McGraw-Hill.

Hofstede, G. (2009): *Lokales Denken, globales Handeln: Interkulturelle Zusammenarbeit und globales Management.* München: dtv.

McKinsey & Company (2010): *Planen, gründen, wachsen: Mit dem professionellen Businessplan zum Erfolg.* München: Redline Verlag.

Kunst-Coaching. Ein kreatives Instrument der psychologischen Gründungsberatung

JOHANN CLAUSSEN

HERBERT FITZEK, BUSINESS SCHOOL POTSDAM, HOCHSCHULE FÜR MANAGEMENT (FH),
HERBERT.FITZEK@BUSINESSCHOOL-POTSDAM.DE

1. Gründungscoaching – Information und/oder Beratung

Junge Unternehmen brauchen eine kompetente Beratung, um erfolgreich zu sein. Für Hilfestellungen aller Art hat sich im Zusammenhang eines marktfähigen „Wordings" bereits vor etwa 20 Jahren der Begriff „Coaching" durchgesetzt – auch wenn vielfach unklar geblieben ist, welche Leistungen damit im Einzelnen beschrieben werden. Seither titulieren sich Berater von Unternehmen in der Gründungsphase – und allen kritischen Phasen der Folgezeit – gerne als „Coach". Sie bieten Betreuung und Begleitung an und rekrutieren sich entweder aus Unternehmensberatungen oder aus dem Markt der Selbstständigen.

Vielfach versprechen die Berater einen Strauß von Maßnahmen, die auf die in Frage kommenden Unternehmen individuell zugeschnitten werden können. Dazu gehören Leistungen in den Bereichen Marketing, Finanzierung oder Personalsuche, wobei dem Themengebiet prinzipiell keine Grenzen gesetzt sind. Das Coaching steht hinsichtlich des Unternehmenserfolges in gutem Ruf und wird oftmals durch staatliche oder private Mittel bezuschusst. Viele Institutionen leisten sich eigene Coachingbüros oder -initiativen, die alle Zweifelsfälle der Gründungsphase begleiten und mit Ratschlägen aller Art unterstützen.

Unbestritten spricht alles dafür, auch psychologische Hilfestellungen ins Portfolio zu übernehmen. Gründungsphasen sind Umbruchphasen und stellen Führungskräfte unter enormen persönlichen Druck, der eine fachkundige Begleitung des Veränderungsgeschehens wünschenswert erscheinen lässt. Coaches versorgen sich deshalb bereitwillig mit psychologischem Fachwissen und entsprechender personaler Kompetenz. Doch ist zu bezweifeln, ob sich „psychologisches Beratungswissen" in Abendkursen erlernen lässt, ebenso wie es fraglich ist, psychologische Hilfen in klassische (ökonomisch-administrative) Gründungsberatung zu integrieren. Aus unserer Sicht ist „psychologische Gründungsberatung" nicht ein Zusatzangebot, sondern prinzipiell unabhängig von (wenn auch zeitlich kombinierbar mit) der Nachrüstung von Gründern mit Gründungswissen.

Psychologische Angebote sind aus dem Grunde nicht integrierbar in „Starterpakete", weil sie ein anderes Herangehen an den Fall und auch eine andere „Haltung" zum Kunden voraussetzen. Beratung meint im psychologischen Sinne gerade nicht das Bereitstellen von Ratschlägen, sondern die Entwicklung von Lösungsperspektiven aus einem (ratschlagsfreien) Repertoire des persönlich Möglichen. Diese müssen in einem individuell zubereiteten Wirkungsraum zwischen Beratern und Klienten mit professionell-psychologischer Hilfe erschlossen, erfahren, häufig auch durchlitten werden.

Statt einer Versorgung mit Wissen, Ratschlägen und Strategien ist im Setting der psychologischen Beratung – seit den Tagen Sigmund Freuds – zunächst einmal Schweigen, Zuhören, Einlassen auf Klagen des Auftraggebers geboten. Statt eiliger, womöglich voreiliger Ergebnissuche richten Berater und Klienten in psychologischen Coachingangeboten allmählich eine Vertrauensbasis ein und entwickeln über Umwege gemeinsam Perspektiven und Umgangsformen für die anstehenden Aufgaben. Gründungsberatung im psychologischen Sinne steht im Zusammenhang einer Entwicklungsbegleitung, die weiter gefasst ist als ein kurzzeitiges Zuführen von Informationen. Das Konzept stellt vielmehr einen fokussierten Aspekt psychologischer Organisationsberatung dar, die im Folgenden kurz skizziert wird.

2. Integration in ein psychologisches Konzept der Organisationsentwicklung

Es gibt eine Vielzahl von Konzepten der Organisationsentwicklung und Unternehmensberatung. Vornehmlich wird aus betriebswirtschaftlicher Perspektive argumentiert und beraten. Diese Art der Organisationsentwicklung ist gerade in der Gründungsphase eines Unternehmens besonders wichtig, da es hier auszuloten gilt, ab wann eine Idee Erfolg verspricht und auch ökonomisch umsetzbar ist. Doch gerade am Anfang einer Unternehmensgründung, bei der man sich auf neues, unbekanntes, spannendes und anfänglich häufig sehr unwegsames Terrain begibt, kann eine psychologisch fundierte Organisationsberatung bzw. Organisationsbegleitung, mehr Halt geben und neue Chancen eröffnen. Ist es nicht gerade für junge Unternehmen sinnvoll, zusätzlich zu einer wirtschaftlichen Beratung mit „großväterlichen" Rat(-schlägen) eine psychologische Organisationsberatung zu nutzen, bei der geeignete Handlungsalternativen aus der gegründeten Organisation heraus entwickelt werden, um so das Unternehmen für den vermeintlichen harten Konkurrenzkampf im Alltag zu rüsten?

Wie aber muss ein angemessenes Konzept der Organisationsentwicklung aussehen, das in einer solchen Umbruchphase und Neuorientierung zugleich unterstützend wirkt und sinnvolle Veränderungsperspektiven aufzeigt?

Wie organisiert sich eine Organisation aus psychologischer Perspektive?

Das kulturpsychologische Konzept für Organisationen orientiert sich konzeptuell vor allem an der Gestaltpsychologie. Die Gestaltpsychologie geht weg von personalen Konzepten der Psychologie, hin zu Strukturen und Gestaltungsmöglichkeiten, die der Organisation jenseits von Geschäftsmodellen und Leitbildern als Kultivierungsgebilden innewohnen. Oder, wie der österreichische Philosoph Christian von Ehrenfels bereits vor 120 Jahren feststellte: „Das Ganze ist mehr als die Summe seiner Teile" (Ehrenfels 1890).

Dahinter steht das Forschungsinteresse der Psychologie, ein Bild der gelebten Wirklichkeit in der Organisation zu entwerfen. Da es nicht die eine Organisation gibt, existiert auch nicht die eine Definition für die Unternehmenskultur – diese zeigt sich vielmehr in jedem Aspekt der Organisation und jeder Tätigkeit der Mitarbeiter: „Im Rahmen einer Kulturpsychologie interessiert uns nun also nicht die objektive, sondern die subjektive Umwelt, als das Biotop im Sinne eines Handlungsfeldes. Dieses Handlungsfeld entspricht einem System von Symbolen; Umweltgegebenheiten, biotische Inhalte, sind Bedingungen, Instrumente oder Ziele von Handlungen und erhalten erst aus dieser Einbettung ihre Bedeutung. Sie sind, psychologisch gesehen, nicht Dinge an sich, sondern Repräsentanten von Systemen und Prozessen, die den Gegenstand selbst übergreifen" (Boesch 1980).

In diesem Zitat wird deutlich, dass es nicht darum geht, rein äußerliche und augenscheinlich sichtbare Dinge zu beschreiben und zu untersuchen, sondern die subjektiven Seiten, die den Systemen innewohnen. Um die dem System, sprich der Organisation, innewohnenden subjektiven Seiten erfahrbar und sichtbar zu machen, bedarf es einer qualitativ beschreibenden, ganzheitlichen, tiefen- und kulturpsychologischen Perspektive und Methode. Schon Kurt Lewins Schüler Edgar H. Schein hat in seinem Modell der drei Kulturebenen festgehalten, dass man die Geschehnisse und Phänomene im Organisationsfeld mit Hilfe von qualitativen Interviews erheben und dann angemessen beschreiben soll (vgl. Schein 1969).

Der Psychologe muss hierfür in das „Feld" des Unternehmens hineingehen und beobachten und analysieren, wie der gelebte Unternehmensalltag sich konkret gestaltet und welche Strukturen, Hierarchieebenen, Kommunikationsmuster und allgemeinen Umgangsformen sich in dieser Organisation zeigen (vgl. Fitzek 2011; Claussen 2011): Welche Dynamiken, Leitbilder und Visionen spielen eine Rolle bei der Gründung? Welche Tradition und Geschichte hat das Unternehmen bzw. haben die Gründer und welche Sehnsüchte und Ängste spielen eine Rolle bei der Gründung? Die Fragen der Psychologie verzichten auf vorschnelle Deutungen oder Erklärungen, sie lassen sich ein auf die Tiefe eines Wirkungsraums, der sich erst im ausdauernden Beobachten und Nachfragen entwickelt. Was in Tiefeninterviews erschlossen wird, ordnet sich im Beschreiben zu einer Wirkungswelt unbewusster Strukturen und Gestalten. Im Beschreiben äußert der Gegenstand über eine bloße Bestandsaufnahme hinaus den Kontext der Unternehmenskultur, ihre Spannungsverhältnisse und Wirkmechanismen.

Was kann eine psychologische Organisationsentwicklung leisten?

Methodisch formt sich die Analyse von Organisationskulturen zu einer vereinheitlichenden psychologischen Beschreibung aus. Hier werden die übergreifenden Züge und Spannungen, die in der Organisation wirksam sind, herausgearbeitet. Die vereinheitlichende Beschreibung kommt einer psychologischen Bestandsaufnahme gleich, die ein greifbares Bild vom gelebten Wirkungsraum der Organisation zeichnet: ein Bild, das die psychologische Dynamik in einem Unternehmen verdeutlicht und greifbar, und somit zugänglich für die weitere psychologische Arbeit, macht.

Wie oben erwähnt, handelt es sich dabei nicht um eine bloße Faktenanalyse. Gemeinsam mit den Auftraggebern wird ein beherrschendes Bild oder Spannungsmuster herausgearbeitet, welches die phänomenale Unternehmenswelt verdeutlicht, gewissermaßen die unbewussten Strukturen, nach denen sich das Unternehmen organisiert. Wir nehmen dabei bewusst Abstand von den rationalen und augenscheinlichen Parametern und nutzen den Wirkungsraum der beschriebenen Kultivierungsform als ein Bild der gelebten Wirklichkeit aus Fleisch und Blut.

Schon die bloße Skizzierung des Spannungsverhältnisses der gelebten Kultivierungsform, die den Umgang der Organisation mit der Wirklichkeit aufzeigt, eröffnet den Gründern eine neue Perspektive auf ihren Betrieb, auf ihr „Werk". Mit diesem psychologischen Bild kann man sich gemeinsam mögliche Chancen, aber auch Hindernisse und Fallstricke vor Augen führen, die vorher oftmals ausgeblendet wurden. Als Ist-Analyse der momentan gelebten und praktizierten Unternehmenskultur macht die gemeinsame Arbeit von Psychologen und Auftraggebern es möglich, aus der Unternehmung heraus Handlungsalternativen und gegebenenfalls Lösungs- und Zukunftsperspektiven zu entwickeln: den Alltag bewusster zu gestalten, wirksame Erfolgs- und Leitbilder der Organisation zu finden wie auch die Barrieren, die die Unternehmensdynamik bremsen, und die es gegebenenfalls zu justieren und zu verändern gilt. Psychologische Organisationsberatung eröffnet Ausblicke darauf, was möglich ist, und motiviert zu neuen und positiven Überlegungen in die Richtung: Was gibt der Organisation Saft und Kraft, aus welchen Leit- und Wunschbildern motiviert sich der Antrieb zur Leistung? Welche Ängste und Hemmnisse gibt es? Und wo hakt es, wo verkehrt sich möglicherweise Positives in Negatives? Gerade in Umbruchzeiten drängt die Frage, welche Strukturen hinderlich sind und welche das Unternehmen weiterbringen.

Der psychologische Blick auf die gelebten Strukturen im untersuchten Unternehmen bietet somit einen hervorragenden Anker- und Ausgangspunkt für konkrete Interventionen im Unternehmen. Ein kreatives Interventionsinstrument der psychologischen Organisations- und Gründungsberatung ist das Kunst-Coaching.

3. Kunst-Coaching – ein Interventionsinstrument in der psychologischen Gründungsberatung

Was kann eine psychologische Entwicklungsbegleitung vor dem Hintergrund des in Punkt eins und zwei geschilderten Konzeptes in der Arbeit mit einem Gründungsteam in der Praxis leisten?

Aus einer psychologischen Perspektive gesehen, befinden sich Gründerteams in einer besonderen Phase des Aufbruchs und des Aufbrechens: Wo kann und will ich hin? Gründer bewegen sich mit ihrem Tun oft auf absolutem Neuland – „nie dagewesenes Tun". Jeder

Einzelne im Team befindet sich in einer Konsolidierungsphase. Im Team stellt sich die Frage: Wer übernimmt welche Rollen? Wer gibt den Ton an? Welche Perspektiven und Kompetenzen kommen im Team zum Tragen? Muss jeder alles können?

Ein Gründungsteam sieht sich vor einer doppelten Herausforderung: sich nach Außen behaupten, seinen Platz im Markt finden, sowie sich nach Innen „aufstellen". In dieser Phase der Unsicherheiten fehlt oft ein geschützter Raum, in dem Gründerteams sich mit diesen Herausforderungen sinnstiftend und bereichernd auseinandersetzen können. In einer psychologischen Intervention geht es zunächst darum, dem Team, neben dem Leistungsrahmen, diesen geschützten Rahmen zu ermöglichen, in dem diese Teamfindungsprozesse bearbeitet werden können.

Die Rolle des Psychologen ist dabei die eines Begleiters auf Augenhöhe, der den Prozess durch Moderation, Beobachtung und Verdichtung stützt. Sein Ziel ist es nicht, dem Team ein Erfolgsmodell der Zusammenarbeit vorzugeben, sondern vorhandene Strukturen zu verdeutlichen und neue Perspektiven und Entwicklungsrichtungen herauszuarbeiten.

Im Rahmen des Kunst-Coachings beginnen wir den Coachingprozess mit der Betrachtung eines ausgewählten Kunstwerkes (vgl. Graubner et al. 2011). Das Medium Kunst als Interventionsinstrument ermöglicht es uns, den Beratungsprozess anzureichern und zu beschleunigen. Innerhalb von zwei Stunden durchläuft ein Gründerteam einen gemeinsamen Erlebensprozess vor einem Kunstwerk, der unmittelbar für die Beratung genutzt wird. Er eröffnet dem Team einen Blick auf seine Arbeitsstrukturen und Umgangsformen. Anhand konkreter Erlebensinhalte werden diese verbalisierbar und greifbar gemacht.

Durch die Kunstbetrachtung entsteht zunächst eine besondere Rezeptionsverfassung: Angefangen beim ersten Eindruck geraten die Teilnehmer mit dem Bild in eine Entwicklung. Scheinbar selbstverständlich Gesetztes wird im nächsten Moment in Frage gestellt, umgedeutet, mehrmals aufgebrochen und dann wieder zueinander in Beziehung gesetzt. Dabei vereinen Bilder oft Widersprüchliches und lassen die Komplexität der Wirklichkeit erfahren. Anstatt sich vorschnell für eine Position entscheiden zu müssen, ermöglicht uns das Bild, mehrere Sichtweisen zuzulassen und auszuprobieren. Das Erleben von Vielfalt und Perspektive gestaltet sich nicht losgelöst und beliebig, sondern steht immer in direktem Zusammenhang zum jeweiligen Bild. Jedes Kunstwerk beinhaltet eine eigene Grundthematik, die in der Betrachtung erfahren wird. Der Zugang zum Kunstwerk kann als kreative Methode der Selbstreflexion genutzt werden und gibt Einblick in persönliche Umgangsformen mit spezifischen Grundthematiken. Er bildet damit zunächst einen optimalen Ausgangspunkt für individuelle Coachingprozesse.

Die Streuung der Perspektiven um ein Kunstwerk macht im Gruppenkontext zudem darauf aufmerksam, ob Einheit oder Vielfalt von Perspektiven in einem Team vorherrschen. Denn ausgehend von ihren individuellen Erlebnissen geraten die Teammitglieder in einen Austauschprozess über verschiedene Umgangsformen und Herangehensweisen in der „Deutung" des Kunstwerks. Nach und nach bilden sich spezifische Strukturierungs- und „Lösungstendenzen" aus. Das Kunstwerk wird zu einer Art Plattform, auf der sich der Gestaltungsprozess des Teams entfaltet und beobachten lässt. Die Teilnehmer erleben an einem konkreten Erlebensprozess, wie sich „Wirklichkeit" in ihrem Team konstruiert und ausgestaltet. Aus diesem durchlebten Gestaltungsprozess vor dem Kunstwerk ergeben sich somit außer individuellen Arbeitsmöglichkeiten fruchtbare Ansätze, die spezifischen Umgangsformen des Teams zu reflektieren. Wie flexibel gestalten sich die Sichtweisen auf das Kunstwerk? Wie gestaltet sich der Verständigungsprozess zu verschiedenen Perspektiven aus? Welche Vielfalt an Betrachtungsweisen lässt die Gruppe zu? Entwickelt man ein gemeinsames Bild, das alle Sichtweisen in sich trägt?

In einem nächsten Schritt werden diese Zugangsweisen in konkrete Verbindung zur gelebten Teamkultur im Alltag gebracht: Wie reagiert das Team in anderen Situationen, in denen es keine vorgefertigten Lösungen gibt? Was passiert, wenn wir uns nicht vorschnell für eine Position entscheiden müssen, sondern beim eigenen Zugang beginnen und dann verschiedene Vorstellungen ausprobieren? Was entsteht, wenn wir alle Sichtweisen integrieren? Die viel geforderte Flexibilität eines Gründerteams kann hier geprobt und auf die Probe gestellt werden.

Diesen Prozess an einem Kunstwerk zu erleben, hat neben der konkreten Teamreflexion einen weiteren positiven Nebeneffekt hinsichtlich der Teambildung. Er selbst ist ein erstes gemeinsam durchlebtes und durchlittenes Werk, welches in einem geschützten Rahmen durch Offenheit und Vertrauen entstehen konnte. Besonders für „junge" Gründerteams sind diese Erfahrungen wichtige Schritte zu einer vertrauensvollen und tragfähigen Teamkultur.

Um das Verfahren genauer kennen zu lernen, ist es nötig, am Kunstcoaching selbst teilzunehmen und sich unter Anleitung von Psychologen mit einem konkreten Werk auseinanderzusetzen. Hier kann nur angedeutet werden, welcher Prozess beispielsweise anläuft, wenn sich Einzelne oder Gruppen mit Paul Klees „Hauptwegen und Nebenwegen" beschäftigen. Klee ist ein Musterbeispiel dafür, wie das Bildmotiv der Wege zum Schlüssel dafür wird, die eigene Perspektive ins Bild hinein wandern zu lassen, gerade und verwinkelte Wege in ihrem Horizont von Weite und Begrenztheit, Offenheit und Verschlossenheit, Faszination und Gefahr kennen (gegebenenfalls auch lieben) zu lernen. Paul Klee hat es selbst gewusst und benannt: Zu jedem Bild gehört ein Stuhl! Mit dem Abstand von zwei Generationen mag man hinzufügen: Gelegentlich schadet nicht ein Coach, der den Bildprozess anregt, begleitet und kreative Einfälle und Lösungen fördert.

Literatur- und Quellenverzeichnis

Boesch, E. E. (1980): *Kultur und Handlung. Eine Einführung in die Kulturpsychologie*. Wien: Huber.

Claussen, J. (2011): Erhebung der Unternehmenskultur eines E-Commerce Unternehmens aus wirtschafts- und kulturpsychologischer Perspektive. In: Reinhardt, R. (Hrsg.): *Tagungsband zur 16. Fachtagung der Gesellschaft für angewandte Wirtschaftspsychologie in Stuttgart, 11. - 12. Februar 2011*. Lengerich: Pabst

Ehrenfels, Chr. v. (1890): Über „Gestaltqualitäten". In. *Vierteljahrsschrift für wissenschaftliche Philosophie*. 14, 242-292.

Fitzek, H. (2011): Was ist praktisch an einer guten Theorie? Kurt Lewin und die Organisationsentwicklung. In: Reinhardt, R. (Hrsg.): *Tagungsband zur 16. Fachtagung der Gesellschaft für angewandte Wirtschaftspsychologie in Stuttgart, 11. - 12. Februar 2011*. Lengerich: Pabst.

Freud, S. (1912/43): Ratschläge für den Arzt bei der psychoanalytischen Behandlung. In: S. Freud: *Gesammelte Werke, Bd. VIII*. London: Imago, 376-387.

Graubner, E. / Laser, K. / Schoppe, G. / Zügge, P. (2011): Kunstcoaching als Zugang zur verbesserten Selbstreflexion. In: Reinhardt, R. (Hrsg.): *Tagungsband zur 16. Fachtagung der Gesellschaft für angewandte Wirtschaftspsychologie in Stuttgart, 11. - 12. Februar 2011*. Lengerich: Pabst.

Schein, E.H. (1969): *Process Consultation. Its Role in Organization Development*. Reading/Mass.: Addison-Wesley.

Bedeutung von Teamprozessen in technologischen Spin-off Teams in der Vorgründungs- und Gründungsphase

Dr. Kirsti Dautzenberg, Rambøll Management Consulting GmbH, Berlin,
kirsti.dautzenberg@r-m.com

Dipl.-Soz. Sylvia Schmid, Lehrstuhl für Innovationsmanagement und Entrepreneurship, Universität Potsdam, sylvia.schmid@uni-potsdam.de

1. Einleitung

In der Vergangenheit konzentrierte sich die Entrepreneurship-Literatur primär auf die individuellen Attribute und das Humankapital von Einzelgründern. Somit steht insbesondere die Persönlichkeit des Unternehmers im Mittelpunkt der Forschung und wird hinsichtlich der Eigenschaften Leistungswille, Risikobereitschaft, Kontrollüberzeugung, Autonomie und Selbstwirksamkeit untersucht (vgl. Stewart et al. 1998). In der Wirtschaftsrealität, insbesondere bei der Gründung von technologieorientierten Unternehmen, agieren jedoch überwiegend Unternehmerteams (vgl. Lechler / Gemünden 2003). Viele Studien im Bereich der Teamforschung konzentrieren sich auf den Teamaufbau, die internen Prozesse sowie die Team- und Unternehmenseffektivität (vgl. Schwarz et al. 2007; Lechler / Gemünden 2003; Shrader / Siegel 2007). Die Frage des Teamaufbaus ist eng verknüpft mit dem Begriff der Teamheterogenität bzw. dem der Teamdiversität. Die Forschung zur Teamheterogenität kann in zwei Dimensionen unterteilt werden. Die erste Dimension bezieht sich auf sichtbare Attribute, z. B. demographische Eigenschaften wie Alter, Geschlecht und ethnischer Hintergrund, sowie sichtbare tätigkeitsbezogene Attribute wie Ausbildung, Fach- und Gründungserfahrung (vgl. Pelled 1996). Die zweite Dimension bezieht sich auf weniger sichtbare Attribute wie Persönlichkeitseigenschaften und Wertvorstellungen sowie interne Teamprozesse (vgl. Harrison / Price / Bell 1998; Jackson / May / Whitney 1995; Milliken / Martins 1996). Teamprozesse sind durch allgemeine Vorstellungen, Ziele, Interaktion, Kommunikation, Vertrauen und Reaktionsvermögen gekennzeichnet (vgl. Brown 1998).

Oftmals fehlt Gründern im Technologiebereich, speziell in der frühen Gründungsphase, das Problembewusstsein hinsichtlich der Wirkung der Teamzusammensetzung auf die Teamprozesse. Dahingegen wird den Fragen der Ideengenerierung und Umsetzung sowie der Finanzierung ein deutlich höherer Stellenwert beigemessen. Das Bewusstsein für die Relevanz von Teamprozessen, wie z. B. die Kommunikation zwischen den Teammitgliedern, das Führungs- und Konfliktverhalten, die Kohäsion und das gemeinsame Entscheidungsverhalten, spielt jedoch schon in der frühen Phase einer Unternehmensgründung eine entscheidende Rolle und entscheidet oftmals über Erfolg oder Misserfolg einer Gründung.

Auf der Grundlage einer qualitativen Untersuchung von fünf Gründerteams, die sich in der Vorgründungs- bzw. frühen Phase der Gründung befinden, wird die Relevanz von Teamprozessen herausgearbeitet und diskutiert sowie eine Methodik zur Sensibilisierung und Verbesserung von Teamkompetenz erarbeitet.

2. Stand der Forschung

In der Forschung werden zwei Theorien zur Wirkung unterschiedlicher Teamzusammensetzung auf die Teamleistung diskutiert. Das Similarity-Attraction-Paradigma nach BYRNE besagt: Je ähnlicher sich Teammitglieder wahrnehmen, desto eher entsteht eine größere Anziehungskraft zwischen ihnen und desto stärker ist der Teamzusammenhalt (vgl. Byrne 1971). Individuen, die eine Ähnlichkeit in ihren demographischen Attributen aufweisen, treten somit leichter in einen stabilen Kontakt miteinander und interagieren häufiger. Gleichheit bestätigt die eigene Einstellung und Meinung und fördert das Verständnis für die Verhaltensweisen anderer Teammitglieder. Im Gegensatz dazu führt Ungleichheit zu Missverständnissen und wirkt sich negativ auf die Leistung des Teams aus (vgl. Cramer 2007). Forschungsstudien zeigen, dass homogene Teams Aufgaben, die ein koordiniertes Arbeiten der Teammitglieder erfordern, besser erledigen können als heterogene Teams (vgl. Horwitz 2005). Die Theorie unterstützt demnach eine negative Haltung gegenüber der Diversifikation in Teams und betont die Probleme der Unterschiedlichkeit.

Aufgrund der Einzigartigkeit, die ein jedes Mitglied in eine Gruppe einbringt, postuliert die Cognitive-Resource-Diversity-Theorie von COX und BLAKE hingegen, dass Verschiedenartigkeit positive Auswirkungen auf die Teamleistung hat (vgl. Cox / Blake 1991). Die zugrunde liegende Annahme ist, dass heterogene Teams Kreativität, Innovation und das Lösen von Problemen fördern und folglich fundiertere Entscheidungen treffen (vgl. Horwitz 2005). Studien, die diesem Ansatz folgen, konnten positive Effekte heterogener Teams auf den Teamerfolg nachweisen. Beispielsweise erhöht die Unterschiedlichkeit von Teammitgliedern die Vielfältigkeit der Ansichten, Wertvorstellungen und Erfahrungen, die Entwicklung von kreativen Ideen sowie die Qualität in Debatten und vermeidet einheitliches Gruppendenken (vgl.

Horwitz 2005). Diese Theorie unterstützt durchweg eine positive Haltung zur Diversifikation in Teams in Bezug auf die Teamleistung.

Teamprozesse bezeichnen diejenigen Aktivitäten innerhalb einer Gruppe, die zur Aufgabenerfüllung beitragen (vgl. Thunig 1999). Sie werden als soziale Interaktion zwischen den Teammitgliedern verstanden (vgl. Borcke 2008). Seit Mitte der neunziger Jahre wird der Zusammenarbeit in Gründerteams zunehmend Beachtung geschenkt. Komponenten wie Kohäsion, Kommunikation, Kooperation, Entscheidungen und Führung sind erfolgsrelevante Faktoren zur Beurteilung von Teamgründungen (vgl. Marks / Mathieu / Zaccaro 2001). Weitere Studien belegen einen Zusammenhang zwischen Teamprozessen und Unternehmenserfolg (vgl. Ensley / Pearson / Amason 2002; Schwarz et al. 2007, Spieker 2004). Interessanterweise wird die soziale Interaktion von den Gründerteams selbst nicht als Erfolgsfaktor wahrgenommen, weshalb die Prozesse innerhalb der Teams wenig thematisiert werden (vgl. Lechler und Gemünden 2003). Neben den allgemeinen Unsicherheiten einer Unternehmensgründung weist insbesondere die Anfangsphase eine verstärkte Komplexität und Ungewissheit auf (vgl. Spieker 2004).

3. Methode und Daten

Um die Relevanz von Teamprozessen zu untersuchen und eine Methodik zur Sensibilisierung und Verbesserung von Teamkompetenz zu erarbeiten, wurden fünf qualitative leitfadengestützte Gruppeninterviews mit jeweils zwei Mitgliedern von technologischen Spin-off Teams geführt. Die Teams setzen sich aus 2-4 Gründern zusammen, vier Teams sind in der Vorgründungsphase und ein Team hat bereits gegründet. Zwei der Teams sind im Bereich Biotechnologie, zwei im Bereich Kommunikationstechnologie und eines im Bereich Financial Research tätig. Alle haben ihren Standort in der Region Berlin/Brandenburg.

Die durchschnittliche Interviewdauer betrug ca. 60 Minuten. Die Interviews wurden parallel digital aufgezeichnet, anschließend transkribiert und mit Hilfe der qualitativen Inhaltsanalyse ausgewertet (vgl. Mayring 2007).

4. Ergebnisse

Konkret wurde die Relevanz der folgenden Teamprozesse untersucht:

- Kommunikation
- Kohäsion
- Verhalten bei Konflikten
- Entscheidungsfindung
- Führungsverhalten

Die genannte Reihenfolge der Prozesse entspricht der Bewertung ihrer Wichtigkeit durch die Befragten.

Kommunikation

Der Kommunikation kommt die wichtigste Rolle zu. Sie gilt als zentraler Erfolgsfaktor, wie die Interviews zeigen: „[...] Kommunikation. Das ist das A und O bei Technikern." Zwar bewerten die befragten Gründer den Prozess der Kommunikation ausnahmslos als den wichtigsten Prozess, in der Praxis gestaltet sich dieser jedoch nicht immer einfach. Da sich vier Teams in der Vorgründungsphase befinden, haben sie noch keine gemeinsamen Räumlichkeiten. Die Kommunikation findet überwiegend über das Internet bzw. Video-Konferenzen statt. Persönliche Treffen finden nur selten und nicht regelmäßig statt. Gefragt nach der Effizienz bestehender Kommunikationsprozesse, antwortete ein Gründer im Zweiergespräch „eher unstrukturiert", und der zweite Befragte bestätigte dies durch die Aussage „Das ist ein wunder Punkt [...]". Ein weiteres Team berichtete über ähnlich unausgereifte Kommunikationsstrukturen und plant zur Verbesserung die Einführung eines fest datierten wöchentlichen Treffens.

Kohäsion

Auch der Kohäsion und damit dem Zusammenhalt im Team wird von den Befragten eine sehr wichtige Bedeutung beigemessen. Gründe für den engen Zusammenhalt sind langjährige freundschaftliche Beziehungen durch gemeinsame Studienzeiten. Diese führen zu mehr Vertrauen, einem engeren Zusammenhalt und wirken positiv auf die Arbeitsmotivation und den Erfolg des Gründungsvorhabens. Ein Team spricht von einem guten Zusammenhalt aufgrund der Gegensätzlichkeit der Teammitglieder. „Also wir haben durchaus unterschiedliche Charaktere. Und ich glaube das ist ganz gut. Einer ist dabei, der sich ganz gerne in eine Aufgabe rein versteift, der die dann auch bis zur Perfektion löst [...]. Wir haben einen dabei, der auch mal ganz gerne die unangenehmen Aufgaben übernimmt." Im Ergebnis der Interviews zeigt sich, dass die Befragten ihre Leistung immer nach der Teamleistung bemessen und nicht nach der Leistung des Einzelnen. Dies kann als ein Maß für eine hohe Kohäsion im Team interpretiert werden.

Verhalten bei Konflikten

Konflikte treten in allen befragten Teams in Zusammenhang mit Finanzierungsfragen auf. Fehlende finanzielle Mittel rufen Konflikte hervor und können den Verlauf der Gründung negativ prägen. An dieser Stelle ist eine zielführende Konfliktlösung für das Überleben essentiell: „Und dann haben wir halt gemeinschaftlich entschieden: OK, wir müssen jetzt einen anderen Weg gehen, wir müssen uns finanzieren [...]. Wir können unser Produkt nicht mehr ganz als oberste Priorität sehen und wir müssen eben anderweitig Geld rein bringen. Und dann wurde praktisch ein Teammitglied freigegeben, dies zu machen. Der hat dann praktisch für alle Geld verdient und so wurde das dann gelöst. [...] und wichtig ist halt in solchen Situationen rational zu bleiben". In diesem Zusammenhang erachten die Gründer somit ein rationales Verhalten für die Lösung von Konflikten als wichtig.

Entscheidungsfindung

Das Treffen von Entscheidungen wird im Verlauf des Gründungsprozesses i. d. R. komplexer und somit auch die Entscheidungsfindung. Während zu Beginn des Gründungsprozesses die Entscheidungen vielfach gemeinschaftlich getroffen werden, entsteht zunehmend die Notwendigkeit, Entscheidungsbefugnisse Personen zuzuordnen: „Früher war es vielleicht eher so, dass man alles bis zum Ende durchdiskutiert hat, bis wirklich alle damit leben konnten. Jetzt ist es eher mal so, dass einer vielleicht mal sagt: 'OK, ich habe andere Sachen zu tun, die sind auch wichtig, dann lasse ich euch da die Freiheit, dann macht ihr das, nehmt ihr das in die Hand'." Dieses Zitat verdeutlicht, dass die Entscheidungsvollmacht nicht auf einen Einzelnen im Team übertragen werden sollte. Vielmehr ist es wichtig, dass alle Teammitglieder Entscheidungen treffen, je nach Kompetenz und Zuständigkeit.

Führungsverhalten

Vor allem zu Beginn eines Gründungsvorhabens ist eine Gleichverteilung von Macht und damit auch Führung oft wichtig. Hintergrund ist, dass die Gründer gleichberechtigt sind und gemeinsam Verantwortung für ihr Unternehmen tragen. Im weiteren Verlauf führen die unterschiedlichen Kompetenzen jedoch dazu, dass sich Zuständigkeiten herausbilden und damit einhergehend für Teilbereiche auch Führungsstrukturen. „X hat Schlüsselkompetenzen in Sachen Software. Weil er halt schon viel länger an dieser Software arbeitet. Und bei Software ist es einfach so: Je länger man dabei ist, desto besser kennt man das Objekt. Man kennt irgendwann alles, jede Kleinigkeit." Demnach wird demjenigen, der Fachwissen auf einem Gebiet besitzt, mehr Führungskompetenz und Autorität zugesprochen.

5. Schlussfolgerungen

Im Ergebnis kann festgehalten werden, dass die befragten Teams ausnahmslos großes Interesse und Offenheit hinsichtlich der untersuchten Prozesse zeigten. Die oftmals komplexen sozialen Interaktionen wurden innerhalb der Teams jedoch nicht bewusst wahrgenommen, hinterfragt und als relevant empfunden. Erst die Interviewsituation führte dazu, dass den Prozessen Relevanz beigemessen wurde. Somit liegt ein grundlegendes Problem in der mangelnden Wahrnehmung bzw. dem mangelnden Wissen um die Relevanz der Prozesse selbst. Die Ergebnisse der Untersuchung legen den Schluss nahe, dass eine Kombination aus Sensibilisierung hinsichtlich der Prozesse und Training von Teamkompetenz in der Vorgründungs- und Gründungsphase ein geeignetes Instrument zur Verbesserung der Erfolgswahrscheinlichkeit bzw. Nachhaltigkeit einer technologieorientierten Unternehmensgründung darstellt.

Literatur- und Quellenverzeichnis

Borcke, P. v. (2008): *Promotoren im Entwicklungsprozess innovativer Unternehmensgründungen: Eine empirische Untersuchung.* Baden-Baden: Deutscher Wissenschafts-Verlag.

Brown, R. (1998): *Group processes. Dynamics within and between groups.* Oxford: Blackwell Publishers.

Byrne, D. E. (1971): *The attraction paradigm.* New York: Academic Press.

Cox, T. / Blake, S. (1991): Managing cultural diversity: Implications for organizational competitiveness. In: *Academy of Management Executive.* 5, 3, 45-56.

Cramer, T. (2007): *Interkulturelle Zusammenarbeit in multinationalen Teams.* München: GRIN Verlag.

Ensley, M. D. / Pearson, A. W. / Amason, A. C. (2002): Understanding the dynamics of new venture top management teams. Cohesion, conflict, and new venture performance. In: *Journal of Business Venturing.* 17, 4, 365-386.

Harrison, D. A. / Price, K. H. / Bell, M. P. (1998): Beyond relational demography: Time and the effects of surface- and deep-level diversity on work group cohesion. In: *Academy of Management Journal.* 41, 1, 96-107.

Horwitz, S. K. (2005): The compositional impact of team diversity on performance: Theoretical considerations. In: *Human Resource Development Review.* 4, 2, 219-245.

Jackson, S. E. / May, K. E. / Whitney, K. (1995): Understanding the dynamics of diversity in decision-making teams. In: Guzzo, R. A. / Salas, E. (eds.): *Team effectiveness and decision making in organizations.* San Francisco: Jossey-Bass.

Lechler, T. / Gemünden, H. G. (2003): *Gründerteams: Chancen und Risiken für den Unternehmenserfolg.* Heidelberg: Physica-Verlag.

Marks, M. A. / Mathieu, J. E. / Zaccaro, S. J. (2001): A temporally based framework and taxonomy of team processes. In: *Academy of Management Review*. 26, 3, 356-376.

Mayring, P. (2007): *Qualitative Inhaltsanalyse. Grundlagen und Techniken*. Weinheim / Basel: Beltz Verlag.

Milliken, F. J. / Martins, L. L. (1996): Searching for common threads: Understanding the multiple effects of diversity in organizational groups. In: *Academy of Management Review*. 21 2, 402-433.

Pelled, L. H. (1996): Demographic diversity, conflict, and work group outcomes: An intervening process theory. In: *Organization Science*. 7, 6, 615-631.

Schwarz, E. J. / Almer-Jarz, D. A. / Harms, R. / Breitenecker, R. J. (2007): Strukturen und Prozesse in Gründerteams als Determinanten des frühen Unternehmenserfolges. In: Letmathe, P. / Eigler, J. / Welter, F. / Heupel, T. / Kathan, D. (Hrsg.): *Tagungsband Siegener Mittelstandstagung 2006*. Wiesbaden: DUV.

Shrader, R. / Siegel, D. S. (2007): Assessing the relationship between human capital and firm performance: Evidence from technology-based new ventures. In: *Entrepreneurship Theory and Practice*. 31, 6, 893-908.

Spieker, M. (2004): *Entscheidungsverhalten in Gründerteams: Determinanten, Parameter und Erfolgsauswirkungen*. Wiesbaden: DUV.

Stewart Jr., W. H. / Watson, W. E. / Carland, J. C. / Carland, J. W. (1998): A proclivity for entrepreneurship: A comparision of entrepreneurs, small business owners, and corporate managers. In: *Journal of Business Venturing*. 14, 2, 189-214.

Thunig, K. (1999): *Erfolgsfaktoren für die Zielerreichung in Teams: Eine empirische Untersuchung am Beispiel von teilautonomen Fertigungsteams*. Frankfurt am Main: Peter Lang.

Möglichkeiten und Grenzen des CAIPO-Modells als Evaluationsbasis für ein interfakultäres Entrepreneurship Ausbildungskonzept

DR. TINA GRUBER-MÜCKE, INSTITUT FÜR UNTERNEHMENSGRÜNDUNG UND UNTERNEHMENSENTWICKLUNG, JOHANNES KEPLER UNIVERSITÄT LINZ, ÖSTERREICH, TINA.GRUBER-MUECKE@JKU.AT

UNIV.-PROF. DR. NORBERT KAILER, INSTITUT FÜR UNTERNEHMENSGRÜNDUNG UND UNTERNEHMENSENTWICKLUNG, JOHANNES KEPLER UNIVERSITÄT LINZ, ÖSTERREICH, NORBERT.KAILER@JKU.AT

MAG. ALEXANDER STOCKINGER, WIRTSCHAFTSKAMMER OBERÖSTERREICH, GRÜNDERSERVICE, ALEXANDER.STOCKINGER@WKOOE.AT

1. Einleitung

Der Gründungsdynamik kommt in Österreich insbesondere nach der Wirtschaftskrise eine besondere Bedeutung zu. Dies lässt sich mit den positiven Effekten wie etwa der Schaffung von Arbeitsplätzen, dem Strukturwandel und der Steigerung des Wirtschaftswachstums begründen. Besonders gestiegen ist dabei das Interesse an neuen und innovativen Unternehmen und der Förderung der Infrastruktur für derartige Neugründungen, beispielsweise durch Steuererleichterungen.

Allerdings stellt sich die Frage, wie nicht nur die Zahl der Unternehmensneugründungen erhöht, sondern auch deren Überleben nachhaltig gesichert werden kann. Einen besonderen Stellenwert nimmt in der Diskussion in der Literatur dabei die Thematik der Entwicklung der Gründungskompetenz ein. So belegen zahlreiche Studien einen engen Zusammenhang zwischen der unternehmerischen Kompetenz auf der einen Seite und dem damit verbundenen Unternehmenserfolg auf der anderen Seite (vgl. Kailer2006: 2).

Illustrierend dafür sei die Studie von Brinckmann, Salomo und Gemünden angeführt, die belegt, dass die Managementkompetenz die umfassende unternehmerische Kompetenz darstellt, um junge Unternehmen erfolgreich zu gründen und zu entwickeln (vgl. Brinckmann / Salomo / Gemünden 2006: 16ff.). Dies ist auch für die Gestaltung von Weiterbildung, Training, Coaching, Information und Unterstützung in der Praxis relevant, sollen diese Angebote doch zielgerichtet auf die Bedürfnisse der JungunternehmerInnen ausgerichtet sein.

2. Evaluation von Entrepreneurship Education Konzepten

Wie bereits in der Einleitung erwähnt, steigt das volkswirtschaftliche Interesse an der Ausbildung zur UnternehmerIn, begleitet von einem zunehmenden wissenschaftlichen Interesse, welches sich in einer zunehmenden Anzahl von Publikationen im Themenfeld „Entrepreneurship Education" widerspiegelt. Die Entrepreneurship Education spannt zwar einen breiten Bogen über eine Vielzahl von Ausbildungsmerkmalen, dennoch lassen sich zwei Schwerpunkte ausmachen. Einerseits sind alle Entrepreneurship Programme aufgefordert, die nötigen Kenntnisse und Fertigkeiten zur Gründung und Führung von Unternehmen zu vermitteln. Andererseits soll die Gründungsmotivation von Studierenden gefördert und erhöht werden (vgl. Schulte 2007: 257). In diesem Zusammenhang spricht Todorovic von einer statischen und einer dynamischen Komponente, wobei erstere die Theorie und das Fachwissen umfasst, während letztere praktisches/angewandtes Wissen einschließt, das beispielsweise mittels Fallbeispielen abgebildet werden kann (vgl. Todorovic 2007: 127ff.).

Da vor allem im Hightech-Bereich Unternehmensgründungen durch HochschulabsolventInnen erwartet werden, müssen sich auch Hochschulen der Herausforderung der Entrepreneurship Education stellen und ein geeignetes Konzept dafür finden. Denn gerade die fachlich-theoretische Kompetenz, die große Zahl potentieller Gründungsinteressierter, die bereits bestehenden Verbindungen zu Forschungsinstituten und die Entwicklung neuer, innovativer Produkte und Dienstleistungen durch HochschulabsolventInnen lassen auf schnelles Wachstum und vor allem auch auf nachhaltige Unternehmenserfolge schließen. Weltweit gibt es an Universitäten bereits verschiedene Ansätze und Methoden, wie Entrepreneurship an Hochschulen gelehrt werden kann. Als Vorbild für die Entrepreneurship Education werden oft US-Hochschulen genannt (vgl. Walterscheid 1998: 3).

Entrepreneurship Education stellt mittlerweile eine eigene Wachstumsbranche dar, da es immer mehr Angebote in der Aus- und Weiterbildung gibt. Gleichzeitig weist die Evaluation eben dieses Bildungsangebots im Bereich der Entrepreneurship Education ein besonderes Defizit auf. Durch die Evaluierung von angebotenen Programmen kann überprüft werden, ob auch tatsächlich quantitative sowie qualitative Erfolge nachzuweisen sind. Außerdem können dadurch beobachtete Stärken und Schwächen analysiert und Gestaltungsvorschläge für zukünftige Programme gegeben werden. So ermöglicht eine Evaluation eine effiziente und qualitative Verbesserung der Entrepreneurship-Lehre.

Kailer und Neubauer stellen jedoch fest, dass bisher kaum Analysen über Berufswege von AbsolventInnen vorliegen. Auch über Gründungszahlen, die aus Entrepreneurship Programmen resultieren, bzw. über Zahlen von Unternehmen, in denen ein längerfristiger wirtschaftlicher Erfolg zu verzeichnen ist, sind nur selten Informationen zu finden (vgl. Kailer / Neubauer 2008: 69). Und genau darin liegt das Problem: Es werden zwar zahlreiche Trainings und Weiterbildungsmaßnahmen angeboten, aber nur wenige Programme werden auch auf ihre Qualität und Effizienz hin überprüft. Aus diesem Grund wird die Evaluation und die Messung von Erfolgen von Aus- und Weiterbildungsmaßnahmen Inhalt dieses Beitrags sein.

Einen sehr speziellen und interessanten Aspekt stellt die Evaluation der Entrepreneurship Education an Hochschulen dar, da vor allem an diesen eine bestmögliche Lehre gewährleistet sein soll. Diese lässt sich allerdings nur dann effizient verbessern, wenn angebotene Kurse, Seminare oder Lehrveranstaltungen hinsichtlich ihrer Wirksamkeit evaluiert werden. Beim problembasierten Lernen in der Entrepreneurship Education übernehmen die Lernenden eine aktive Rolle, was deren Interesse und die intrinsische Motivation steigert. Komplexe Aufgaben und Lösungen, die aus dem Leben gegriffen sind, stehen im Mittelpunkt. Das soziale Lernen wird angeregt, weil die Kommunikation zwischen Studierenden unterschiedlicher Fachrichtungen (Betriebswirtschaft und Technik) sowie die Kollaboration durch diese Lernform unterstützt werden. Der/die Studierende wird gefordert, da er selbstständig über das komplexe Problem reflektieren und seine Reflexionen in die Gruppe einbringen muss. Im Sinne des konstruktivistischen Lernens wird dadurch aktiv Neues mit bestehendem Wissen verknüpft und an die spezielle Situation angepasst. Ein Problem bestand bis dato in der Evaluierung derartiger problembasierter Lernkonzepte im Hinblick auf das Gesamtkonzept, um daraus Handlungs- und Gestaltungsempfehlungen, respektive Adaptionsbedarf abzuleiten.

Daher rückt dieser Beitrag die modellgestützte Evaluation von Entrepreneurship Education Konzepten ins Zentrum. Mit dem Problem der Evaluation sind drei elementare Fragestellungen verbunden. Zunächst dient die Evaluation bei ihrem Einsatz als Planungs- und Entscheidungshilfe, weshalb es immer wieder um ein Bewerten von Handlungsalternativen geht. Darüber hinaus stellt sich die Frage nach Ziel und Zweck der Evaluation, besteht doch ein vorrangiges Ziel darin, praktische Handlungen zu überprüfen, zu optimieren und letztendlich über sie zu entscheiden. Die dritte Frage schließlich, die zu beantworten ist, betrifft den Kontext der Evaluation, insbesondere den methodischen Rahmen. So sollte eine Evaluation dem aktuellsten Stand wissenschaftlicher Techniken und Forschungsmethoden angepasst sein (vgl. Wottawa / Thierau 1998: 14).

Die Autoren des vorliegenden Beitrags führten eine Evaluation des am Lehrstuhl angebotenen Ausbildungskonzepts „Innovation Lab" durch (http://urbact.eu/fileadmin/Projects/FIN-

URB-ACT/Thematic Paper XI Communication.pdf). Als Evaluationsbasis und handlungsleitendes Evaluationsmodell wurde das CAIPO-Modell nach Easterby-Smith gewählt. Gründe dafür sind die klare Struktur dieses Modells und der Umstand, dass es sowohl die Rahmenbedingungen der Entrepreneurship Education an der Hochschule als auch die konkrete Umsetzung der Lehrveranstaltung sowie den Prozess und die Ergebnisse berücksichtigt.

Im Detail betrachtet Easterby-Smith bei der Kontext-Ebene (Context) die Umstände außerhalb des jeweiligen Projektes. Für das Innovation Laboratorium stellt sich also die Frage, warum das Programm gestartet wurde und welche Investoren (im konkreten Fall Partnerorganisationen) vorhanden sind. Analysiert werden dabei nicht nur die Ziele, sondern auch die Frage nach der Zielsetzung der Evaluierung des Innovation Laboratoriums.

Die Administrations-Ebene (Administration) ist gerade bei Entrepreneurship Education Konzepten wesentlich, da eine praxisnahe Maßnahme wie das Innovation Laboratorium, bei dem es um problembasiertes Lernen geht, die Frage aufwirft, welche Art von Training stattfinden soll und welche Maßnahmen hinsichtlich technischer Aspekte, TeilnehmerInnen-Auswahl und Materialerstellung ergriffen werden müssen. Die Evaluation umfasst damit einerseits nachfrageorientierte Fragen, etwa nach den Motivationen, die Studierende haben, um am angebotenen Programm teilzunehmen. Andererseits werden auch angebotsorientierte Fragen, etwa nach den Kriterien für Auswahl, Ablauf sowie Vor- und Nachbereitungen der Aktivitäten im Rahmen des Innovation Laboratoriums, behandelt.

Bei der Evaluation der Input-Ebene geht es nach Easterby-Smith um die Methoden, Techniken und Personen, die das Programm gestalten. Von Bedeutung erschien beim Innovation Laboratorium vor allem der Aspekt der Interdisziplinarität der Inputs, da es zwei Zielgruppen von Studierenden adressiert: Studierende der Technik- und Naturwissenschaften sowie Studierende der Sozial- und Wirtschaftswissenschaften. Damit verbundene Fragen waren, welche Auswirkungen unterschiedliche Methoden haben können (insbesondere unter Berücksichtigung der unterschiedlichen Vorkenntnisse) und welche Meinungen sich die TeilnehmerInnen zu den Fallstudien, Rollenspielen und TutorInnen des Programms bilden (vgl. Easterby-Smith 1986: 49f.).

Die Prozess-Ebene (Process) befasst sich mit Vorgängen während des Trainings, ihrer Beschreibung, Interpretation und Erklärung (vgl. Easterby-Smith 1986: 49f.). Dabei unterscheidet Easterby-Smith drei Sichtweisen: Erstens soll der Lern- und Entwicklungsprozess beschrieben werden. Zweitens geht es um das Verstehen von Erfahrungen oder Aktivitäten. Und drittens ist es schließlich wichtig, dass beobachtet wird, wie sich Prozesse entwickeln, wenn bspw. Interaktionsprozesse oder auch Konflikte auftreten (vgl. Easterby-Smith 1986: 50f.).

Die Outcome-Ebene (Outcome) des Modells stellt sich durch den Begriff „Outcome" als sehr komplex dar. Easterby-Smith unterscheidet zwischen dem Potential eines/einer TeilnehmerIn und der Implementierung dieses Potentials in Form von Verhalten, Beziehungen, Arbeitseinstellung usw. An dieser Stelle zeigt sich das Problem des „Transfer of Training", wenn bspw. eine Person nicht die Möglichkeit bekommt, dieses Potential frei zu entfalten und zu nutzen (vgl. Easterby-Smith 1986: 51ff.).

3. Durchführung der Evaluation und Schlussfolgerungen

Die Autoren führten unter Zugrundelegung des Modells von Easterby-Smith und nach der Durchführung von Pre-Tests eine schriftliche Befragung von 138 AbsolventInnen des Innovation Laboratoriums durch. Dabei ergab sich eine Rücklaufquote von 28,19%, was 42 beantworteten Fragebögen entspricht.

a) Kontext-Ebene

Bei der Kontext-Ebene stand die Evaluation des interfakultären Aufbaus der Lehrveranstaltung im Zentrum. Die Studierenden sollten durch die aktive gemeinsame Arbeit an einer konkreten Gründungsidee voneinander lernen. Durch die Evaluation der Lehrveranstaltung sollte überprüft werden, ob durch die Teilnahme am Innovation Laboratorium Veränderungen hinsichtlich der Gründungskompetenz der Studierenden zu erkennen sind.

b) Administrations-Ebene

Diese Ebene behandelte die Fragen, welche Motivationen die TeilnehmerInnen hatten, am Innovation Laboratorium teilzunehmen, und welche Kriterien es für die Auswahl, den Ablauf sowie die Vor- und Nachbereitungen von Aktivitäten gab.

c) Input-Ebene

Bei der Input-Ebene wurden die Methoden, Techniken und Personen, die das Programm gestalten, evaluiert. Besonders hervorgehoben wurden dabei seitens der Studierenden die Möglichkeit der abwechslungsreichen Gestaltung der Inhalte und die Möglichkeit des problembasierten Lernens.

d) Prozess-Ebene

Dieser Bereich befasste sich mit den Vorgängen während des Trainings. So wurden hier beispielsweise Lern- und Entwicklungsprozesse behandelt. Eigene Erfahrungen aus dem Lernkontext wurden hier von den Studierenden angemerkt.

e) Outcome-Ebene

Durch diese Ebene sollten die in der Forschungsfrage genannten Ziele überprüft werden. Es sollte analysiert werden, welche Potentiale entwickelt werden konnten und was tatsächlich gelernt wurde. Dabei wurde eine Skalierung auf Basis des KODE-X Gründungskompetenzmodells verwendet. Zudem konnten qualitative Aussagen der Studierenden gewonnen werden.

Ohne hier auf die Evaluationsergebnisse im Einzelnen einzugehen, lässt sich zusammenfassend festhalten, dass sich das CAIPO-Modell als Evaluationsmodell insbesondere für ein interfakultäres Ausbildungskonzept in der Entrepreneurship Education eignet. Begründen lässt sich das damit, dass nicht nur die Inhalte des Innovation Laboratoriums evaluiert, sondern auch umfeldrelevante Aspekte des Lehrveranstaltungskonzeptes strukturiert einbezogen werden konnten. Methodisch lässt sich herausheben, dass sich dieses Modell auch für webbasierte Evaluierungstools einsetzen lässt – was bei einer Umsetzung den Prozess der Bewertung optimiert und die gewonnenen Daten einer Verdichtung zugänglich macht. Damit lässt sich – eingesetzt über mehrere Semester – klar und übersichtlich ein anschauliches Bild der Veränderung der bewerteten Parameter zeichnen. Erwähnt werden sollte darüber hinaus, dass durch diese Vorgehensweise eine 360-Grad-Bewertung möglich wird: Sowohl die Blickwinkel der Studierenden als auch des Lehrpersonals und der einbezogenen Gastvortragenden können hier mit dem einmaligen Einsatz des Instruments berücksichtigt und einer Analyse zugänglich gemacht werden.

Einschränkend muss festgehalten werden, dass dem Einsatz des CAIPO-Modells für die Evaluation von Lehrveranstaltungskonzepten wie dem „Innovation Lab" auch Grenzen gesetzt sind. So bestand im konkreten Fall bei einer Lehrveranstaltung, die auf problembasiertem Lernen aufbaut, nur die Möglichkeit, eine Evaluation nach deren Abschluss und somit ex post durchzuführen, weshalb wichtige Entwicklungsprozesse und Vergleichsdaten nicht erhoben werden konnten. Für zukünftige Evaluationen im Bereich der Entrepreneurship Education soll deshalb angemerkt werden, dass – wenn möglich – eine Vorher-Nachher-Messung oder der Einsatz von Kontrollgruppen angestrebt werden sollte, um vertiefte Daten zu erhalten.

Literatur- und Quellenverzeichnis

Bergmann, B. (1999): *Training für den Arbeitsprozess. Entwicklung und Evaluation aufgaben- und zielgruppenspezifischer Trainingsprogramme.* Zürich.

Braun, G. (2005): Lernen aus der Evaluation internationaler Entrepreneurship Trainingsprogramme. In: Anderseck, K. / Walterscheid, K. (Hrsg.): *Gründungsforschung und Gründungslehre. Zwischen Identitätssuche und „Normalwissenschaft".* Wiesbaden, 179-204.

Brinckmann, J. / Salomo, S. / Gemünden H. G. (2006): Managementkompetenz in jungen Technologieunternehmen. In: Achleitner, A.-K. / Klandt, H. / Koch, L. T. / Voigt, K.-I. (Hrsg.): *Jahrbuch Entrepreneurship 2005 /2006. Gründungsforschung und Gründungsmanagement.* Berlin / Heidelberg, 15-37.

Cronbach, L. (2000): Course improvement through evaluation, in: Stufflebeam, D. F. / Madaus, G. F. / Kellaghan, T. (eds.): *Evaluation Models. Viewpoints on Educational and Human Services Evaluation.* 2nd ed., Boston / Dordrecht / London, 235-248.

Easterby-Smith, M. (1986): *Evaluation of Management Education, Training, and Development.* Altershot / Brookfield.

European Commission; Enterprise Directorate-General (2004): *Final Report of the Expert Group „Education for Entrepreneurship.* Bruxelles.

Kailer, N. (2005a): Konzeptualisierung der Entrepreneurship Education an Hochschulen: Empirische Ergebnisse, Problemfelder und Gestaltungsansätze. In: *Zeitschrift für KMU und Entrepreneurship.* 3/2005, 165-184.

Kailer, N. (2005b): *Unternehmerausbildung an Hochschulen. Empirische Ergebnisse, Problemfelder und Gestaltungsmöglichkeiten.* URL: http://www.ibw.at/ibw_mitteilungen/art/gast_166_05_wp.pdf (18.08.2008)

Kailer, N. (2006): *Entrepreneurship Education an Hochschulen. Evaluationsprobleme und – konzepte.* URL: http://www.kmu.unisg.ch/rencontres/RENC2006/Topics06/A/Rencontres_2006_Kailer.pdf (16.05.2008)

Kailer, N. (2007): Evaluation of Entrepreneurship Education. Planning Problems, Concepts and Proposals for Evaluation Design. In: Fayolle, A. (ed.): *Handbook of Research in Entrepreneurship Education* Volume 2, Contextual Perspectives, Cheltenham / Northampton, 221-242.

Kailer, N. / Neubauer, H. (2008): Entrepreneurship Education an Hochschulen. Empirische Erkenntnisse, Designansätze und Implementierungsvorschläge. In: *Zeitschrift für KMU und Entrepreneurship.* Special Issue 7, 57-73.

Kromrey, H. (2001): Evaluation – ein vielschichtiges Konzept. Begriff und Methodik von Evaluierung und Evaluationsforschung. Empfehlungen für die Praxis. In: *Sozialwissenschaften und Berufspraxis*, 2/2001, 105-131.

Schulte, R. (2007): Kann man Entrepreneurship an Universitäten lehren? Überlegungen zur akademischen Ausbildung im unternehmerischen Denken und Handeln. In: Raich, M./ Pechlaner, H. / Hintergruber, H. H. (Hrsg.): *Entrepreneurial Leadership. Profilierung in Theorie und Praxis.* Wiesbaden, 257-276.

Todorovic, Z. W. (2007): The Framework of static and dynamic components: an examination of entrepreneurial orientation and university ability to teach entrepreneurship. In: Fayolle, A. (ed.): *Handbook of Research in Entrepreneurship Education*, Volume 1, A General Perspective, Cheltenham / Northampton, 127-139.

Walterscheid, K. (1998): *Entrepreneurship Education als universitäre Lehre*. Diskussionsbeitrag Nr. 261, Hagen.

Wottawa, H. / Thierau, H. (1998): Lehrbuch Evaluation, 2., vollständig überarbeitete Auflage, Bern / Göttingen / Toron.

Fallbasiertes Lernen in der dualen Ausbildung und Hochschulausbildung

DR. DOREEN HOLTSCH, AKADEMISCHE RÄTIN AN DER PROFESSUR FÜR WIRTSCHAFTSPÄDAGOGIK UND PERSONALENTWICKLUNG, GEORG-AUGUST-UNIVERSITÄT GÖTTINGEN, DOREEN.HOLTSCH@WIWI.UNI-GOETTINGEN.DE

1. Einleitung

In einer empirischen Untersuchung bei Auszubildenden in der kaufmännischen dualen Berufsausbildung wurde festgestellt, dass sich unter anderem positive Rollenvorbilder förderlich auf die Gründungsabsichten der Jugendlichen auswirken (vgl. Holtsch 2008). Positive Rollenvorbilder sind Unternehmensgründer oder Unternehmer, die ein Produkt oder eine Dienstleistung erfolgreich am Markt etabliert haben. Allerdings können auch Unternehmer mit Scheiternserfahrungen in positiver Weise reflektiert und damit zu einem positiven Rollenvorbild werden. Losgelöst von der Qualität der Erfahrungen, gibt es verschiedene Möglichkeiten, Lernenden unternehmerische Erfahrungen zugänglich zu machen. Beispielsweise können unternehmerische Erfahrungen und Herausforderungen mittels Fallstudien im Berufsschulunterricht und in der Hochschullehre integriert werden.

2. Zur Fallstudienarbeit in beruflichen Schulen und Hochschulen

In Fallstudien werden vielschichtige und reale Situationen nachgestellt, für die Lernende eine oder mehrere Lösungen finden müssen. Fallstudien werden mit unterschiedlichen Schwerpunkten aufbereitet. Die folgende Tabelle gibt einen kurzen Überblick über eine mögliche Systematisierung von Fallstudien (Tabelle 1). Dabei werden die Fallstudien z. B. nach der unterschiedlich akzentuierten Darstellung des Problems, den Informationen und der zu entwickelnden Lösung systematisiert.

Methode	Fallproblem	Informationen	Lösung	Lösungskritik
Case-Study-Method (klassische Harvard-Methode)	Schwerpunkt: Problemanalyse	+	-	Lösungsvergleich
Case-Incident-Method (Vorfallmethode oder Ereignisstudie)	+/-	Schwerpunkt: Informations-beschaffung	-	
Case-Problem-Method (älteste)	+	+	Schwerpunkt: Lösung ermitteln	Lösungsvergleich
Stated-Problem-Method	+	+	+	Schwerpunkt: Lösungskritik

Legende: + (in der Fallstudie vorhanden)   - (in der Fallstudie nicht vorhanden)   +/- (in der Fallstudie unvollständig vorhanden)

Tab. 1: Systematisierung von Fallstudien (in Anlehnung an Kaiser / Kaminski 1999: 148)

Fallstudien bestehen aus verschiedenen Teilen. Einer kurzen Unternehmensdarstellung folgt meist die mehr oder weniger komplexe Fallbeschreibung. Wenn das Fallproblem nicht explizit genannt wird – wie bei der klassischen Harvard-Methode – liegt der Schwerpunkt auf der Analyse des Problems. Wenn ergänzende Informationen für die Lösung der Fallstudie angeboten werden, sind im Anhang unternehmensbezogene Daten zusammengestellt. Dazu gehören zum Beispiel Bilanzen, Gewinn- und Verlustrechnungen, Organigramme, Stellenbeschreibungen etc. Liegt der Schwerpunkt der Fallstudie auf der Informationsbeschaffung, dann müssen Hintergrundinformationen in verschiedenen anderen Quellen recherchiert werden. Dem Lehrenden steht zusätzlich noch eine Teaching Note zur Verfügung, in der Hinweise zur Lösung der einzelnen Aufgabenstellungen gegeben werden. Die Musterlösung fasst die wesentlichen Ergebnisse der Fallstudie zusammen. Ziel der Fallstudie kann sein, die vorhandene reale Lösung den in den Kleingruppen gefundenen Lösungen gegenüberzustellen.

Die Fallstudienarbeit ist im Hochschulbereich im Rahmen von Lehrveranstaltungen relativ gut etabliert, während sie im berufsschulischen Unterricht eher selten angewendet wird. Meist weichen Lehrer in Ermangelung von realen Unternehmensdaten oder abgeschreckt von der zeitintensiven Vorbereitung, Überarbeitung vorhandener Fallstudien und Durchführung auf alternative methodische Vorgehensweisen im Unterricht aus (vgl. Seifried 2008). Es gibt jedoch gute Argumente für die Entwicklung und den Einsatz von kurzen Fallstudien im Unterricht. Der durchaus hohe Aufwand für die Erarbeitung einer komplexen und realistischen Fallstudie ist zwar nicht von der Hand zu weisen, denn die Interviews mit Unternehmern und die didaktische Aufbereitung von Unternehmensdaten benötigen viel Zeit und Abstimmungsarbeit. Gleichzeitig gewinnt der Lehrende mit den Recherchen jedoch Erfahrungen aus erster Hand und kann diese nicht nur in die Fallstudie, sondern auch in die Lehre bzw. den Unterricht integrieren. Als ein weiterer Grund gegen den Fallstudieneinsatz wird angeführt, dass in Fallstudien keine aktuellen und keine repräsentativen Ergebnisse der unternehmerischen Realität präsentiert werden. Dem ist allerdings entgegenzuhalten, dass Lehrende und Lernende von der Erstellung einer Fallstudie längere Zeit und wiederholt profitieren können. Die Probleme, die in Fallstudien aufbereitet vorgestellt werden, sind in der Regel typische unternehmerische Situationen und Herausforderungen, die sich unabhängig vom Unternehmen wiederholen. Die zu lösenden unternehmerischen Entscheidungsprobleme sind exemplarisch für viele Unternehmen und bedürfen nicht in jedem Fall eines aktuellen Kontextes.

3. Lessons Learned in der Universität Rostock

Studierende der Wirtschaftspädagogik werden an der Hochschule auf ihre spätere Tätigkeit als Lehrende an kaufmännischen beruflichen Schulen vorbereitet. Zu dieser Tätigkeit gehören auch die Vorbereitung und der Einsatz verschiedener methodischer Arrangements, z. B. die Fallstudie. Deshalb schien es nur konsequent, dass Studierende der Wirtschaftspädagogik im Jahr 2006 an der Erstellung von zwei Fallstudien für das Projekt „Gründerlehre" beteiligt wurden. Diese Initiative war zwar einmalig angelegt, ist aber als Teil des Curriculums angehender Wirtschaftspädagogen durchaus diskussionswürdig. Um den konkreten Arbeitsprozess bei der Erarbeitung einer Fallstudie zu veranschaulichen, wird im Folgenden auf die Fallstudie „Schulausflugszentrale" eingegangen.

In der Fallstudie „Schulausflugszentrale" werden das Unternehmen und vor allem der Unternehmer dargestellt. Der Unternehmer ist ein Junggründer unter 30 Jahren, der sein Unternehmen während seines Studiums gründete. Zum Zeitpunkt der Fallstudienerstellung verfolgte der Gründer sein originäres Unternehmensziel, die Organisation und Durchführung von Schulausflügen, nicht mehr explizit. Vielmehr hatten viele und dabei hochgradig unterschiedliche Aufträge an Priorität gewonnen. Deshalb wurden beim ersten Treffen zwischen Gründer, Studierenden und der Autorin die Ziele der Fallstudie herausgearbeitet, die gleichzeitig die unternehmerische Tätigkeit aufbereiten und systematisieren sollten. Die folgende Tabelle zeigt, auf welche Inhaltsbereiche und Aufgaben sich die daraus entwickelte Fallstudie fokussiert.

Inhalt	Aufgaben in der Fallstudie
Unternehmensdarstellung	1. Kompetenzanalyse des Unternehmers
Aktuelle Auftragssituation	2. Entscheidungsbaum für die Annahme und Ablehnung von Aufträgen
Potentielle Partner und Projekte	3. Rechtsformen 4. Projektkalkulation

Tab. 2: Exemplarische Darstellung der Aufgaben in einer Fallstudie

Ein wesentlicher Teil der Fallstudie befasst sich damit, den Junggründer in der aktuellen Unternehmenssituation realistisch, d. h. mit seinen vielschichtigen persönlichen und unternehmerischen Facetten darzustellen. Aus dieser Darstellung leitet sich die Aufgabe ab, die Kernkompetenzen des Gründers und die Kernbereiche des Unternehmens zu identifizieren und zu strukturieren.

Die aktuelle Auftragssituation umfasste zum Zeitpunkt der Fallstudienentwicklung ein großes Spektrum an großen und kleinen Projekten, die einerseits mehr oder weniger miteinander verzahnt waren und andererseits nicht genuin mit Schulausflügen in Beziehung standen. Die zweite Aufgabe der Fallstudie besteht daher darin, einen Entscheidungsbaum zu erstellen, anhand dessen der Unternehmer entscheiden kann, welche Aufträge er annimmt oder ablehnt. Mit den verschiedenen Projekten empfehlen sich verschiedene potentielle Partner für eine Kooperation. Da der Gründer über die zu wählende rechtliche Verbindlichkeit unschlüssig ist, sollen denkbare Rechtsformen, u. a. strategische Allianzen und Kooperationen, diskutiert werden. Die Entscheidung darüber, ob ein potentielles Projekt Erfolg haben wird oder nicht, soll mittels einer Projektkalkulation gefällt werden.

Bei der Erarbeitung der Aufgabenstellungen und der Unternehmensinformationen arbeiteten der Gründer und die Studierenden zusammen. Der Vorteil dieser Zusammenarbeit liegt für die Studierenden der Wirtschaftspädagogik darin, dass sie ihre wirtschaftlichen Kenntnisse über Rechtsformen und Kalkulationen, ihre pädagogischen Kenntnisse über Kompetenzen sowie ihre didaktisch-methodischen Fähigkeiten über Fallstudien in einem neuen Kontext anwenden. Sie müssen die erhaltenen, meist unstrukturierten, Informationen in einer Fallstudie zielgruppenspezifisch (hier für andere Studierende) aufbereiten. Die Studierenden werden dadurch bereits im Studium mit einer Aufgabe künftiger Lehrender an beruflichen Schulen konfrontiert, die für ihr späteres Handlungsfeld typisch ist.

Der Unternehmer profitiert wiederum von der objektiven Darstellung seiner aktuellen Unternehmenssituation, weil sie mehr perspektivisch durchdacht und analysiert wird. Die Reflexion seiner Auftragssituation, die Auswahl potentieller Partner anhand von Kriterien und die Projektkalkulation schärfen den Blick des Unternehmers für das eigene Handeln. Er erhält damit ein wertvolles Feedback für sein unternehmerisches Handeln.

4. Ein Ansatz zur Verzahnung der Berufsschul- und Hochschuldidaktik

Die im vorangegangen Abschnitt geschilderten Kooperationsmöglichkeiten zwischen Studierenden der Wirtschaftspädagogik und (jungen) Unternehmern könnten für Berufsschulen durch die Verschränkung von Berufsschul- und Hochschuldidaktik konkretisiert werden. Die Konkretisierung erfolgt, indem Studierende mit Berufsschülern gemeinsam Fallstudien entwickeln. Die Berufsschüler steuern – das Einverständnis und die Mitarbeit des ausbildenden

Unternehmens vorausgesetzt – umfangreiche praktische Erfahrungen aus dem Ausbildungsbetrieb bei. Die Studierenden bereiten die Erfahrungen der Schüler und Unternehmer systematisch in einer Fallstudie auf, die danach sowohl anderen Berufsschülern als auch Studierenden zur Verfügung gestellt werden kann. Dabei ist das unterschiedliche kognitive Anspruchsniveau der Zielgruppen zu beachten.

Die Entwicklung von Fallstudien kann bei einer Verzahnung von Berufsschule und Universität interessante symbiotische Vorteile ergeben. Auf der einen Seite agieren die Lernenden, die ihre unterschiedlichen Erfahrungen im Ausbildungsbetrieb reflektieren. Den Berufsschülern käme zugute, dass die Unternehmer im Unterricht in einem anderen Kontext vorgestellt werden, als sie es in der Berufspraxis erfahren. Auf der anderen Seite agieren die Studierenden, die ihr didaktisches Geschick schulen und praktische Erfahrungen mit Unternehmern sammeln. Beide Zielgruppen gewinnen durch die verzahnte Arbeit positive Rollenvorbilder.

Die Studierenden erhalten durch die Interviews und Gespräche, die sie in der Vorbereitungsphase führen, sowohl Einblick in die Ausgangslagen ihrer späteren Schüler als auch wertvolle Informationen über die Ausbildungsbetriebe. Die dafür notwendige diplomatische Vorgehensweise ist Teil ihrer professionellen Kompetenzentwicklung.

Auch der Unternehmer profitiert von diesem „Duett". Aufgrund der systematischen Aufbereitung der aktuellen oder vergangenen Unternehmenssituation werden alternative Lösungsansätze für seine Entscheidungsprobleme entwickelt. Darüber hinaus werden eventuell Herausforderungen identifiziert, die dem Unternehmer noch gar nicht bewusst waren. Für diese Situationen können Studierende und Schüler individuelle Instrumente entwickeln.

Wenn jungen Erwachsenen in der dualen Ausbildung auf diese Weise unternehmerische Erfahrungen zugänglich gemacht werden, wird ein wichtiger Beitrag zur Gründungssensibilisierung geleistet.

5. Schlussfolgerungen

Der geschilderte Modellversuch fand in der ersten Stufe im Jahr 2006 an der Universität Rostock mit der Fallstudie „Schulausflugszentrale" statt. Dabei wurde mit der Unterstützung von

Studierenden der Wirtschaftspädagogik und einem Unternehmensgründer eine anschauliche und anregende Fallstudie entwickelt. In der zweiten Stufe könnte die Sensibilisierung von jungen Erwachsenen in die duale Ausbildung eingebunden werden. Die Auseinandersetzung mit unternehmerischen Themen fördert positive unternehmerische Rollenvorbilder und möglicherweise die unternehmerischen Intentionen der Auszubildenden. Darüber hinaus nähern sich (künftige) Lehrende und Unternehmer bei der Fallstudienentwicklung an und können der gegenseitigen Entfremdung und Distanzierung entgegenwirken. Die Fallstudienarbeit sollte auf jeden Fall in die Hochschul- und duale Ausbildung aus verschiedenen Perspektiven, wie die Erstellung und die Lösung von Fallstudien, eingebunden bleiben und werden.

Literatur- und Quellenverzeichnis

Holtsch, D. (2008): *Die Berufsschule als Produktionsstätte von Unternehmern: unternehmerische Intentionen Jugendlicher im dualen System*. Münster: Waxmann.

Kaiser, F.-J. / Kaminski, H. (1999): *Methodik des Ökonomie-Unterrichts: Grundlagen eines handlungsorientierten Lernkonzepts; mit Beispielen* (3., vollst. überarb. Aufl.). Bad Heilbrunn: Klinkhardt.

Seifried, J. (2008): Methodische Gestaltung des Unterrichts an kaufmännischen Schulen. In: *Wirtschaft und Erziehung*. 60(11), 364-370.

Die Kunst der Gründungsberatung – Anforderungen an die Gestaltung von Gründungsberatungsprozessen

Katja Reisswig, katja.reisswig@kr-research-consultant.com

1. Einleitung

Für die Beratung von Gründern[1] haben sich bislang keine einheitlichen Standards etabliert und ist das Feld der Beratertätigkeit für Gründer recht unübersichtlich. Aus diesem Grund nehmen Gründer Beratungsleistungen häufig nicht in Anspruch (vgl. Knuth 2009: 30; Anderseck / Peters 2009). Zudem gibt es für die Vorgründungs- bzw. frühe Phase der Unternehmensgründung eine Vielzahl von Beratungsangeboten in den unterschiedlichsten Formaten, beispielsweise Erstberatungen, Schulungen, Trainings, Planspiele oder Businessplanwettbewerbe. Neu hinzugekommen sind Netzwerke und Plattformen im Bereich Social Media. Daher gestaltet sich die Suche nach passenden Angeboten für Gründer gerade in der Anfangsphase recht schwierig. Für die Nachgründungs- und Expansionsphase gibt es hingegen nur wenige Angebote (vgl. Voigt / Weißbach / Böhm / Röcken 2005: 9).

Um die Suche nach den passenden Beratungs- und Informationsangeboten und den Zugang zu Infrastruktur zu erleichtern, wurde das Konzept der *„One-Stop-Agency"* entwickelt. Als zentrale Anlaufstelle bietet sie den Gründern in der frühen Phase einen *„Service aus einer Hand"*. Dieses Konzept hat sich jüngst bewährt (vgl. Kohlhaas 2006: 54; Beckmann 2006: 324). Gründer müssen sich nicht länger durch den *„Gründungsberaterdschungel"* kämpfen (vgl. Knuth 2009: 28). Die One-Stop-Agency übernimmt als Schnittstelle die Vermittlung und Koordination unterschiedlicher Angebote, wodurch Gründer einen breiten Zugang zu Beratungs- und Informationsleistungen erhalten.

Mit der Vermittlung von Beratungsleistungen gehen hohe Anforderungen an die entsprechenden Serviceanbieter einher, insbesondere wenn sie sich auf anspruchsvolle, wissens- und technologieorientierte Gründungsvorhaben spezialisiert haben. Bei diesen handelt es sich in der Regel um risikoreichere Vorhaben, die eine spezielle Expertise und damit auch ganz spezifische Beratungsleistungen benötigen. Hierzu wurden Inkubatoren ins Leben gerufen, die auf dem Konzept der *„One-Stop-Agency"* beruhen und als *„Brutstätten"* für technologieorientierte, wissensintensive Gründungen gelten (vgl. Alberti 2011: 67f.). Sie bieten den Gründern nicht nur spezifische Beratungsleistungen, sondern mit Laboren und Gerätschaften

---

[1] Aus Gründen der besseren Lesbarkeit wird auf die gleichzeitige Verwendung männlicher und weiblicher Sprachformen verzichtet. Gleichwohl sind beide Geschlechter gemeint.

auch eine Infrastruktur, die über die reine Büroausstattung hinausgeht. Mit den One-Stop-Agencies und Inkubatoren wurde einigen Problemen, insbesondere der Unübersichtlichkeit des Beratungsmarktes und der fehlenden Infrastruktur, begegnet. Doch trotz dieser Angebote bleibt die Herausforderung, Gründern ein transparentes Beratungsangebot mit entsprechenden Standards für den Beratungsprozess zu bieten.

In der Vorgründungs- bzw. frühen Phase der Unternehmensgründung ist eine Vielzahl von Herausforderungen zu meistern. Geschäftsgegenstand sind häufig noch nicht ausgereifte Technologien, Produkte und Services, deren Marktpotenzial, Reifegrad und Implementierfähigkeit schwer zu bestimmen sind. Hinzu kommt, dass entsprechende Geschäftsmodelle erst noch entwickelt, Risiken und Marktchancen abgeschätzt, geistige Eigentums- und Schutzrechte geklärt, Teams entwickelt und die Finanzierung der Vorhaben gesichert werden müssen. All dies geht mit einem erhöhten Aufwand einher, für dessen Bewältigung Zeit und Ressourcen benötigt werden. Doch gerade Gründer stehen in der Regel unter Zeit-, Kosten- und Ressourcendruck. Daher kommt Gründungsberatern hier eine Schlüsselfunktion zu. Sie können dem Start-up Hilfestellung geben.

Die Entwicklung und Performance von Gründungen wird maßgeblich durch die Qualität der Beratung und die Kompetenzen der Berater beeinflusst. Gerade zu Beginn sind sowohl fachliche Expertise, um den Stand und die Chancen des Gründungsvorhabens richtig einschätzen zu können, als auch Spezialexpertise in verschiedenen Bereichen, Methodenkenntnisse und soziale Kompetenzen gefragt. Zudem geht es darum, eine Vertrauensbasis zwischen Gründern und Beratern zu schaffen. Sind verschiedene Berater bzw. Experten in den Beratungsprozess involviert, bedarf es einer entsprechenden Koordinierung und Abstimmung der einzelnen Beratungsleistungen. Nur so kann der Zugriff auf die Spezialexpertise der einzelnen Berater gelingen, ohne dass es zu Widersprüchlichkeiten für die Gründer kommt. Hier stellt sich die Herausforderung, die einzelnen Beratungsleistungen in einen ganzheitlichen Beratungsprozess zu überführen, was Aufgabe der Vermittler als Netzwerkmanager ist (vgl. Schubert 2008: 27ff.). Zugleich bringen Gründer oft unterschiedliche Vorkenntnisse in das Gründungsprojekt ein und verfügt jedes Gründungsprojekt über individuelle Besonderheiten.

Aus all dem lässt sich eine Reihe von Anforderungen ableiten, die sich an Berater und Vermittler von Beratungsleistungen stellen. Die Fragen des Beitrages lauten daher: Was haben Gründungsberater und Vermittler von Beratungsservices zu leisten? Was sind ihre Aufgaben und die Anforderungen, die an sie gestellt werden? Wie sollten Gründungsberatungsprozesse ausgestaltet sein, um Gründern einen adäquaten Service zu bieten?

Um sich den Antworten auf diese Fragen zu nähern, wird im folgenden Abschnitt zunächst darauf eingegangen, welche Vorbedingungen und Voraussetzungen ein Gründungsprojekt erfüllen muss, um aussichtsreich zu sein. Im Anschluss daran wird sich dann mit der konkreten Ausgestaltung des Gründungsberatungsprozesses und den spezifischen Anforderungen an die Berater auseinandergesetzt.

2. Zutaten einer Unternehmensgründung

In der Literatur findet man eine Vielzahl von Ratgebern, die die erforderlichen Voraussetzungen für eine Unternehmensgründung beschreiben (vgl. Fueglistaller / Müller / Volery 2008; McKinsey & Company 2007; Klandt 2006). Ähnlich einem Kochrezept bedarf es verschiedenster Zutaten, von deren Qualität, Güte und Zusammensetzung der Gründungserfolg abhängt. Neben einem guten *„Timing"* werden in der Gründungsliteratur Motivation, Planung, Kreativität, Durchhaltevermögen, Strategie sowie ausreichende Ressourcen als Basiskomponenten angeführt.

Zunächst stehen die Gründungsmotivation und -bereitschaft im Mittelpunkt. Haben eine oder mehrere Personen den Entschluss gefasst, sich mit ihrer Gründungsidee selbständig zu machen bzw. ein Unternehmen zu gründen (vgl. Klandt 2006: 18; Küsell 2006: 33), ist der erste Schritt getan. Lässt sich die Idee realisieren und in ein Geschäftsmodell transformieren, kann ein Geschäft entstehen, über das Einnahmen erwirtschaftet werden.

Neben Gründerperson(en) und Gründungsidee gibt es eine Reihe weiterer Zutaten, zu denen unter anderem der Markt, Kunden, Wettbewerb, Organisation, Rechtsform, Personal, Marketing und Finanzierung gehören (vgl. Nagl 2010; Schwetje / Vaseghi 2005; Dowling 2003a).

All diese Zutaten sind Bestandteile eines Businessplans. Hinzu kommen weitere Zutaten wie das Produkt oder die Dienstleistung, Corporate Design und Corporate Identity. Alle Bestandteile zusammen formen das Gründungsprojekt zu einer Einheit, die das geplante Unternehmen unverwechselbar und einzigartig machen (vgl. Küsell 2006: 364). Die Besonderheiten des Gründungsprojekts werden in den USPs (Alleinstellungsmerkmalen) zum Ausdruck gebracht und über die Analyse der Stärken und Schwächen betont. Somit bedürfen die einzelnen Komponenten einer Zusammenführung zu einer geschlossenen, aufeinander abgestimmten Einheit – im Sinne einer Strategie. Diese wird im Laufe des Gründungsprozesses entwickelt. Weiterhin bedarf es der Identifizierung der erfolgskritischen Faktoren, um diesen möglichst frühzeitig entgegenzuwirken.

Die Kenntnis der Zielgruppe ist ein wesentlicher Erfolgsfaktor, gerade auch für innovative Gründungen[2], bei denen Neuland betreten wird. Hier stellt sich insbesondere die Frage nach dem Bedarf an dem angebotenen Produkt/der angebotenen Dienstleistung. Die potenziellen Kunden und deren Bedürfnisse sind damit das A und O von Gründungen (vgl. Gordon / Trump 2010: 101). Genauso relevant sind aber auch die besonderen Fähigkeiten und Kompetenzen der Gründer, die sich im geplanten Unternehmen wiederfinden müssen (vgl. Ripsas 1998: 217). Denn im Großen und Ganzen entscheiden die Fähigkeiten der Gründer über den Gründungserfolg, d.h. ob es ihnen gelingt, ihre Produkt- und Serviceangebote umzusetzen, den Markteintritt erfolgreich zu meistern und sich gegenüber ihren Wettbewerbern zu behaupten. Hierbei entscheiden *„weiche und harte Faktoren"* über den Gründungserfolg. Neben aussichtsreichen Ideen, gut durchdachten Geschäftsmodellen, ausgereiften Plänen, klaren Strategien und kompetenten Gründern sind Umsetzungskompetenz, Entscheidungs- und Durchhaltevermögen sowie die Bereitschaft, Risiken einzugehen, gefragt.

3.   Ausgestaltung von Gründungsprozessen

Für die Umsetzung von Gründungsprozessen sind nicht nur Businesspläne entscheidend, ebenso viel Wert muss auf realistische Arbeits- und Zeitpläne gelegt werden. Diese werden jedoch häufig vernachlässigt und nur als Beiwerk eines Businessplans aufgefasst. Dabei sind sie das Umsetzungstool von Businessplänen und entscheidend für die Realisierung des Gründungsprojektes. Sie sind sozusagen der Gründungsfahrplan.

---

[2] Innovative Gründungen werden als Gründungen bezeichnet, die über einen hohen Neuheitsgrad ihrer Produkte und Dienstleistungen verfügen und auf einer neuartigen Geschäftsidee beruhen, im Gegensatz zu imitativen Gründungen, die auf bereits existierenden Geschäftskonzepten aufbauen (vgl. Volkmann / Tokarski 2006: 25).

Der Businessplan als „Rezept" beschreibt die einzelnen Zutaten der Gründung und der Zeit- und Arbeitsplan den Ablauf, wann welche Zutaten benötigt werden. Letzterer enthält die einzelnen Arbeitsschritte sowie die dafür benötigten Ressourcen. Er gibt den Zeitraum vor. In ihm werden kritische Punkte in Form von Meilensteinen festgehalten. Damit ist der Zeit- und Arbeitsplan die Anleitung zur erfolgreichen Umsetzung des Vorhabens. Die einzelnen Phasen und Schritte beschreiben einerseits die konkreten Maßnahmen, die zu Arbeitspaketen zusammengefasst werden. Andererseits stellen sie den Gründungsprozess in seinem Gesamtverlauf dar.

Beiden Plänen kommt ein hoher Stellenwert für die Umsetzung des Gründungsvorhabens zu. Sie sind Planungs- und Kontrollinstrumente. Über den Businessplan wird kontrolliert, ob es sich um die richtigen „Zutaten" für die Gründung handelt und wie „frisch", im Sinne von aktuell, diese sind. Der Zeit- und Arbeitsplan gibt hingegen einen Überblick, inwieweit die zeitliche Planung sowie die dafür eingeplanten Ressourcen angemessen und aktuell sind. Beide Pläne müssen aufeinander abgestimmt werden, erfüllen jedoch unterschiedliche Zwecke. Der Businessplan dient vor allem Repräsentationszwecken und hat eine sinnstiftende, strategische Funktion (vgl. Volkmann / Tokarski 2006: 100). Er ist das Dokument, was nach außen gegeben wird, um damit Kapitalgeber und weitere Interessenten von dem Vorhaben zu überzeugen (vgl. Fueglistaller / Müller / Volery 2008: 230f.).

Der Gründungsfahrplan dient hingegen eher internen Zwecken – dem Überprüfen des eigenen Projektfortschritts sowie dem Erkennen von Abweichungen und kritischen Entwicklungen. Sowohl der Businessplan als auch der Arbeits- und Zeitplan sind Planungstools während des Gründungsprozesses und für die Realisierung von Gründungsvorhaben unerlässlich, da sie die zentralen Bausteine für das Gründungprojekt enthalten. Sie sind auf jedes Gründungsvorhaben individuell abzustimmen.

Im Folgenden wird nun auf die Rolle, Aufgaben und Funktionen von Gründungsberatern bzw. Vermittlern von Beratungsleistungen eingegangen.

4. Rolle und Aufgaben von Gründungsberatern

Gründungsberater bieten Gründern besondere Serviceleistungen an, um ihnen Hilfestellung und Unterstützung auf ihrem Weg in die Selbständigkeit bzw. bei der Gründung eines Unternehmens zu geben. Dabei kann es sich entweder um Ad-hoc-Hilfestellungen oder aber eine kontinuierliche, auf einen längeren Zeitraum hin ausgerichtete Begleitung des Gründungsvorhabens (Coaching) handeln. Aufgabe von Gründungsberatern ist es daher, adäquate, auf die Bedarfe von Gründern zugeschnittene Serviceleistungen anzubieten, die eine erfolgreiche Umsetzung des Vorhabens gewährleisten.

Daher sind Gründungsberater gefordert, sich zunächst mit dem Vorhaben an sich, der Geschäftsidee und der Gründerperson auseinandersetzen und gegebenenfalls Hilfestellung bei der Entwicklung eines Geschäftsmodells zu leisten. Hierbei geht es jedoch nicht darum, sich Spezialexpertise in Bezug auf die Geschäftsidee anzueignen, sondern vielmehr darum, die Marktseite des Vorhabens in den Blick zu nehmen, um das vorhandene Marktpotenzial sowie die Chancen der Realisierung abschätzen zu können. Zudem geht es darum, erfolgskritische Faktoren zu ermitteln, ohne das Vorhaben an sich in Frage zu stellen. Hier ist besondere Sensitivität seitens der Berater gefragt.

Ein weiterer Schwerpunkt der Arbeit von Gründungsberatern liegt darin, gemeinsam mit den Gründern den Fahrplan (Projektplan) der Gründung zu entwickeln, die sogenannte *„Road-Map"*, von der bereits die Rede war. Aus ihr gehen die kritischen, erfolgsrelevanten Punkte hervor, die die Risikofaktoren für das Gründungsvorhaben bilden. Sie zu identifizieren und gegebenenfalls Gegenmaßnahmen zu entwickeln, ist eine weitere Aufgabe der Berater. Sie *„klopfen"* sozusagen das Gründungsvorhaben ab. Sie fungieren hier in der Rolle des Mentors und Coachs, aber auch in der eines Controllers.

Ein klares Rollenverständnis seitens des Beraters ist entscheidend, um den notwendigen Abstand zum Gründungsvorhaben zu wahren, denn es ist ja nicht der Berater selbst, der das Unternehmen gründet. Er muss seine Außenperspektive beibehalten und darf die Handlungs- und Entscheidungsspielräume der Gründer keinesfalls einschränken. Zugleich sind Gründungsberater in der Rolle des Mentors oder Coachs gefordert. Sie müssen mit der fortlaufenden Entwicklung des Gründungsvorhabens mitgehen und über die einzelnen Schritte informiert sein, um so auf unvorhergesehene Ereignisse, die in jedem Gründungsprojekt auftreten können, reagieren zu können.

Die Aufgabe des Gründungsberaters besteht also darin, den oder die Gründer zu befähigen, ihre Geschäftsidee eigenständig weiterzuentwickeln, damit sie das Gründungsvorhaben aus eigener Kraft und eigenem Antrieb selbst vorantreiben und umsetzen. Dem Berater obliegt die Aufgabe des „Gründerempowerments", d. h. Gründer zur Umsetzung ihrer Geschäftsidee zu befähigen, ihnen jedoch nicht die Entscheidungen abzunehmen. Vor dieser Herausforderung stehen insbesondere Berater, die ein Gründungsprojekt über einen längeren Zeitraum begleiten. Dagegen haben es Berater, die Ad-hoc-Beratungen bezogen auf eine spezifische Fragestellung oder ein spezifisch zu lösendes Problem anbieten, leichter. Doch auch sie müssen sich auf das Gründungsprojekt einlassen, denn nur dann können sie durch Vermittlung ihres „Know-hows" passende Antworten auf die Fragestellung liefern. Berater benötigen zudem ein Netzwerk, um für Gründer weitergehende Informationen und Wissen verfügbar zu machen.

Gründungsberater nehmen im Gründungsprozess verschiedene Rollen ein. Sie sind Wissens- und Kontaktvermittler, Experte, Begleiter, Mentor und Coach. Sie geben Feedback, stellen Fragen, machen Anmerkungen und motivieren hin und wieder den Gründer, zeigen aber auch Risiken auf. Sie vermitteln ihr (gründungsrelevantes) Know-how, lassen Gründer an ihren Erfahrungen partizipieren und vermitteln Kontakte über ihr Netzwerk. Der Mehrwert ihrer Leistung liegt darin, dass sie Gründern ermöglichen, ihre Gründungsvorhaben eigenständig voranzutreiben, ohne die Entscheidungs- und Handlungsfähigkeit einzugrenzen. Vielmehr zeigen sie Gründern mittels spezifischer Methoden und Beratertools verschiedene Handlungsmöglichkeiten auf. Darüber hinaus sind sie Vertrauenspersonen für Gründer, an die sich diese auch in schwierigen Situationen wenden können.

Gründungsberater benötigen somit ein breites und fundiertes Wissen in Sachen Gründung, ausgeprägte soziale und kommunikative Kompetenzen, Erfahrungen, Markt- und Methodenkenntnisse sowie ein aktives Netzwerk, um die Anforderungen an eine adäquate Gründungsberatung erfüllen zu können. Zudem müssen sie über eine hohe Lernbereitschaft verfügen und ihr Wissen auf dem aktuellsten Stand halten. Sie benötigen weiterhin ein klares Verständnis ihrer Rolle und ihres Beratungsauftrages, denn dieses entscheidet über die Art der Beratungsleistung. Sind sie Mentor oder Coach, begleiten sie das Vorhaben über einen längeren Zeitraum hinweg. Sind sie Berater für ausgewählte Fragestellungen, ist „nur" ihre Spezialexpertise bzw. ihr Know-how gefragt. Daraus leitet sich ab, wie stark Berater in ein

Gründungsvorhaben involviert sind. Dies wiederum beeinflusst die Rolle, die sie im Gründungsprozess spielen.

Häufig werden in der Literatur die Begriffe Beratung, Mentoring, Coaching und Training synonym verwendet. Alle Begriffe bezeichnen zwar Unterstützungsformen für Gründer, es gibt jedoch kleine, feine Unterschiede, die bereits angedeutet wurden. Zu unterscheiden ist zwischen Dauer, Art des vermittelten Wissens und Nutzen für die Gründer. Eine Unterscheidung ist sowohl für den Gründer als auch den Berater nicht unwesentlich, da aus ihr hervorgeht, welche Art von Unterstützung gewünscht bzw. geboten wird. In Abbildung 1 sind die unterschiedlichen Unterstützungsformen anhand von vier Kriterien dargestellt. Dadurch wird das Verständnis vom jeweiligen Beratungsansatz deutlich.

Kriterium	Beratung	Mentoring	Coaching	Training
Charakteristikum	inhaltlich fokussiert	vermittelt spezifisches Erfahrungswissen	inhaltlich weniger fokussiert als Beratung	dient der Wissensvermittlung
Dauer	zeitlich befristet	über einen längeren Zeitraum hinweg	über einen längeren Zeitraum hinweg	über einen mittleren Zeitraum (befristet)
Art des Wissens	Expertenwissen	Wissens- und Erfahrungsweitergabe durch Insiderwissen	nicht in erster Linie Wissensvermittlung, sondern Selbsterkenntnis und -befähigung (Empowerment)	Faktenwissen, Anwendungsorientierung über Learning by Doing
Nutzen für den Gründer	erleichtert bzw. führt Entscheidungen herbei	Vorbildcharakter und Türöffnerfunktion für festgelegte Bereiche	Einsicht und Selbstlerneffekte	Lerneffekte und Erkenntniszugewinn

Abb. 1: Formen der Gründungsunterstützung und ihre Charakteristika

Networking als Form der Gründungsunterstützung wird nicht explizit aufgelistet. Unter Networking wird hier ein unverbindlicher Wissens- und Informationsaustausch mit Personen aus bestimmten Bereichen verstanden, der sowohl für Gründer als auch Berater von Bedeutung ist. Networking ist elementarer Bestandteil der Gründungsunterstützung. Es bildet die Grundlage für die anderen vier Gründungsunterstützungsformen Beratung, Mentoring, Coaching und Training.

5. Anforderungen an die Gestaltung von Gründungsberatungsprozessen

Für die Gestaltung von Gründungsberatungsprozessen sind somit Auftragsklärung, Rollenverständnis sowie zeitlicher Ablauf und Budget entscheidend. Weiterhin bedarf es der Klärung der gegenseitigen Erwartungen, der Aufgaben- und Zielstellung der Beratung. Aus dem Beratungsauftrag geht hervor, welche Kompetenzen der Berater benötigt. Der Aufbau von gegenseitigem Vertrauen und die Klärung, wie im Falle eines Konflikts zu verfahren ist, sind Grundlage für eine nachhaltige konstruktive Zusammenarbeit. Hilfreich ist auch die Schaffung eines offenen Kommunikationsklimas, wodurch Gründer eher bereit sind, über Probleme und Schwierigkeiten zu reden, ohne zu befürchten, dass ihr gesamtes Vorhaben in Frage gestellt wird. Von Bedeutung ist weiterhin eine Feedbackkultur, bei der sich Gründer und Berater gegenseitig Feedback geben.

Somit sollten gleich zu Beginn die gegenseitigen Erwartungen adressiert, die Ziele der Zusammenarbeit bestimmt sowie die Arbeitsweise und die Art und Weise der Kommunikation geklärt werden. Für den Aufbau einer vertrauensvollen Beziehung ist es zudem vorteilhaft, wenn Berater die Grenzen der Beratung und ihrer Kompetenzen aufzeigen, um sich selbst vor überzogenen Erwartungen zu schützen. Erst wenn eine gemeinsame Linie als Basis für die Zusammenarbeit gefunden wurde, sollte mit der Beratung begonnen werden.

Für die inhaltliche Beratung ist der Einsatz von Managementtools empfehlenswert, um systematisch und zielorientiert vorgehen zu können. Zu beachten sind hierbei die unterschiedlichen Phasen des Gründungsprozesses (vgl. Dowling 2003b: 15; Ripsas 1997), die unterschiedliche Arbeitsschritte nach sich ziehen. Diese mit einem geeignetem Instrumentarium und Methodenwissen auszufüllen, kann sowohl für Gründer als auch Berater aufgrund eines systematischen Vorgehens hilfreich sein. Positiv wirkt sich auch das frühzeitige Reagieren auf sich abzeichnende Schwierigkeiten aus. Hier muss der Gründungsberater pro-aktiv reagieren und seine Problemlösungskompetenz unter Beweis stellen.

In Abbildung 2 sind die Phasen des Beratungsprozesses sowie die einzelnen Schritte einschließlich der Maßnahmen und möglicher Tools dargestellt. Es wird deutlich, dass es hierbei auf die sogenannten *„hard skills"* und *„soft skills"* gleichermaßen ankommt, die durch unterschiedliche Tools bedient werden können. Sie werden hier jedoch nicht in aller Vollständigkeit aufgeführt.

Beratungsmodell für Unternehmensgründungen

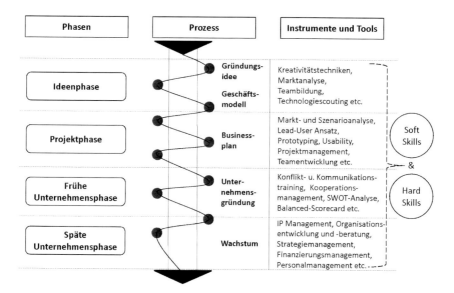

Abb. 2: Darstellung des Beratungsprozesses anhand der Gründungsphasen

6. Schlussfolgerungen

Wie dargestellt, beeinflusst eine Vielzahl von Faktoren den Gründungsprozess und spielen Gründungsberater für den Fortgang und die Performance von Gründungen eine zentrale Rolle. Gerade in der Vorgründungs- bzw. frühen Phase der Unternehmensgründung sind Gründer auf externe Hilfestellung angewiesen, die sie bei *„One-Stop-Agencies"* bzw. *„Inkubatoren"* oder anderen Beratungseinrichtungen erhalten. In dem Beitrag wurde jedoch nicht die Rolle der Gründer und ihr Einfluss auf das Gründungsprojekt thematisiert, sondern diesmal der Blick auf die Berater und deren Rolle im Gründungsprozess gelenkt.

Es lässt sich feststellen, dass es nicht nur auf die *„Zutaten"* einer Gründung ankommt, sondern ebenso viel von der Art und Qualität der zur Verfügung stehenden Beratungsangebote abhängt. Die Kernthese des Beitrages lautet: Je professioneller die angebotenen Gründungsberatungsservices und -leistungen sind, desto mehr wächst die Bereitschaft von Gründern, diese auch in Anspruch zu nehmen. Gründungsberater befinden sich in einer verantwortungsvollen Position gegenüber den Gründern. Die Qualität der Serviceleistungen entscheidet mit über den Gründungserfolg. Das Vorhandensein qualitativ hochwertiger Beratungsangebote hat, so eine weitere These des Beitrags, Einfluss auf das Gründungsgeschehen in Deutschland. Mit einer guten Gründungsunterstützung lassen sich nicht nur mehr, sondern auch bessere Gründungsvorhaben realisieren. Das Augenmerk ist daher nicht nur auf die Gründer, sondern ebenso auf die Berater und ihre Serviceleistungen zu richten.

Die Gründungsberater haben hohe Anforderungen zu erfüllen. Zertifizierungen, wie sie vereinzelt bereits eingeführt wurden, tragen dem Rechnung und erhöhen insgesamt die Qualität der Beratungsangebote. Doch auch der eigene Anspruch des Beraters an sein Beratungs- und Serviceangebot trägt zur Verbesserung der Qualität bei. Hier ist das Feedback der Gründer sehr wertvoll und kann zur kontinuierlichen Verbesserung eigener Beratungsangebote genutzt werden. Zugleich sollten Gründer nicht zu hohe Erwartungen an die Berater stellen. Hier hilft die Klärung des gegenseitigen Rollen- und Aufgabenverständnisses im Vorfeld und beugt Missverständnissen vor. Die Gründer allein tragen die Verantwortung für ihre Gründungsprojekte und müssen daher alle gründungsrelevanten Entscheidungen selbst treffen. Sie können sich jedoch zur Vorbereitung von Entscheidungen umfassenden Rat und Informationen einholen.

Literatur- und Quellenverzeichnis

Alberti, J. (2011): *Geschäftsmodelle für Inkubatoren. Strategien, Konzepte, Handlungsempfehlungen*. Wiesbaden: Gabler Verlag

Anderseck, K. / Peters, S. A. (Hg.) (2009): *Gründungsberatung. Beiträge aus Forschung und Praxis*. Stuttgart: ibidem-Verlag

Beckmann, I. A. M. (2006): München, Leipzig, Bergisches Städtedreieck: Regionale Unterschiede der Gründungsförderung und Gründungsdynamik. In: Sternberg, R. (Hg.): *Deutsche Gründungsregionen*. Berlin: LIT Verlag, S. 309-342.

Dowling, M. (2003a): Businesspläne. In: Dowling, M. / Drumm, H. J. (Hg.): *Gründungsmanagement. Vom erfolgreichen Unternehmensstart zu dauerhaftem Wachstum.* 2., neu bearb. und erw. Aufl. Berlin [u.a.]: Springer, S. 239-246.

Dowling, M. (2003b): Grundlagen und Prozess der Gründung. In: Dowling, M. / Drumm, H. J. (Hg.): *Gründungsmanagement. Vom erfolgreichen Unternehmensstart zu dauerhaftem Wachstum.* 2., neu bearb. und erw. Aufl. Berlin [u.a.]: Springer, S. 9-18.

Dowling, M.; Drumm, H. J. (Hg.) (2003): *Gründungsmanagement. Vom erfolgreichen Unternehmensstart zu dauerhaftem Wachstum*; 2., neu bearb. und erw. Aufl. Berlin [u.a.]: Springer.

Faltin, G. (2010): *Kopf schlägt Kapital. Die ganz andere Art, ein Unternehmen zu gründen. Von der Lust, ein Entrepreneur zu sein.* 7., aktualisierte Aufl. München: Hanser.

Faltin, G. / Ripsas, S. / Zimmer, J. (Hg.) (1998): *Entrepreneurship. Wie aus Ideen Unternehmen werden.* München: C.H. Beck.

Fueglistaller, U. / Müller, C. A. / Volery, T. (2008): *Entrepreneurship. Modelle - Umsetzung - Perspektiven. Mit Fallbeispielen aus Deutschland, Österreich und der Schweiz.* 2., überarb. und erw. Aufl. Wiesbaden: Gabler.

Gordon, M. E. / Trump, D. (2010): *Trump University entrepreneurship 101. How to turn your idea into a money machine.* 2nd ed. Hoboken, N.J: John Wiley & Sons.

Klandt, H. (2006): *Gründungsmanagement: der integrierte Unternehmensplan. Business Plan als zentrales Instrument für die Gründungsplanung.* 2., vollst. überarb. u. stark erw. Aufl. München, Wien: Oldenbourg.

Knuth, A. (2009): *Gründungsnetzwerke im Wissenschafts- und Hochschulbereich. Herausforderungen für die Wirtschaftsförderung.* Wiesbaden: Gabler.

Kohlhaas, J. (2006): *Maßnahmen zur Förderung von Unternehmensgründungen aus der Hochschule.* Norderstedt: GRIN Verlag.

Küsell, F. (2006): *Praxishandbuch Unternehmensgründung. Unternehmen erfolgreich gründen und managen.* 1. Aufl. Wiesbaden: Gabler.

McKinsey & Company (Hg.) (2007): *Planen, gründen, wachsen. Mit dem professionellen Businessplan zum Erfolg.* 4., aktualisierte Aufl. Heidelberg: Redline Wirtschaft.

Nagl, A. (2010): *Der Businessplan. Geschäftspläne professionell erstellen; mit Checklisten und Fallbeispielen*. 5., überarb. Aufl. Wiesbaden: Gabler.

Rese, A. / Baier, D. (2005): *Chancen und Risiken für ein regionales One-Stop-Shop-Modellprojekt. Entwicklung von Gestaltungsempfehlungen für One-Stop-Shops für Existenzgründer/innen in Brandenburg*. Cottbus.

Ripsas, S. (1997): *Entrepreneurship als ökonomischer Prozess*. Wiesbaden: Gabler.

Ripsas, S. (1998): Elemente der Entrepreneurship Education. In: Faltin, G. / Ripsas, S. / Zimmer, J. (Hg.): *Entrepreneurship. Wie aus Ideen Unternehmen werden*. München: C.H. Beck, S. 217-233.

Schubert, H. (Hg.) (2008): *Netzwerkmanagement. Koordination von professionellen Vernetzungen. Grundlagen und Praxisbeispiele*. 1. Aufl. Wiesbaden: VS Verlag.

Schwetje, G. / Vaseghi, S. (2005): *Der Businessplan*. [New York] Berlin Heidelberg: Springer.

Sternberg, R. (Hg.) (2006): *Deutsche Gründungsregionen*. Berlin: LIT Verlag.

Voigt, M. / Weißbach, H.-J. / Böhm, I. / Röcken, B. (2005): *Kompetenzentwicklung in Start-up-Unternehmen. Strategien und Besonderheiten*. Hrsg. von der Arbeitsgemeinschaft Betriebliche Weiterbildungsforschung e. V. Berlin, URL: http://www.abwf.de/content/main/publik/report/2005/report-93.pdf (23.03.2011)

Volkmann, C. K. / Tokarski, K. O. (2006): *Entrepreneurship. Gründung und Wachstum von jungen Unternehmen*. Stuttgart: Lucius & Lucius.

Modelling Antecedents and Consequences of Cooperative Learning in Business Planning Courses

DR. PHIL. ALEXANDRA RESE, LEHRSTUHL MARKETING UND INNOVATIONSMANAGEMENT, BRANDENBURGISCHE TECHNISCHE UNIVERSITÄT COTTBUS, RESE@TU-COTTBUS.DE

PROF. DR. RER. POL. HABIL. DANIEL BAIER, LEHRSTUHL MARKETING UND INNOVATIONSMANAGEMENT, BRANDENBURGISCHE TECHNISCHE UNIVERSITÄT COTTBUS, DANIEL.BAIER@TU-COTTBUS.DE

1. Introduction

Teams have been increasingly used in business practice (Stewart and Barrick 2000; Barczak / Griffin / Kahn 2009) and teamwork skills such as communication or the ability to work in a team are looked at when a person is evaluated for employment. Therefore there is a growing emphasis on developing teamwork skills and on students practicing them as part of their education. Research in the educational context has shown that cooperative learning techniques are suitable – besides practicing how to interact with people – for increasing student achievement (Slavin 1996). Teams and team processes have also received increasing attention in entrepreneurship research. But although new ventures are commonly started by entrepreneurial teams, relatively little is known about the process of effectively assembling and maintaining them (Kamm et al. 1990). Entrepreneurial education programs might encourage teams to be entrepreneurial. In this paper we want to explore the relationship between team characteristics, intra-team processes and team performance of student teams in a business planning course setting. In addition, we investigate if entrepreneurship education programs fostering both cooperation and entrepreneurship are having an effect on entrepreneurial intentions on the team level.

2. Theoretical background

There has been extensive research about cooperative and collaborative learning and the use of groups in the classroom setting. Arguments for collaborative work and team projects have been listed including an increased willingness to perform difficult tasks, or greater social skills and intrinsic motivation. With respect to theoretical models in team research researchers generally have adopted an input-process-outcome framework (Marks / Mathieu / Zaccaro 2001). Processes as mediating mechanisms are linking variables such as member, team, or organizational characteristics with criteria such as performance quality and quantity. With respect to entrepreneurial teams Lechler could empirically prove a positive effect of social interaction on new business success (Lechler 2001). In this study we want to explore antecedents and consequences of cooperative learning in an entrepreneurial context. In the following the elements of our model are discussed.

According to McIntyre and Salas well-functioning teams must possess both teamwork and taskwork competencies to be effective (McIntyre / Salas 1995). Taskwork competencies refer to those knowledge, skills and attitudes needed for team members to accomplish the overall team task. They are typically thought of as individual skills. Within the team tasks are likely to be divided. In case of a business plan as overall team task a business concept has to be defined for a proposed business idea and the operation of the venture in the current market has to be explained. The business plan includes market potential, opportunities, growth strategies, financial requirements, and management issues. It also identifies potential risks, problems, and trade-offs. Opportunity recognition has been considered a core competency of entrepreneurship (Chandler / Jansen 1992) and is also relevant for a business plan. In addition, functional competencies in the areas of financial, marketing, human resource and operations management are important. But besides being proficient at the individual tasks, team members require competencies at the team level. The so called skill competencies of teamwork reflect what team members must do to perform effectively. A variety of behavioral teamwork patterns have been discussed in theory such as communication, coordination, performance monitoring, and team building (Eby et al. 1999). We believe that both taskwork and teamwork competencies have a positive effect on team interaction in business planning courses.

With respect to team composition, empirical research linking team diversity to both group process and performance has found mixed results (Mannix / Neale 2005). On the one hand differences between group members can bring about for example a greater pool of cognitive resources or social contacts helping to generate higher quality solutions. On the other hand diversity of group members can result in conflict, reduced social cohesion, or dissatisfaction with the group and finally in a lower group performance (Jackson / Joshi 2004). Because of the negative potential of heterogeneity to create for example emotional conflict, non-cooperation and ineffective communication within teams, we believe vice versa that team homogeneity is positively effecting team interaction.

Interactions between the team members represent the "process element" in the traditional input-process-output model. They include task-oriented behavior (e.g. coordinating group behavior, suggesting new ideas) and socio-emotional behavior (Bales 1950). Empirical research has consistently shown for project teams (Hoegl / Gemuenden 2001), entrepreneurial teams (Lechler 2001) and student teams (Robbins / Fredendall 2001) that team interaction is positively influencing project or venture success.

3. Methodology and Empirical Research Setting

A questionnaire with scale items was developed basing on an extensive literature review. To make sure that the answers were given on the team level participants were asked to answer the questions with respect to the whole business planning team including themselves. The degree of agreement with each item was measured on a five-point Likert scale.

The scale measuring entrepreneurial competencies was a new development evaluating entrepreneurial and economic knowledge and relating to idea identification and evaluation. To derive scale items for teamwork competencies we relied on the facets of teamwork competencies of Eby et al. (Eby et al. 1999). Regarding team homogeneity we developed items relating to the educational background, experience, knowledge level, and age. To measure social interaction in the business plan teams, the teamwork quality concept of Hoegl and Gemuenden (Hoegl / Gemuenden 2001) was used. In addition, conflict resolution, which is considered an important dimension by many authors in the field of entrepreneurial research, was included (Lechler 2001). The subjective satisfaction of the students with the business plan was used as measure for team performance. The course was still in progress and the business plans had yet to be completed. To assess the team learning success, students had to indicate their experience gained collaborating with others and the progress in entrepreneurial thinking and know-how. Entrepreneurial intentions were measured relying on the dimensions perceived feasibility and perceived desirability of starting a business, and the propensity to act (Peterman / Kennedy 2003).

Empirical basis of this study are two business planning courses which ran at Brandenburg University of Technology Cottbus during winter semester 2009/2010. The first course (hereinafter "Einführungsprojekt") consisted to the main part of beginner students of Economics, in total 311 students divided into 80 groups. In the second course (hereinafter "Ringlabor") advanced students from the eBusiness and Business Administration bachelor degree courses took part, in total 23 students in 6 groups. Main goal of the courses was to develop a business plan for a business idea in groups of freely chosen partners. The groups consisted of 2 up to 5 students. The business idea in the Einführungsprojekt was freely chosen, and often consumer-oriented. In the Ringlabor the focus of the business ideas should be related to information technology or eCommerce. The students worked independently on their business plan. Each group had to present their result at least once.

4. Research results

In the survey conducted in the final meetings of the two courses 270 students participated, 247 from Einführungsprojekt and 23 from Ringlabor. Corresponding to the high percentage of women among the Economics beginner students (48.9%), female students participated in the Einführungsprojekt 47.8% and 21.7% in the Ringlabor. More than half of the students (55.6%) rated their satisfaction with the teamwork as good or very good. Advanced students were significantly more satisfied with the teamwork (87.0%) than beginner students (52.6%). The reason for this might be that a lot of students in the Einführungsprojekt built teams with others they did not know before. In total almost a third (31.1%) of the students would approve of starting a business with their business plan team. The willingness of the advanced students (73.9%) is again higher in comparison to the beginner students (27.1%).

A PLS model was developed to examine the relationship between input, process and output variables in more detail. All constructs were formulated reflectively. The estimation of the PLS model was performed using SmartPLS. First, the quality of the measures was examined which proved to be satisfactory (see Table 1).

	Number of items	Cronbach's Alpha	Composite reliability	Average Variance extracted
Taskwork competencies	7(12)	0.907	0.926	0.642
Teamwork competencies	17(22)	0.965	0.968	0.644
Team homogeneity	6(8)	0.912	0.932	0.696
Team interaction	16(26)	0.965	0.969	0.659
Team performance	5	0.957	0.967	0.853

	Number of items	Cronbach's Alpha	Composite reliability	Average Variance extracted
Team learning success	9	0.922	0.935	0.616
Entrepreneurial intentions	4	0.902	0.931	0.772

Tab. 1: Quality of measurement scales

After dropping nine items, all factor loadings were above the criterion of 0.707. Discriminant validity is also fulfilled with the square root of AVE being greater than the correlation between the construct and other constructs in the model (see Table 2).

	Correlations	1	2	3	4	5	6	7
1	Taskwork competencies							
2	Teamwork competencies	0.800						
3	Team homogeneity	0.610	0.617					
4	Team interaction	0.689	0.796	0.696				
5	Team performance	0.588	0.675	0.503	0.613			
6	Team learning success	0.583	0.675	0.524	0.590	0.497		
7	Entrepreneurial intentions	0.527	0.527	0.445	0.500	0.423	0.603	
	Square root of AVE	0.801	0.802	0.834	0.812	0.924	0.785	0.879

Tab. 2: Discriminant validity of the team constructs

The structural model is present in Figure 1. The PLS bootstrap procedure was used to estimate the precision of the PLS estimates with the *number of cases* being identical to the original sample set (n=270) and 1,000 iterations (sample sets). Most path coefficients are above 0.2 and significant at the 0.001 level, except for the one between taskwork competencies and team interaction, and the one between team performance and entrepreneurial intentions. All the coefficients are in the expected direction. The model demonstrates a medium level of predictive power with R^2 of the model constructs ranging between 0.375 and 0.702 (weak: $R^2 \geq 0.19$, moderate: $R^2 \geq 0.33$, substantial: $R^2 \geq 0.67$) (see also Table 3).

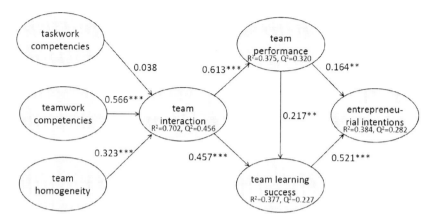

Fig. 1: Path diagram of the empirical model (*** p = 0.000, ** p < 0.01, * p < 0.05)

Construct	$R^2_{excluded}$	Effect size (f^2)	Q^2	q^2
Taskwork competencies → team interaction	0.702	0.000	0.456	0.000
Teamwork competencies → team interaction	0.595	**0.359**	0.390	-0.121
Team homogeneity → team interaction	0.643	**0.198**	0.415	-0.075
Team interaction → team learning success	0.247	**0.209**	0.148	-0.102
Team performance → team learning success	0.347	0.048	0.209	-0.023
Team learning success → entrepreneurial intentions	0.190	**0.315**	0.131	**0.211**
Team performance → entrepreneurial intentions	0.362	0.036	0.270	0.017

Tab. 3: Relative explanatory power of the paths

5. Discussion and Implication

The model shows that teamwork competencies and team homogeneity are two important antecedents of team interaction. In contrast, taskwork competencies only play a minor role. Team interaction is an important mediating mechanism with a strong positive effect on both team performance (satisfaction with the business plan) and team learning success. The results indicate that team interaction should not be neglected and it is important to practice teamwork competencies due to their effect on team interaction. At least in an educational environment team homogeneity is beneficial. Because taskwork competencies have almost no effects on team interaction it should be investigated in more detail if they have other effects which are not included in the model so far. The team learning success is strongly influenced by team interaction, but also by the satisfaction with the business plan. Regarding entrepreneurial intentions team learning success has the strongest impact. In contrast, the satisfaction with the outcome of the course is of minor importance.

The results imply the following practical handling recommendations: Teamwork should be practiced several times during the course of studies. Business planning courses integrating teamwork can support the development of entrepreneurial student teams, but it takes time to develop competencies and to find the right partners. Because team interaction has a strong positive effect on team learning success (and in turn on entrepreneurial intentions), additional lectures or coaching should be provided in the course besides hands-on experience. Working with teams being composed of students from different courses of study seems not to have highest priority.

References

Bales, R.F. (1950): A set of categories for the analysis of smaller group interaction. In: *American Sociological Review*. 15, 2, 257-263.

Barczak, G. / Griffin, A. / Kahn, K.B. (2009): Perspective: trends and drivers of success in NPD practices: results of the 2003 PDMA best practices study. In: *Journal of Product Innovation Management*. 26, 1, 3-23.

Chandler, G.N. / Jansen, E.J. (1992): Founders' self assessed competence and venture performance. In: *Journal of Business Venturing*. 7, 3, 223-236.

Eby, L.T. / Meade, A.W. / Parisi, A.G. / Douthitt, S.S. (1999): The development of an individual-level teamwork expectations measure and the application of a within-group agreement statistic to assess shared expectations for teamwork. In: *Organizational Research Methods*. 2, 4, 366-394.

Hoegl, M. / Gemuenden, H.-G. (2001): Teamwork quality and the success of innovative projects: A theoretical concept and empirical evidence. In: *Organization Science.* 12, 4, 435-449.

Jackson, S.E. / Joshi, A. (2004): Diversity in social context: A multi-attribute, multi-level analysis of team diversity and sales performance. In: *Journal of Organizational Behavior.* 25, 6, 675-702.

Kamm, J.B. / Shuman, J.C. / Seeger, J.A. / Nurick, A.J. (1990): Entrepreneurial teams in new venture creation: A research agenda. In: *Entrepreneurship Theory and Practice.* 14, 4, 7-17.

Lechler, T. (2001): Social interaction. A determinant of entrepreneurial team venture success. In: *Small Business Economics.* 16, 4, 263-278.

Mannix, E. / Neale, M. (2005): What differences make a difference? The promise and reality of diverse teams in organizations. In: *Psychological Science in the Public Interest.* 6, 2, 31-55.

Marks, M.A. / Mathieu, J.E. / Zaccaro, S.J. (2001): A temporally based framework and taxonomy of team processes. In: *The Academy of Management Review.* 26, 3, 356-376.

McIntyre, R.M. / Salas, E. (1995): Measuring and managing for team performance: Lessons from complex environments. In: Guzzo, R.A. / Salas, E. (eds.): *Team Effectiveness and Decision Making in Organizations.* San Francisco: Jossey-Bass, 9-45.

Peterman, N F / Kennedy, J. (2003): Enterprise education: Influencing students' perceptions of entrepreneurship. In: *Entrepreneurship Theory and Practice.* 28, 2, 129-144.

Robbins, T.L. / Fredendall, L.D. (2001): Correlates of team success in higher education. In: *Journal of Social Psychology.* 141, 1, 135-136.

Slavin, R.E. (1996): Research on cooperative learning and achievement: what we know, what we need to know. In: *Contemporary Educational Psychology.* 21, 1, 43-69.

Stewart, G.L. / Barrick, M.R. (2000): Team structure and performance: Assessing the mediating role of intrateam process and the moderating role of task type. In: *Academy of Management Journal*. 43, 2, 135-148.

Elemente einer handlungsorientierten Entrepreneurship Education – das Beispiel der HWR Berlin

PROF. DR. SVEN RIPSAS, PROFESSOR FÜR ENTREPRENEURSHIP, HOCHSCHULE FÜR WIRTSCHAFT UND RECHT BERLIN, SRIPSAS@HWR-BERLIN.DE

1. Einleitung

Die Entrepreneurship Education an der HWR Berlin basiert zu großen Teilen auf dem Entrepreneurshipansatz von Günter Faltin, wie er z. B. im Buch „Kopf schlägt Kapital" (vgl. Faltin 2008) ausführlich beschrieben ist. Dementsprechend ist es das Ziel, eine möglichst große Anzahl von HWR-Studierenden in die Lage zu versetzen, ein eigenes, profitables Unternehmenskonzept („Entrepreneurial Design") mit einem für den Kunden spürbaren zusätzlichen Kundennutzen gestalten und am Markt erfolgreich umsetzen zu können.

2. Grundlegende Konzepte des Entrepreneurship

Um die Entrepreneurshipausbildung an der HWR Berlin möglichst gut verständlich beschreiben zu können, sollen zunächst die Begriffe Entrepreneurship, Entrepreneurial Design, Konzept-kreative Gründungen und Kompetenzen definiert und die zu beobachtende Praxis der Gründerausbildung vor dem Hintergrund der theoretischen Funktion des Entrepreneurship in der Ökonomie reflektiert werden.

Entrepreneurship

In der ökonomischen Theorie spielte der Unternehmer lang Zeit keine zentrale Rolle. Das überrascht insofern, als dem Unternehmer intuitiv eine zentrale Funktion in der Wirtschaft zugewiesen wird. Es ist gerade einmal etwas mehr als 10 Jahre her, dass Kirzner schrieb: „Leider hat die herrschende Wirtschaftswissenschaft die Rolle des Unternehmers vernachlässigt. Dadurch ist beim Laien das vorhandene naive Bild des Unternehmers verstärkt worden, das Bild eines funktionslosen Parasiten, der sich selbst auf Kosten der unschuldigen Konsumenten und der hart arbeitenden Bevölkerung bereichert. Diese Sichtweise ist zu bedauern; nicht nur wegen ihrer inhärenten Ungenauigkeit und Ungerechtigkeit, sondern auch wegen ihres schädlichen Potentials für das allgemeine wirtschaftliche Wohlergehen." (Kirzner 1998: 1).

In der noch jungen Entrepreneurshipforschung wird der Versuch unternommen, den Begriff Entrepreneurship theoriegeleitet zu definieren (vgl. z.B. Baumol 1968, Kirzner 1978). Im Ergebnis können in chronologischer Reihenfolge vier Hauptfunktionen des Entrepreneurs im ökonomischen Prozess festgehalten werden (in Klammern die Namen der Wissenschaftler, auf die diese Funktionen zurückzuführen sind; vgl. ausführlich Ripsas 1997, Hébert / Link 1988; Fallgatter 2002):

1. Übernahme von Unsicherheit (Knight)

2. Durchsetzen von Innovationen (Schumpeter)

3. Entdecken von Preisarbitragen (Kirzner)

4. Koordination von Ressourcen (Casson)

Mit der zunehmenden Bedeutung der Managementlehre hat sich gegen Ende des 20. Jahrhunderts ein handlungsorientiertes Verständnis des Entrepreneurship durchgesetzt. 1992 definierten Hisrich/Peters Entrepreneurship als "(...) process of creating something different with value by devoting the necessary time and effort, assuming the accompanying financial, psychic, and social risk, and receiving the resulting rewards of monetary and personal satisfaction" (Hisrich / Peters 1992: 10). In diesem Verständnis spielt weniger die Besitzkomponente („own") als vielmehr das Agieren, das Erkennen und Durchsetzen von innovativen Geschäftsmodellen die zentrale Rolle beim Entrepreneurship, wie auch die folgende Definition erkennen lässt: "Entrepreneurship is the pursuit of opportunity without regard to resources currently controlled" (Stevenson / Roberts / Grousbeck 1994: 5).

Entrepreneurial Designs und Konzept-kreative Gründungen

Um den kreativen Schöpfungsprozess des Entrepreneurship stärker zu betonen und der permanenten, gedanklichen Verfolgung des Ziels einer ökonomisch optimalen, ja ästhetischen Faktorkombination aus Kundennutzen, effizienter Produktion und hohen Erträgen näher zu kommen, wurden in den letzten Jahren die Begriffe Entrepreneurial Design und Konzept-kreative Gründungen durch die Zusammenarbeit des Autors mit Günter Faltin (vgl. Faltin 2008: 19) entwickelt.

Der Begriff Entrepreneurial Design baut auf dem Geschäftsmodellbegriff auf. Nach Stähler besteht ein Geschäftsmodell aus den drei Hauptkomponenten Kundennutzen, Architektur der Wertschöpfung und Ertragsmodell (vgl. Stähler 2002) und beschreibt modellartig den Aufbau und den Nutzen des Unternehmens. Oder anders formuliert: „A Business Model describes the rationale of how an organization creates, delivers, and captures value" (Osterwalder 2009: 14).

Konzept-kreative Gründer verfügen in diesem Verständnis über innovative Entrepreneurial Designs, das heißt, ihre Innovationen beruhen weniger auf neuartigen, häufig „patentierbaren" Technologien, als vielmehr auf der neuartigen Kombination von ökonomischen Prozessen und Komponenten (z. B. ergab bei dem Unternehmen Projektwerkstatt Teekampagne GmbH die Neukombination der durchaus bekannten Elemente Großpackung, Direktvertrieb und Saisonverkauf das einzigartige Entrepreneurial Design der Teekampagne, vgl. Faltin 2008: 5ff). Durch die neuartige bzw. innovative Gestaltung der vor- und nachgelagerten Stufen der Wertschöpfungskette und einer intelligenten Gestaltung der Ertragsströme, die sowohl die Kunden- als auch die Liquiditätsbedürfnisse des Unternehmens berücksichtigt, können sich ökonomisch völlig neuartige Möglichkeiten ergeben (z. B. Verkaufspreise, die deutlich unter denen der Wettbewerber liegen). Dieses „Gesamtkunstwerk" kann als Entrepreneurial Design, das Unternehmen als Konzept-kreative Gründung bezeichnet werden.

Wie die folgende Aufzählung zeigt, handelt es sich bei Konzept-kreativen Gründungen keineswegs nur um Unternehmen, die klein bleiben, sondern um Unternehmen, die mit zu den erfolgreichsten der jüngeren Wirtschaftsgeschichte gerechnet werden können. International zählen u. a. IKEA, Migros, Body Shop, skype, Facebook und YouTube zur Gruppe der Konzeptkreativen Gründungen. In Deutschland können Aldi, XING, studiVZ, Teekampagne, Würth und die dm-Drogeriemarkt-Kette zu dieser bisher vernachlässigten Gattung von Unternehmensgründungen gezählt werden.

<u>Kompetenzen</u>

Bei der Entrepreneurship Education an der HWR Berlin steht die Vermittlung der Kompetenzen zur Entwicklung von Entrepreneurial Designs im Vordergrund. Die theoretischen Grundlagen werden aus dem KODE-Modell von Heyse / Erpenbeck (z. B. Heyse / Erpenbeck / Ortmann 2010) heraus entwickelt. Dieser Kompetenzansatz eignet sich für die Anwendung in der Entrepreneurship Education, da Kompetenzen als Selbstorganisations-Voraussetzungen zu verstehen sind, mit deren Hilfe Menschen in immer wieder neuen, nicht vorhersehbaren Situationen – typisch für Entrepreneurship – ihr Wissen wie auch ihre Erfahrungen, Fähigkeiten, Fertigkeiten, Werte und Ideale anwenden müssen (vgl. Heyse 2010: 56). Bei KODE werden vier Kompetenzbereiche unterschieden: Personale Kompetenzen, Aktivitäts- und Handlungskompetenzen, Fach- und Methodenkompetenzen und Sozial-kommunikative Kompetenzen. Eine kompetenzorientierte Entrepreneurship Education muss also versuchen, über alle Kompetenzbereiche hinweg, den Menschen zu fördern.

3. Entrepreneurship Education

In der deutschsprachigen Entrepreneurship Education steht häufig die ökonomische Selbständigkeit im Vordergrund – zu Lasten des Innovationsaspekts. Die Lehrkonzepte fokussieren auf originäre Gründungen[13], wobei hier zwei Gründungstypen unterschieden werden können: Necessity-Entrepreneure gründen aus der Not heraus und zum Zwecke der Einkommenserzielung (z. B. aus der Arbeitslosigkeit); Opportunity-Entrepreneure gründen, weil sie eine entdeckte Wertschöpfungschance verfolgen. Diese Unterscheidung ist wichtig, weil es Hinweise darauf gibt, dass Opportunity-Entrepreneurship eine positive Wirkung auf das Wirtschaftswachstum eines Landes hat, Necessity-Entrepreneurship hingegen nicht (vgl. Acs / Armington 2006, S. 97).

In einer auf Konzept-kreative Unternehmen ausgerichteten Entrepreneurship Education sollte dem Innovationsaspekt ein stärkeres Gewicht gegeben werden, um so mehr „wertschöpfungsorientierte Gründer" auszubilden. Dabei kann die Entrepreneurship Education auf Instrumente aus den Bereichen des Strategischen Managements und des Marketings zurückgreifen. Zu selten werden bisher akademisch gut aufbereitete Themen wie die innovative Gestaltung von Wertketten oder die Vermarktung von Innovation auf die besonderen Situationen von „entrepreneurial ventures" (z. B. teilweise geringe Ressourcen und/oder fehlende

---

[13] Originäre Gründungen bezeichnen völlig neue Unternehmen, wohingegen bei derivativen Gründungen auf bereits bestehende Unternehmensstrukturen zurückgegriffen werden kann (z. B. Tochtergesellschaften von Unternehmen).

Vertriebsstrukturen, Berücksichtigung der Person) angewendet (vgl. als positive Ausnahmen Meyer / Neck / Meeks 2003; Rüggeberg 2003). Wenn aus Sicht der Konzept-kreativen Entrepreneurship Education die Fähigkeit zum Erkennen und Realisieren von Wertschöpfungspotenzialen das Ziel ist, so sollte der Instrumentenbaukasten des Strategischen Managements und des Marketings mit Erkenntnissen über die Besonderheiten des Gründungsprozesses und der Rolle der Eigentümerunternehmer ergänzt werden.

Aber es geht noch um mehr. Es geht es um eine Geisteshaltung („a way of thinking"), eine Einstellung bei Gründern und Angestellten. Es geht um eine bestimmte Art und Weise, die ökonomische Realität zu hinterfragen. Es geht um das Ziel, durch ökonomische Kreativität (vgl. Göbel 1990) und eigene wirtschaftliche Aktivitäten neuen Wert zu schaffen. Entrepreneurship schließt das Gründen von Unternehmen ebenso mit ein, wie das unternehmerische Agieren von Angestellten. Im Folgenden – und auch bei der Konzeption der Entrepreneurship Education an der HWR Berlin – wird daher der Begriff Entrepreneurship als Managementhandeln im Sinne der Definition von Stevenson / Roberts / Grousbeck interpretiert und als Prozess verstanden, bei dem innovative und wertschöpfende Entrepreneurial Designs entwickelt werden, die mehrheitlich im eigenen Unternehmen umgesetzt werden. " (vgl Stevenson / Roberts / Grousbeck 1994: 5). Selbständigkeit kann, muss aber nicht, mit Entrepreneurship einhergehen.

Es ist insofern nur konsequent, der Gründungsdidaktik mehr Aufmerksamkeit zu widmen. Ein erstes Drei-Stufen-Modell entstand 1998 (vgl. dazu ausführlich Ripsas 1998: 217-234) und führt die Studierenden über Basisveranstaltungen zur Wissensvermittlung „Kompetenzen umfassen immer auch notwendiges Wissen." (Heyse 2010: 69) und die Möglichkeit zum aktiven experimentellen Lernen und Trainieren zur dritten Stufe, dem Start des eigenen Projekts, und damit zur Anwendung der Kompetenzen in einer neuen, im Lehrplan nicht vorhersehbaren Situation.

In den letzten Jahren war es vor allem Braukmann, der an der Universität Wuppertal auch den einzigen Lehrstuhl für Gründungsdidaktik in Deutschland inne hat, der sich der Gründungsdidaktik widmete und eine *Didaktik zur Entwicklung der unternehmerischen Persönlichkeit (DEUP)* entwickelt (vgl. Braukmann / Schneider / Voth 2010: 8). Weber / Graevitz /

Harhoff haben zahlreiche Studien zu Entrepreneurshipkursen an Hochschulen ausgewertet und kommen zu dem Schluss, dass diese einen positiven Einfluss auf die wahrgenommene Attraktivität einer Unternehmerkarriere und die Selbstwirksamkeit der Studierenden (also die subjektive Einschätzung der eigenen Kompetenz zur Bewältigung einer Herausforderung) haben (vgl. Weber / Graevitz / Harhoff 2009: 2).[14] Diese Aussage wird auch durch die empirische Studie von Müller untermauert, die feststellt, „(...) that it is possible to promote entrepreneurial intentions through effectively designed entrepreneurship training" (Müller 2008: 159).

Eine Herausforderung für die Entrepreneurship Education ist die Berücksichtigung der individuellen Persönlichkeit. Gibt es ein Persönlichkeitsprofil des erfolgreichen Entrepreneurs? Das Interesse der Forscher wurde durch Kapitalgeber angeregt. Diese versuchen, ihre finanziellen Risiken dadurch zu minimieren, dass sie im Vorfeld der Gründung Aussagen über die Qualität der Gründerpersönlichkeit (und damit über die Erfolgswahrscheinlichkeit) treffen. Jedoch führte die Analyse der Charaktermerkmale und Persönlichkeitseigenschaften („traits") genauso wie die der demographischen Merkmale der Gründer zu keinem einheitlichen Ergebnis (vgl. Müller 2008: 50). Fünfzig Jahre nachdem an der Harvard Business School die ersten Entrepreneurshipkurse abgehalten wurden, stellt Gartner in seinem Artikel *„Who ist the Entrepreneur?" Is the Wrong Question* fest: "The entrepreneur is not a fixed state of existence, rather entrepreneurship is a role that individuals undertake to create organizations (Gartner 1989: 64)." Zu vielfältig ist die Persönlichkeit, als dass durch die Entrepreneurship Education verbindlich erkannt und festgelegt werden könnte, wer zukünftig erfolgreich Unternehmen gründet. In der Konsequenz rückt die Handlungskompetenz, die Selbstorganisation der Entrepreneure, in den Fokus. Sie ermöglicht einen möglichst großen individuellen Spielraum für unterschiedliche Lernwege.

In diesem Sinne sollte sich die Entrepreneurship Education auf die Vermittlung von Grundlagenwissen und generischen Handlungsstrategien sowie die Förderung der vier Kompetenzen

---

[14] Lerntheoretisch kann die Gründungsdidaktik auf die Modelle der „entrepreneurial intention" von Shapero und der „Theory of Planned Behavior" von Ajzen aufgebaut werden (vgl. Ripsas 1997, S. 194).

(personale Kompetenzen, Aktivitäts- und Handlungskompetenzen, Fach- und Methodenkompetenzen und sozial-kommunikative Kompetenzen) konzentrieren und Raum lassen für die individuellen Lern- und Umsetzungswege. Die Ausgangssituation eines jeden Studierenden ist anders, seine Erfahrung, seine Werte wie auch die Ziele für die Zukunft unterscheiden sich von denen seiner Kommilitonen. Jedes Entrepreneurial Design wird anders und ist ohne Garantie auf Erfolg. Wie auch aus einer Marketinglehrveranstaltung nicht automatisch Absolventen erwachsen, die mit Garantie erfolgreiche Werbekampagnen konzipieren, so gilt auch für die Entrepreneurship Education, dass Theorie allein nicht ausreicht. Die Entrepreneurship Education ist vielmehr mit der Vermittlung von Handlungskomponenten zu vergleichen, die die Studierenden dann in späteren „Ventures" selbständig und immer wieder anders zusammensetzen.

Betont die Entrepreneurship Education die Innovationskomponente, dann heißt Entrepreneurship kreative Zerstörung (vgl. Schumpeter 1993), das Ersinnen von neuartigen Geschäftsmodellen, die die bestehenden Marktprozesse derartig radikal verdrängen, dass manche Autoren von „Revolution" sprechen (vgl. Hamel 2000). Es stellt sich die Frage: „Wie werden Revolutionäre ausgebildet?" Damit Entrepreneurshipstudierende ökonomisch revolutionär denken, reichen traditionelle Lehr- und Lernformen wie Vorlesung und Seminar kaum aus. Revolution verlangt nach aktivem Mitgestalten. Und wann immer Menschen selbständig gestalten, ist der Prozess ergebnisoffen – genau dies macht Entrepreneurship Education so anspruchsvoll. Entrepreneure haben den Wunsch nach Veränderung, streben danach, wie ein Hundertmeterläufer das Rennen zu gewinnen bzw. danach, der Welt zu zeigen, dass ihre Ideen richtig sind, auch wenn anfangs nur wenige daran glauben (vgl. Schumpeter 1993: 135f).

Antoine de Saint-Exupéry wird folgendes Zitat zugeschrieben: „Wenn Du ein Schiff bauen willst, so trommle nicht Menschen zusammen, um Holz zu beschaffen, Werkzeuge vorzubereiten, Aufgaben zu vergeben und die Arbeit einzuteilen, sondern lehre die Menschen die Sehnsucht nach dem weiten endlosen Meer." Entrepreneurship Education muss also die Sehnsucht nach Entrepreneurship lehren. Für Hochschulen heißt das: Sie müssen weg von zu stark verschulten Studienprogrammen. Entrepreneurship erfordert Kreativität, und die findet nicht immer dienstags zwischen 16 und 18 Uhr statt. „Ökonomie mit einem Stück Utopie entsteht nicht im Betriebsalltag. Neue Ideen, Experimente brauchen Orte, die Offenheit, Spiel, Versuch ermöglichen. Ein solcher Ort kann eine Universität sein, muss es aber keineswegs. Phantasie und kreative Produktivität haben sich ja zunehmend aus großen Teilen der Universität verabschiedet" (Faltin 1987: 324).

Um die Antwort auf die Eingangsfrage zu konkretisieren: Entrepreneurship Education kann nicht Hunde zum Jagen tragen. Aber Entrepreneurship Education kann ein Umfeld schaffen, das die gründungsinteressierten Studierenden abholt und ihnen hilft, unternehmerisches Denken (in Abgrenzung zum administrativen Paradigma der BWL) zu lernen. Eine schnelle Lernkurve ist zentral für den Gründungserfolg, denn der Markt verzeiht Fehler nicht. Die Entrepreneurship Education muss daher ein Angebot offerieren, das Managementinstrumente und Betriebswirtschaftskenntnisse vermittelt, Konzepte zur Entwicklung der unternehmerischen Persönlichkeit anbietet und den Gründern einen erfolgreichen operativen Start ermöglicht. Fehler, die andere zuvor machten, können durch die Reflexion in den Lehrveranstaltungen vermieden werden. Eine Garantie auf Erfolg kann es nicht geben. Keine Kunsthochschule kann mit Garantie Virtuosen ausbilden. Es können „nur" hochqualifizierte Absolventen angestrebt werden, und dies ist natürlich auch das Ziel der Entrepreneurshipausbildung. Zudem gilt es, auf die besondere Verantwortung der Entrepreneurship Education hinzuweisen, denn in der Literatur wird darauf verwiesen, dass gerade die Studierenden, die vor den Entrepreneurshiplehrveranstaltungen noch unentschlossen hinsichtlich ihrer Karriereziele waren, zum Gründen animiert werden (vgl. Weber / Graevitz / Harhoff 2009: 32).

4. Konzept-kreative Gründungen als Mittelpunkt der Entrepreneurshipausbildung an der HWR Berlin

Die Entrepreneurship Education an der HWR Berlin basiert auf dem dreistufigen Entrepreneurship Education-Modell von Ripsas (vgl. Kapitel drei). In diesem Kapitel werden die entsprechend spezialisierten Studiengänge bzw. Lehrveranstaltungskonzepte vorgestellt. Die Praxiserfahrung der Dozenten genießt dabei einen hohen Stellenwert.

Aus den Lehrbüchern zum Entrepreneurship (vgl. z. B. Füglistaller et al. 2008; Volkmann / Tokarski 2006) hat sich noch kein Standardwerk für die handlungsorientierte Lehre herausgebildet. Die zumeist wissenschaftlich strukturierten Darstellungen von Einzelaspekten des Entrepreneurship stellen für die Entrepreneurship Education eine nur bedingt geeignete Sammlung von Inhalten dar. Die besten Lehrbücher zum Thema Entrepreneurship im Sinne der Entwicklung Konzept-kreativer Gründungen sind bisher nicht die Lehrbücher von Professoren, sondern Werke von Unternehmern wie Guy Kawasakis „The Art of the Start" (vgl. Kawasaki 2004) oder Anita Roddicks „Body and Soul" (vgl. Roddick 1991): – mit einer Ausnahme: Günter Faltins „Kopf schlägt Kapital" (vgl. Faltin 2008), das nicht umsonst Top-Platzierungen in den Wirtschaftsbestsellerlisten 2009 erreichte. Das Buch überzeugt durch die Kombination aus fachkundiger Reflexion und praktischen Gestaltungsempfehlungen für innovative Entrepreneurial Designs. Faltin vermeidet es bewusst, die Individualität der jeweiligen Gründungssituation („every entrepreneur is unique") den in Wissenschaftskreisen dominierenden, aber in der Entrepreneurshipforschung nur mit der Konsequenz der Realitätsferne realisierbaren Kriterien der methodischen Strenge (Validität und Reliabilität) zu opfern.

4.1 Praxisorientierte Lehre: Studiengänge im Bereich Entrepreneurship

Die HWR Berlin bietet ein innovatives Spektrum von Lehrveranstaltungen im Bereich Entrepreneurship:

- Seit 2000 gibt es im größten Studiengang der Hochschule (bis 2007 Diplomstudiengang Betriebswirtschaftslehre, heute Bachelor Business Administration) einen Wahlpflichtbereich zum Thema Entrepreneurship im Umfang von 12 Semesterwochenstunden;

- ebenfalls seit 2000 gibt es einen auf junge und kleine Unternehmen spezialisierten weiterbildenden Masterstudiengang (zunächst MBA Kleine und mittlere Unternehmen, heute MBA Entrepreneurship);

- seit 2001 gibt es eine Professur für Entrepreneurship und einen Existenzgründungsbeauftragten des Rektors;

- 2006 wurde zusätzlich die Professur für Mittelstand und Unternehmensnachfolge eingerichtet und

- ebenfalls 2006 wurde der Studiengang „Unternehmensgründung und -nachfolge" gestartet.

4.1.1 Der Bachelorstudiengang „Unternehmensgründung und -nachfolge"

Mit dem Bachelorstudiengang „Unternehmensgründung und -nachfolge" bietet die HWR Berlin seit 2006 als erste Hochschule in Deutschland ein betriebswirtschaftliches Erststudium mit dem Fokus Entrepreneurship an. Die Nachfrage für die 35 Studienplätze ist kontinuierlich hoch. Mit der Landesbank Berlin konnte zudem ein Partner gewonnen werden, der die Studiengangsarbeit finanziell, aber auch mit Know-how unterstützt. Das herausragende Merkmal des Studiengangs ist die Gestaltung als Startbahn in die Selbständigkeit. So schließt das achtsemestrige Abendstudium nicht mit der wissenschaftlichen Bachelorarbeit, die wird bereits nach sechs Semestern geschrieben, sondern mit dem Erstellen des eigenen Gründungs- bzw. Nachfolgekonzepts ab. In den letzten zwei Semestern erarbeiten die Studierenden, gecoacht durch vier Dozenten aus unterschiedlichen Bereichen (z. B. Entrepreneurship, Marketing, Recht und Finanzierung), ihre individuellen Businesspläne.

Ein wichtiges vorbereitendes Element für die eigene Gründung ist das interdisziplinäre Themenfeld Entrepreneurship, das im fünften Semester angeboten wird, zwölf Semesterwochenstunden umfasst und offen für Studierende aller Bachelorstudiengänge ist. Nach einer ca. vierwöchigen Einführung (Basislehrveranstaltungen), in der die Studierenden Entrepreneurship aus verschiedenen wissenschaftlichen Perspektiven (z. B. Managementlehre, Soziologie, Recht) kennenlernen, stellen sich Gründerteams aus dem BPW in der HWR Berlin vor. Die Vielfalt der Ideen ist groß: Kokoswasser im Direktvertrieb, innovative Getränkeautomaten mit Hightech-Bedienelementen und Internetplattformen zum Wissensmanagement sind nur drei der 30 Ideen, die in den Kursen bisher analysiert wurden. Entsprechend der Prämisse des Lernens unter Ernstbedingungen unterstützen die HWR-Studierenden die Unternehmensgründer aus dem Businessplan-Wettbewerb Berlin-Brandenburg (BPW) bei der Umsetzung ihrer Businesspläne. Die Studierenden analysieren die „entrepreneurial designs" und die Qualität der Businesspläne und erarbeiten Vorschläge für die konzeptionelle Weiterentwicklung. Lerntheoretisch reflektieren sie ihre Erfahrungen in den Lehrveranstaltungen und lernen so aus erster Hand die realen Herausforderungen des Entrepreneurship kennen, bevor sie anschließend eigene „entrepreneurial designs" (z. B. im Rahmen der Abschlussarbeit) erarbeiten und Businesspläne schreiben, die ihre individuellen Stärken und Zukunftsziele berücksichtigen.

4.1.2 Der Masterstudiengang „MBA Entrepreneurship"

Der MBA Entrepreneurship wurde im Wintersemester 2000/2001 als MBA für kleine und mittlere Unternehmen gestartet und war der erste MBA Studiengang mit der Orientierung Entrepreneurship in Deutschland. Durch die kontinuierliche Weiterentwicklung (laufende Aktualisierung des Curriculums, 2004 Umbenennung in MBA Entrepreneurial Management, 2005 Start des Wichita Projekts, 2008 Firmierung als MBA Entrepreneurship) hat das Institute of Management Berlin der HWR Berlin ein klares inhaltliches Profil für den Studiengang entwickelt.

Auch in diesem weiterbildenden Studiengang findet sich die Dreistufigkeit aus Basislehrveranstaltungen, aktivem Lernen und der Anwendung des Erlernten beim Start des eigenen Vorhabens wieder. Ergänzt wird dieses „Lernsetting" um die Dimension der Internationalität. Der Kurs „International Strategic Consulting Project" bietet vor allem hinsichtlich des Ernstcharakters und der Möglichkeit, eigene Erfahrungen im Zuge der Internationalisierungsprozesse anderer junger Unternehmen zu sammeln, einzigartige Chancen. Er wurde in 2009 bereits zum fünften Mal durchgeführt. Als deutsch-amerikanische Innovation im Bereich der Masterausbildung ist es das Ziel dieser Zusammenarbeit: "... to give U.S. and German students a real-world international work team experience." (Dorothy Harpool, Director of Graduate Studies Barton School of Business, Wichita State University, Kansas, USA)

Aus diesen Beispielen wird deutlich, wie die Entrepreneurshipausbildung an der HWR Berlin versucht, „die Sehnsucht nach Entrepreneurship" zu fördern: zunächst durch das Teilnehmen am Gründungsprozess anderer (Sammeln von Erfahrungen und kritisches Reflektieren), anschließend durch das aktive Umsetzen des Gelernten in eigenen Konzepten.

4.2 Institutioneller Rahmen und Gründerbeispiele

Die HWR Berlin verfügt über verschiedene, das Lehrangebot begleitende Entrepreneurshipangebote.

4.2.1 Das EMF-Institut

Das Institut für Entrepreneurship, Mittelstand und Familienunternehmen (EMF-Institut) ist eine interdisziplinäre Forschungseinrichtung der HWR Berlin. Es wurde 2008 von sechs Professoren (u. a. Birgit Felden, Sven Ripsas und Harald Rüggeberg) verschiedener Disziplinen der HWR Berlin ins Leben gerufen. Das Institut ist eine logische Entwicklung der zunehmenden Aktivitäten der Hochschule im Bereich Entrepreneurship. Aufgabe des EMF-Institutes ist es, Forschungslücken zu schließen und die Forschungserkenntnisse der an der HWR Berlin mit den Themen Entrepreneurship, Mittelstand und Familienunternehmen befassten Professoren und assoziierten Forschern in die Fachwelt und die Öffentlichkeit zu kommunizieren. Die Forschungsergebnisse gehen unmittelbar in die Lehre der HWR Berlin ein.

4.2.2 Das Gründerzentrum der HWR Berlin

Obwohl die HWR Berlin in der Lehre wie auch bei der Einrichtung der Entrepreneurship-Professuren einer der Vorreiter in Deutschland war, dauerte es bis zum Jahr 2009, bis die Hochschule ein eigenes Gründerzentrum einrichtete. Das Gründerzentrum der HWR Berlin bietet auf 400 qm Bürofläche, Arbeits- und Seminarräume sowie Beratungskapazität für Gründer im Umfeld der Hochschule an. Die HWR Berlin bietet den Studierenden damit neben den Lehrveranstaltungen auch konkrete Unterstützung bei der Umsetzung der Konzeptkreativen Geschäftsmodelle an. Neben dem durch die räumliche Nähe erleichterten unmittelbaren Austausch, durch den die Gründer wichtige Informationen untereinander kommunizieren, bietet das Gründerzentrum im Rahmen des Programms „Gründereinstieg" Beratungsleistungen aus dem Praxisnetzwerk (u. a. Unternehmens- und Rechtsberatung, Workshops zur Verhandlungstechnik). Von 2005 bis 2009 gingen mehr als 100 Gründungen aus dem Programm „Gründereinstieg" hervor, darunter Beratungsfirmen, produzierende Betriebe und Onlinedienstleister. Auch das Unternehmen PaperC, auf das gleich noch näher eingegangen werden wird, zählte zu den Teilnehmern.

4.2.3 Beispielhafte Ausgründungen aus der HWR Berlin

Erfolge in Form von medienträchtigen Unternehmensgründungen brauchen Zeit und sind aufgrund der fehlenden Alumnikultur in Deutschland schwer zu dokumentieren. Immerhin konnten zwei dem Verfasser bekannte Ausgründungen aus der HWR Berlin (PaperC.de und niiu.de) im Jahre 2009 ca. 1,5 Mio. € an Finanzierungsvolumen akquirieren und damit zeigen, dass Konzept-kreative Gründungen in den Augen der Kapitalgeber über erhebliche Potenziale verfügen. Ohne die Gründungen zu vergessen, die an dieser Stelle nicht beschrieben werden, seien die beiden Startups PaperC und niiu als Beispiele für den Typus Gründungen genannt, der durch die Entrepreneurship Education der HWR Berlin gezielt entwickelt werden soll: die Konzept-kreativen Unternehmen.

PaperC wurde 2008 von Felix Hofmann und Martin Fröhlich (beides ehemalige HWR-Studierende) direkt im Anschluss an ihr Studium gegründet. Der dritte Mitgründer ist Lukas Rieder, ein Programmierer. Die Website von PaperC bietet dem Nutzer die Möglichkeit, Fachbücher kostenfrei online zu lesen – erst wenn die Inhalte ausgedruckt oder bearbeitet („getaggt" oder mit Freunden geteilt) werden, wird eine Gebühr für eine virtuelle Kopie der Seite – wie in einem Copyshop bzw. beim Kopierer in der Bibliothek – fällig. Die Dokumentenplattform hatte Ende 2010 etwa 13.500 Bücher von Sach- und Fachverlagen im Angebot und über 100.000 Nutzer. Die Gründer haben am Programm Gründungseinstieg der HWR Berlin teilgenommen, wurden 2008 mit dem EXIST-Gründerstipendium des Bundesministeriums für Wirtschaft und Technologie gefördert, gewannen 2009 den AKEP Preis des Deutschen Buchhandels und wurden Start-up des Jahres 2009 (www.deutsche-startups.de).

Für eine Revolution im Medienbereich engagieren sich die Gründer von niiu.de, ein Unternehmen, das die Konvergenz der Medien im Bereich Nachrichten aufgreift und die erste individuell gestaltete und gedruckte Tageszeitung der Welt im November 2009 in Berlin auf den Markt brachte. Einer der beiden Gründer, Hendrik Tiedemann, hatte die Idee zu diesem

Produkt im o. g. Themenfeld Entrepreneurship entwickelt und traf später auf den Kommilitonen Wanja Oberhof, der die Realisierung eines fast identischen Konzepts plante.

Kritisch anzumerken ist, dass es den niiu-Gründern nicht gelungen ist, ein nachhaltiges Geschäftsmodell zu konzipieren. Zwar fand die informationstechnische Realisation der Idee weltweit Beachtung, doch zeigte sich im Laufe der ersten 18 Monate, dass eine Reihe von Annahmen des ursprünglichen Businessplans nicht zutrafen, die Zielgruppe die Zeitung nicht in dem erhofften Maße abonnierte. niiu scheiterte Anfang 2011, weil es mit einem wenig ausgereiften Geschäftsmodell gestartet war, und es nicht gelang, schnell zu lernen und die richtigen Schlüsse aus den ersten realen Markterfahrungen zu ziehen. An diesem Beispiel wird deutlich, dass Entrepreneurship Education der Reifephase des Geschäftsmodells mehr Beachtung widmen sollte, und dass die Nachgründungsphase stärker in die Lehre miteinbezogen werden muss.

Die niiu-Gründer stehen aber auch für ein weiteres, bisher ungelöstes Problem der Entrepreneurship Education – ihnen fehlen noch Studienleistungen, um das Studium zu beenden. Die Umsetzung von Unternehmenskonzepten parallel zum Studium steht häufig im zeitlichen Zielkonflikt mit Lehrveranstaltungen und Prüfungen. Im Falle von niiu könnte also aus dem Scheitern neben der gewonnenen Erfahrung zumindest mehr Zeit für das Beenden des Studiums resultieren.

5. Zusammenfassung und Ausblick

Die HWR Berlin hat viele innovative Elemente der modernen Entrepreneurship Education aufgegriffen. Projekte ermöglichen das Anwenden des vermittelten Wissens unter Ernstbedingungen. Durch die Einbeziehung der Kompetenzdiagnostik und förderung auf Basis von KODE wird an der HWR Berlin eine noch stärkere Fokussierung auf die Handlungskompetenzen der zukünftigen Entrepreneure realisiert. Damit sieht sich die Entrepreneurship Education der HWR Berlin im Einklang mit der Forderung Peter Druckers, die Managementausbildung weniger an theoretischen Fallbeispielen, als vielmehr am Lernen unter Ernstcharakter zu orientieren. Doch noch immer sind die Zeitraster recht starr, unternehmerische Kreativität kann sich nicht idealtypisch entfalten.

Aber auch an anderen Hochschulen gibt es exzellente Ansätze – für die Universitäten gelten die Universität Potsdam und die BTU Wuppertal in der Entrepreneurship Education als führend (vgl. Schmude 2009) – ein vergleichbares Ranking für Fachhochschulen gibt es noch nicht. Die HWR Berlin kann, wenn sie sich der weiteren Umsetzung aktueller Forschungsergebnisse auf dem Gebiet des Entrepreneurship widmet, einen der vorderen Plätze in Deutschland belegen. Dafür gilt es aber, sich weiterzuentwickeln und die Akzeptanz des Themas in den anderen Fachdisziplinen zu stärken. Entrepreneurship ist wie kaum ein anderes Thema dafür geeignet, auf Basis der Interdisziplinarität in der Lehre, ohnehin eine der Stärken der HWR Berlin, zu einem profilbildenden Fachgebiet der Hochschule zu werden.

Die Wirtschaft braucht revolutionäre Denker, die Ökologie und Ökonomie durch Innovationen verknüpfen, die Diversity und andere soziale Aspekte aufgreifen und die dennoch die attraktiven Anreizstrukturen des Marktes für den Einzelnen schätzen. Strukturen mit dem Ziel, Gemeinwohl und individuelle Freiheit miteinander zu versöhnen, in dem Wissen, dass genau wie der Freiheit des Einzelnen dort Grenzen gesetzt werden, wo andere verletzt werden, dem Markt dort Grenzen zu setzen sind, wo er die Umwelt und sozial Schwächere nicht ausreichend beachtet. Dabei darf nicht der Fehler begangen werden, das Kind mit dem Bade auszuschütten. Markt ist und bleibt eine für den Menschen in seiner Freiheitsliebe geeignete Form des Güteraustausches – Konzept-kreatives Entrepreneurship und die Entrepreneurship Education können zu einer aufgeklärten und innovationsgetriebenen gesellschaftlichen Entwicklung einen wichtigen Beitrag leisten.

Literatur- und Quellenverzeichnis

Acs, Z. J. / Armington, C. (2006): *Entrepreneurship, Geography, and American Economic Growth*. New York.

Ajzen, I. (1991): The Theory of Planned Behavior. In: *Organizational and Human Decision Processes*. Nr. 50, 179-211.

Baumol, W. J. (1968): Entrepreneurship in Economic Theory. In: *American Economic Review*. 58. Jg., 64-71.

Braukmann, U. / Schneider, D. / Voth, A. (2010): MODE3 – *Model for Didactical Evaluation of Entrepreneurship Education* – Ein innovativer Ansatz zur gründungsdidaktisch fundierten Evaluation der Entrepreneurship Education an Hochschulen. Unveröffentlicht.

Casson, M. (Hrsg.) (1990): *Entrepreneurship*. Vermont.

Fallgatter, M. J. (2002): *Theorie des Entrepreneurship. Perspektiven zur Erforschung der Entstehung und Entwicklung junger Unternehmungen*. Wiesbaden.

Faltin, G. (1987): Bildung und Einkommenserzielung – Das Defizit: Unternehmerische Qualifiktionen. In: Axt, H. J. / Karcher, W / Schleich, B. (Hrsg.): *Ausbildungs- und Beschäftigungskrise in der Dritten Welt*. Frankfurt (Main), 317-338.

Faltin, G. (2008): *Kopf schlägt Kapital. Die ganz andere Art, ein Unternehmen zu gründen; von der Lust, ein Entrepreneur zu sein*. München.

Fueglistaller, U. / Müller, C. / Volery, T. / Müller, S. (2008): *Entrepreneurship. Modelle, Umsetzung, Perspektiven; mit Fallbeispielen aus Deutschland, Österreich und der Schweiz* (2., überarb. und erw. Aufl.). Wiesbaden.

Gartner, W. B. (1989): "Who Is an Entrepreneur?" Is the Wrong Question. In: *Entrepreneurship Theory and Practice*. 13. Jg., Summer 1989, 47-68.

Goebel, P. (1990): *Erfolgreiche Jungunternehmer: lieber kleiner Herr als großer Knecht! Welche Fähigkeiten brauchen Firmengründer*. München.

Hamel, G. (2000): *Leading the revolution*. London.

Hébert, R. F. / Link, A. N. (1988): *The Entrepreneur*. New York.

Heyse, V. (2010): Verfahren zur Kompetenzermittlung und Kompetenzentwicklung. In: Heyse, V. / Erpenbeck, J. / Ortmann, S. (Hrsg.): *Grundstrukturen menschlicher Kompetenzen – Praxiserprobte Konzepte und Instrumente*. Münster, 55-174.

Heyse, V. / Erpenbeck, J. / Ortmann, S. (Hrsg.) (2010): *Grundstrukturen menschlicher Kompetenzen – Praxiserprobte Konzepte und Instrumente*. Münster.

Hisrich, R. D. / Peters, M. P. (1992): *Entrepreneurship – Starting, Developing, and Managing a New Enterprise* (2. Aufl.). Boston.

Kawasaki, G. (2004): *The art of the start. The time-tested, battle-hardened guide for anyone starting anything*. New York.

Knight, F. H. (1921): *Risk, Uncertainty and Profit*. Boston.

Kirzner, I. M. (1978): *Wettbewerb und Unternehmertum*. Tübingen.

Kirzner, I. M. (1998): Einstieg. In: Faltin, G. / Ripsas, S. / Zimmer, J.: *Entrepreneurship – Wie aus Ideen Unternehmen werden*. München, 1-2.

Meyer, G. D. / Neck, H. M. / Meeks, M. D. (2002): *The entrepreneurship: strategic management interface*. In: *Strategic Entrepreneurship*, 19-44.

Müller, S. (2008): *Encouraging Future Entrepreneurs: The Effect of Entrepreneurship Course Characteristics on Entrepreneurial Intention*. St. Gallen.

Osterwalder, A. / Pigneur, Y. (2009): *Business model generation. A handbook for visionaries, game changers, and challengers*. Amsterdam.

Ripsas, S. (1997): *Entrepreneurship als ökonomischer Prozeß. Perspektiven zur Förderung unternehmerischen Handelns*. Wiesbaden.

Ripsas, S. (1998): Elemente der Entrepreneurship Education. In: Faltin, G. / Ripsas, S. / Zimmer, J.: *Entrepreneurship – Wie aus Ideen Unternehmen werden*. München, 217-233.

Roddick, A. (1991): *Body and soul. Erfolgsrezept Öko-Ethik*. 2. Aufl. Düsseldorf.

Rüggeberg, H. (2003): *Marketing für Unternehmensgründer. Von der ersten Geschäftsidee zum Wachstumsunternehmen*. Wiesbaden.

Schmude, J. (2009): *Vom Studenten zum Unternehmer – Welche Universität bietet die besten Chancen? Ranking 2009.* Frankfurt/Regensburg.

Schumpeter, J. (1993): *Theorie der wirtschaftlichen Entwicklung* (8. Aufl.). Berlin.

Stähler, P. (2002): *Geschäftsmodelle in der digitalen Ökonomie. Merkmale, Strategien und Auswirkungen.* Lohmar/Köln.

Stevenson, H. H. / Roberts, M. J. / Grousbeck, H. I. (1994): New Business *Ventures and the Entrepreneur* (4. Aufl.). Boston.

Volkmann, C. K. / Tokarski, K. O. (2006): Entrepreneurship – *Gründung und Wachstum von jungen Unternehmen.* Stuttgart.

Weber, R. / Graevitz, G. von / Harhoff, D. (2009): *The Effects of Entrepreneurship Education.* München: University of Munich.

Die Reise zu den 3 Schatzinseln: Entrepreneurship - Persönlichkeit - Innovation

PROF. DR. KLAUS SAILER, STRASCHEG CENTER FOR ENTREPRENEURSHIP GGMBH, MÜNCHEN,

KLAUS.SAILER@SCE-WEB.DE | WWW.SEC-WEB.DE

ELLEN MAIER, STRASCHEG CENTER FOR ENTREPRENEURSHIP GGMBH, MÜNCHEN,

ELLEN.MAIER@SCE-WEB.DE | WWW.SCE-WEB.DE

ERIK A. LEONAVICIUS, INNOVATIONSAGENTUR REINVENTIS, MÜNCHEN,

LEONAVICIUS@REINVENTIS.COM | WWW.REINVENTIS.COM

1. Junge Unternehmer im Wettbewerb mit ihren Eltern

Eine neue Workshopreihe am Pfarrkirchner Unternehmergymnasium, die sich über das gesamte Jahr verteilt und immer an einem Samstag stattfindet, hat die Erfolgsfaktoren einer erfolgreichen Unternehmensgründung im Blick: Entrepreneurship, Persönlichkeit und Innovation. Die »Reise zu den 3 Schatzinseln« möchte Schüler für das Thema Entrepreneurship begeistern. »Es geht darum, Persönlichkeiten Wege zu zeigen, wie sie neue Ideen entdecken oder aufgreifen und mit viel Engagement weiterentwickeln können, um diese am Markt erfolgreich umzusetzen«, betonen die Projektentwickler Prof. Dr. Klaus Sailer, Ellen Maier (Strascheg Center for Entrepreneurship gGmbH/Hochschule München) und der Innovationsexperte Erik A. Leonavicius (Innovationsagentur REINVENTIS). Getreu dem Motto »Nur tote Fische schwimmen mit dem Strom« können die Schüler ihr eigenverantwortliches Lernen und Handeln im Rahmen von praxisorientierten, facettenreichen Projekten schulen und unter Beweis stellen. Dabei stehen die jungen Unternehmer im Wettbewerb mit ihren Eltern. »Für uns war es bei der Konzeption des Workshops wichtig, den bedeutendsten Anker im Leben dieser jungen Unternehmer mit einzubeziehen: die Eltern«, so die Projektentwickler.

2. Der Reiseplan: 7 Stunden Zeit, um 3 Schätze zu heben

In der Praxis funktioniert dies dann so: Es gibt drei Gruppen, die die »Reise zu den 3 Schatzinseln« antreten – eine reine Schülergruppe, eine Gruppe mit Schülern und Eltern sowie eine reine Erwachsenengruppe. Alle drei Gruppen haben einen Tag Zeit, um zu einem vorgegebenen Thema ein solides Geschäftskonzept zu präsentieren. Dazu gehört, eine Idee zu entwickeln, für deren Umsetzung eine marktfähige Lösung zu finden und ein schlüssiges Geschäftsmodell für die Vermarktung zu erarbeiten. Wie unterschiedlich die verschiedenen Generationen an das Thema herangehen, sieht man bereits beim Aufenthalt auf Insel 1, »Persönlichkeit«. Was kann mein Team, wo liegen seine Stärken. Welche Kompetenzen zeichnen das Team aus, wo liegen die Schwächen. Die Erkenntnisse daraus führen die Teilnehmer weiter zu Insel 2, »Innovation«. Hier wird der Moderator des Teams festgelegt, Zeit und Kosten werden koordiniert, ein Schriftführer sowie ein Präsentator bestimmt. Nun beginnt die eigentliche Aufgabe. Welche Bedürfnisse haben die Zielkunden, die man ansprechen will? Gibt es schon Wettbewerber? Um dies herauszufinden, starten die Teams eine Befragung, beobachten die Menschen in ihrer Umgebung und untersuchen, welche Lösungen schon existieren. Dann werden mit Kreativitätstechniken Ideen und mögliche Lösungen zu Papier gebracht. Ist die Idee entwickelt, geht es weiter zu Insel 3, »Entrepreneurship«. Hier gilt es nun, ein Konzept zu entwickeln, die Geschäftsidee zu formulieren, das Einzigartige, das Besondere herauszustellen. Die richtige Zielgruppe zu finden, Vorteile gegenüber Wettbewerbern zu erkennen und sich auch mit der Frage zu beschäftigen, wie man denn nun Geld mit der Idee verdient, sind hier die Schwerpunkte. Am Ende steht die Präsentation, die Juroren und die »Bank« überzeugen soll.

Auch wenn zum Schluss ein Sieger gekürt wird – der Dialog zwischen den Generationen im Rahmen der »Reise zu den 3 Schatzinseln« und das Feedback der Teilnehmer zeigen, dass es nur Gewinner gibt. Die Schüler erkennen, was sie in der Gruppe innerhalb eines Tages zu leisten in der Lage sind. Denn meistens kommt die innovativste Lösung von der Schülergruppe. Die Eltern können dagegen stolz bestaunen, welches Potential in ihren Kindern steckt.

3. Schlussfolgerungen

Der Workshop, der junge Unternehmensnachfolger und ihre Eltern anspricht, ist mittlerweile zur »Bayernsache« geworden: Wirtschaftsministerium und IHK Niederbayern sowie der Förderverein des Unternehmergymnasiums haben die Finanzierung sichergestellt, um eine Idee auf den Weg zu bringen, die gerade in einer Region, in der die Selbständigenquote, so formuliert es IHK-Hauptgeschäftsführer Walter Keilbart, bei rekordverdächtigen 14,2 Prozent llegt, unglaublich wertvoll ist. So sieht es auch Regierungspräsident Heinz Grunwald, der im Januar 2010 den Startschuss für die »Reise zu den 3 Schatzinseln« gab. »Es ist im Interesse der Gesellschaft, wenn Jugendliche ans Unternehmertum herangeführt werden. Der wertvollste Schatz ist immer noch die konstruktive Zusammenarbeit in der Familie – gerade in einer Firma ein unverzichtbares Element. Umso erfreulicher, dass genau dieser Gedanke im Mittelpunkt bei diesem Workshop steht«, freut sich Grunwald.

Ressourcen

Die Reise zu den 3 Schatzinseln - Projekthomepage: www.3schatzinseln.de

Unternehmergymnasium Pfarrkirchen: Ute Heim (StRin) und Joachim Barth (StD) sind Initiatoren, Projektleiter und Ansprechpartner des Unternehmergymnasiums Bayern in Pfarrkirchen. Das Unternehmergymnasium Bayern ermöglicht es Schüler/-innen ab der 10. Jahrgangsstufe des Gymnasiums/ der Realschule aus ganz Bayern und darüber hinaus (z. B. in Zukunft auch aus Österreich und Tschechien), zum einen Grundlagen für den Aufbau einer selbständigen Existenz bis hin zur Begleitung einer tatsächlichen Unternehmensgründung zu erhalten und dabei gleichzeitig das Abitur zu absolvieren. Mehr unter: www.unternehmergymnasium.de

Erfolgstreiber in Gründungsprozessen: Persönlichkeiten und Softskills der GründerInnen, Coaches und BeraterInnen – Just in time mit kurzen Hebeln checken, fordern, fördern

ULRICH SCHMEISER, DER DIALOGPARTNER – INHABER, UNTERNEHMENSBERATER UND COACH, MITGLIED IM BUSINESS ANGELS CLUB BERLIN BRANDENBURG E. V., SENATSRAT DES LANDES BERLIN, INFO@DER-DIALOGPARTNER.DE

1. Erfolgstreiber: GründerInnen, Gründungsteam

GründerInnen haben eins gemeinsam: Mit ihren Vorhaben wollen sie aus der Gegenwart heraus die Zukunft gestalten. Erfolgreiche Coaches und BeraterInnen begleiten und unterstützen das. Für die GründerInnen/Coaches/BeraterInnen gilt:

- wichtig ist, was sie tun;
- wichtig ist, wie sie es tun;
- aber das Wichtigste ist für das Auge unsichtbar (siehe 3).

Die Menschen sind die größten Erfolgstreiber in Gründungsvorhaben. Markus Berger-de-León, führend in der deutschen Internetszene und in Führungspositionen bei Jamba, studiVZ und MyHammer, beschrieb das bei einem Salongespräch der Berliner Wirtschaftsgespräche e. V. am 16. Mai 2011 so:

- Er investiere vor allem Vertrauen, Respekt, Offenheit und Fairness in sein Personal. Das erlaube ihm, in Extremfällen bis zu 50 Mitarbeiter einzustellen, aber auch ohne Ansehensverlust zu entlassen. Eine Kernmannschaft folge ihm bei jeder neuen Gründung. Sie bilde das Rückgrat seiner Erfolge: Wenn er morgen z. B. eine Bäckerei kaufe, fragen sie allenfalls, wo sie arbeiten sollen – am Ofen oder im Verkauf.

- Wenn er in Start-up-Unternehmen investiere, z. B. in Spendido, Friendticker oder Vocab, seien die Gründerpersönlichkeiten für ihn entscheidend. Sie müssen die Veränderungen bewältigen: Tragfähige Konzepte sehen oft anders aus als ursprünglich geplant.

- Die Gründerpersönlichkeiten können einen Anteil von mehr als 75% an Finanzierungsentscheidungen privater Investoren haben. Dass Geschäftsidee und Geschäftsmodell anfangs zumindest vom Grundsatz her überzeugen, werde als selbstverständlich vorausgesetzt. Wenn es notwendig sei, werden Gründungsvorhaben in der Startphase mit Wagniskapital auf Kurs gebracht, um erfolg- und ertragreich zu werden.

Der "1. kurze Hebel" für Erfolge von GründerInnen/Coaches/BeraterInnen ist gelebte Unternehmenskultur. Die im Jahr 2007 als Forschungsprojekt des Bundesministeriums für Arbeit und Soziales durchgeführte Repräsentativstudie zum Thema belegt das: Gelebte Unternehmenskultur kann Unternehmenserfolge zu über 30% positiv beeinflussen. Zu den gleichen Ergebnissen kommen auch jährliche Benchmark Wettbewerbe (vgl. BMAS 2008).

2. Ausgangssituation

Professor Faltin beschreibt in seinen Veröffentlichungen erfolgreiche GründerInnen, die wie Künstler und Komponisten in der Hängematte Erfolge erzielen.

Dagegen ist die Praxis oft von den Schwächen, Risiken und Wechselfällen im Gründungsalltag geprägt. GründerInnen werden ohne Rücksicht auf Erfahrungen, Wissen und Tagesform von ihrer relevanten Umwelt gefordert. Entscheidend ist dann u. a.,

- wie sie Veränderungen wahrnehmen,
- welche Vorstellungen sie haben und
- wie offen, kreativ oder versiert sie damit umgehen und wie reif sie sind.

Besonders in solchen Situationen können "passende" Coaches, MentorInnen und BeraterInnen helfen: Durch Interventionen (siehe 4) kann nicht bewusstes und nicht gelebtes Wissen – dieses Potenzial "Es" beträgt nach dem "Eisberg-Modell" bis zu 80% – gehoben werden. Je besser das gelingt, umso mehr können z. B. Rollenbewusstsein, Kernkompetenzen, Selbstsicherheit und -zufriedenheit der GründerInnen gestärkt werden. Gute SportlerInnen haben Coaches/BeraterInnen. Bei GründerInnen ist das nicht selbstverständlich, aber genauso notwendig!

Coaches und BeraterInnen lernen permanent durch das Zusammenwirken. Sie können ihr Erfahrungswissen erweitern, ihren Marktwert erhöhen, Referenzen erwerben. Mit Hilfe bestehender Netzwerke können sie zusätzlich und schnell positive Mehrwerte generieren.

Wenn das gelingt, können GründerInnen/Coaches/BeraterInnen in Gründungsprozessen Win-win-Situationen schaffen. So kann Gründen Spaß machen und positive Effekte bei MitarbeiterInnen und KundInnen auslösen. Auch das belegt die Repräsentativstudie: Die Zahl der MitarbeiterInnen, die sich über das hinaus engagieren, was von ihnen gefordert wird, nimmt zu. Sie sind dann stolz, dem Unternehmen anzugehören. Sie werben für das Unternehmen. Kundenbindung und -zufriedenheit steigen.

3. Generelle Ansatzpunkte der Gründungsförderung

Zentrale Bedeutung für das Coachen/Beraten haben zunächst die Antworten auf folgende Fragen: Was wollen Gründer? Was können sie? Was passt zu ihnen? Was braucht der Markt?

Je früher und präziser diese Fragen schlüssig beantwortet werden, desto größer sind die Erfolgschancen der GründerInnen und ihrer Unternehmen (2. kurzer Hebel).

Als "3. kurzer Hebel" ist wichtig, dass die GründerInnen/Coaches/BeraterInnen mit

1. offenem Denken, ohne Blockaden und Vorurteile

2. offenem Fühlen, ohne belastende Emotionen

3. offenem Willen, ohne Angst

agieren. Je besser das gelingt, desto größer sind die Chancen, mit Erfolg aus der Gegenwart die Vision und die Zukunft des Gründungsvorhabens zu gestalten.

Die Chancen für ein Gelingen steigen, wenn GründerInnen/Coaches/BeraterInnen sich nicht von vergangenen Erfahrungen blockieren lassen und nur bereits Bewährtes "downloaden". Dazu bemerkte Scharmer (vgl. Scharmer 2005) aufgrund von Erfahrungen im Veränderungsmanagement:

„Der [Anm.: eventuell hemmende] Alltagshabitus des Denkens, Fühlens und Wollens lässt sich durch einen Prozess verändern, der durch die folgenden Schritte gekennzeichnet ist: innehalten, umwenden, loslassen, kommenlassen, in-die-Welt-bringen, verkörpern."

Beim Gestalten der Zukunft von Gründungsvorhaben, beim Lösen von Problemen, bei der Stressbewältigung sowie beim Verbessern der Kernkompetenzen und der Selbstsicherheit nehmen der "innere Manager", das Bauchgefühl und der Abbau "blinder Flecken" bei GründerInnen/Coaches/BeraterInnen eine zentrale Rolle ein. Versierte Coaches/BeraterInnen verfügen über das Erfahrungswissen, Mittel und Instrumente, um GründerInnen wirksam zu unterstützen und zu begleiten (siehe 5).

Wenn GründerInnen sich im Beratungs-Setting öffnen, sind sie ungeschützt wie "Butterkrebse". Versierte Coaches/BeraterInnen schaffen ihnen dann geschützte Räume. Sie geben den GründerInnen die Zeit, die sie brauchen, um z. B. ihre "Probleme" zu lösen, sich auf neue Situationen einzustellen, Stress abzubauen und ihr Selbstwertgefühl zu stärken. Wenn Coaches/BeraterInnen bedarfs- und situationsgerecht anregen und spiegeln, wenn GründerInnen/Coaches/BeraterInnen im Idealfall wie Zahnräder zusammenwirken, zahlt sich das für alle aus (siehe 2).

4. Beispiele für konkrete Ansatzpunkte des Coachings/der Beratung

Das, was GründerInnen wollen und können, was zu ihnen passt, ihre persönlichen Ressourcen, ihre Werte, ihre Stärken und Schwächen, Chancen und Risiken sowie ihre Identität, können Coaches/BeraterInnen im gemeinsamen Coachingprozess transparent machen. Folgende Maßnahmen/Instrumente haben sich dabei bewährt:

- systemische Interventionen, zirkuläre und Skalierungsfragen;
- Persönlichkeits- und Reflexionstests, z. B. GPOP Test, Stabile Zonen, Die Fünf Säulen;
- Klärung von Wahrnehmungen und Vorstellungen der gelebten Unternehmenskultur;
- Klärung der Vorstellungen über die unternehmensbezogene Gestaltung der Zukunft;
- systemische oder Organisationsaufstellungen.

Empfehlenswert ist es, so wenig wie möglich, aber so viel wie nötig zu intervenieren, um gemeinsam und zügig tragfähige Lösungen zu entwickeln. Auch hier kommt es auf die richtige Mischung der Sach- und Beziehungsebene an. Weiterführend ist für GründerInnen vor allem das frühzeitige Erkennen und Akzeptieren

- ihrer Position im Veränderungsmanagement,
- der Notwendigkeit, sich von hemmendem Alten zu lösen und ihre Kraft auf das Gründungvorhaben zu konzentrieren,
- ihrer "blinden Flecken" und deren Abbau,
- ihrer "inneren Manager", ihrer Intuition und der Tatsache: Bauch schlägt Hirn – die erste Idee, die empfangen wird, ist meistens die beste und wirksamste. Aber sie wird aus Angst zu selten umgesetzt.

Bewusstes gemeinschaftliches Hören, Sehen und Handeln von GründerInnen/Coaches/BeraterInnen können die Erfolgschancen der Gründungsvorhaben zusätzlich signifikant verbessern (4. kurzer Hebel). Das Bewusstsein für die eigene Position im Veränderungsmanagement sowie die Akzeptanz und der Umgang mit dem eigenen, vorbewussten Wissen, mit "blinden Flecken" und dem "inneren Manager" werden in mehrdimensionaler Hinsicht zu Erfolgstreibern.

Bei GründerInnen stärken sie Werte, Selbstbewusstsein, Selbstsicherheit, Übersicht, Kreativität sowie Kernkompetenzen und Einsichten in Arbeitsteilungen und Netzwerkaktivitäten. Sie bilden wichtige Säulen für den nachhaltigen, vertrauens- und respektvollen Umgang mit Partnern, MitarbeiterInnen, KundInnen und anderen für den Gründungsprozess relevanten Beteiligten.

Für GründerInnen ist es wichtig zu wissen: Es gibt Freunde, Verwandte, Coaches, BeraterInnen und Mentorinnen, denen sie vertrauen können, die helfen, wenn sie sie brauchen. Oft finden GründerInnen beim Schildern ihrer Anliegen eigene tragfähige Lösungen. Wenn nicht, helfen z. B. versierte Coaches/BeraterInnen. Sie können zügig das spiegeln und auf den Punkt bringen, was die GründerInnen brauchen. In Einzelfällen können zusätzlich gezielte Vertiefungen und Tests schnelle Lösungen unterstützen.

Dagegen werden GründerInnen, die nicht über diese Hilfen zur Selbsthilfe und Anschubhilfen auf der Fach- und Beziehungsebene verfügen, Teilen ihrer Kraft und Aufmerksamkeit beraubt, die sie dringend für ihre Vorhaben brauchen. Der Verfasser bietet deshalb auch aufsuchende Leistungen zum Abrunden und Absichern von Coaching- und Beratungserfolgen über vereinbarte Leistungen hinaus an. Das wird in Anspruch genommen und geschätzt.

5. Fallbeispiele

Wie Coaches/BeraterInnen GründerInnen unterstützen, hängt vom Bedarf und von der spezifischen Situation des jeweiligen Einzelfalls ab. Das wird am Beispiel der folgenden drei aktuellen Fälle skizziert.

Im ersten Fall wurde ein Berater mit ½-jähriger Praxis von einem erfahrenen Gründer ausgewählt, weil er unbefangen weiterführende Fragen stellte und unvoreingenommen neue Sichtweisen in das Gründungsgeschehen einbrachte. Zusätzlich brachte der Berater eine zweckdienliche wirtschaftswissenschaftliche Expertise sowie Elemente des Coachings ein. Das brachte Gründer und Projekt voran.

Im zweiten Fall aktivierten Anregungen des Beraters, weitgehend losgelöst von Qualitätsdimensionen des Coachings, das kreative Engagement eines Gründers. Das war das, was der Gründer zunächst brauchte. Die Inspiration durch den Coach löste den Gründungsprozess aus. Ob die bisher ermittelten Grundlagen tragfähig und nachhaltig sind, ist noch offen.

Im dritten Fall unterstützte der Berater den Gründer über die Zielvereinbarung hinaus mit eigenen, ergänzenden Vorschlägen zur Entwicklung des Geschäftsmodells und durch Coaching.

In allen drei Fällen

- passten Berater und Gründer zusammen und agierten auf Augenhöhe,

- brachten die Berater sich aktiv ein (im dritten Fall gab es einen zweiten Berater, der erst auf Nachfragen Lösungen anbot, was dem Gründer nicht reichte),

- agierten die Berater auch als Coaches, Ansprech- und Sparringspartner,

- wollen Gründer und Coach/Berater auch künftig, über den ersten Auftrag hinaus zusammenwirken.

Die Fälle zeigen: Externe Unterstützung bringt Gründungsvorhaben bedarfs- und situationsbezogen voran. Gründungsbezogene Analysen, Coachings und Beratung können die Erfolgschancen von Vorhaben im Vergleich zu standardisierten Beratungen signifikant verbessern. Das gilt erst recht, wenn GründerInnen/Coaches/BeraterInnen ihre persönlichen oder fachlich-sachlichen Grenzen mit Hilfe von Veränderungsmanagement und Netzwerken erweitern, mit dem Gründungsvorhaben offen umgehen und notfalls sogar die Konsequenz des "Loslassens und Ziehen-Lassens" erkennen. Zu diesem Ergebnis kommen auch Caliendo et al. im DIW-Wochenbericht Nr. 11/2011, befragte KollegInnen und der Verfasser (vgl Caliendo / Fossen / Kritikos 2011).

Dagegen eignet sich meines Erachtens der ebenfalls angeregte Einsatz von Assessment-Centern (AC) nicht. AC haben andere Zielsetzungen und Wirkungen. Sie sind zu zeitaufwendig und für die Gründer dabei wenig ergiebig, weil sie keine Persönlichkeitsmerkmale, Fähigkeiten und Kompetenzen erfassen, obwohl sie es vorgeben. Das ergab auch eine Meta-Analyse von Lance et al. aus dem Jahr 2004 (vgl. Lance et al. 2004).

Auch nicht geeignet ist – befragte KollegInnen teilen diese Einschätzung – der Fragebogen "GründerInnen Check - Hände weg von den Sünden beim Gründen" der Universität Potsdam. Der Fragebogen ist kaum gründungsrelevant. Er erschließt u. a. nicht, was GründerInnen nach eigener Einschätzung zum Gründen brauchen und wie sie es erreichen können.

6. Fazit

Wenn GründerInnen Unterstützung und Begleitung brauchen, sollten sie mit offenem Blick nach vorn und in die Zukunft schauen. Maßgeschneiderte, individuelle und aktive Coaching- und Beratungsleistungen können die Erfolgschancen von Gründungsvorhaben signifikant verbessern. Ergänzend können sehr gezielt Spezialcoaches und -beraterInnen hinzugezogen werden oder knackig auf Bedarfe zugeschnittene Workshops gründungsbezogene Spezialthemen anbieten. So verfahren z. B. der Businessplan-Wettbewerb Berlin-Brandenburg und das TCC Berlin. Die Tauglichkeit der Angebote und Formate muss laufend sehr kritisch überprüft werden. Dafür bieten sich z. B. Konkurrenzanalysen und Kundenbefragungen an.

Im Vergleich dazu eignen sich der angeregte Einsatz von Assessment-Centern oder der Fragebogen "GründerInnen Check - Hände weg von den Sünden beim Gründen" der Universität Potsdam nicht zum Checken, Fordern, Fördern von GründerInnen.

Alle gründungsbezogenen Aktivitäten sollten nach dem Motto von Leonardo da Vinci „in der Einfachheit liegt die höchste Vollendung" gestaltet und fortentwickelt werden. Die Praxis zeigt Tag für Tag: Es lohnt sich.

Literatur- und Quellenverzeichnis

Beck, D.E. / Cowan, C.C. (2007): *Spiral Dynamics – Leadership, Werte und Wandel: Eine Landkarte für das Business, Politik und Gesellschaft im 21. Jahrhundert*. Bielefeld: Kamphausen.

BMAS - Bundesministerium für Arbeit und Soziales (2008): *Abschlussbericht zum Forschungsprojekt "Unternehmenskultur, Arbeitsqualität und Mitarbeiterengagement in den Unternehmen in Deutschland*. URL: http://www.bmas.de/SharedDocs/Downloads/DE/PDF-Publikationen/forschungsbericht-f371.pdf?__blob=publicationFile (20.05.2011)

Caliendo, M. / Fossen, F. / Kritikos, A. (2011): Selbständige sind anders: Persönlichkeit beeinflusst unternehmerisches Handeln. In: *Wochenbericht des DIW Berlin*. Nr. 11/2011, 2-8.

Faltin, G. (2007): *Erfolgreich gründen. Der Unternehmer als Künstler und Komponist*. Berlin: Deutscher Industrie- und Handelskammertag.

Filbert, W (2004): Die PRO-aktive Rollenanalyse. In: Rauen, C. (Hrsg.): *Coaching-Tools*. Bonn: managerSeminare, 156-162.

Golden, J.P. / Bents, R. / Blank, R. (2004): *Golden Profiler of Personality (GPOP). Deutsche Adaptation des Golden Personality Type Profiler von John P. Golden.* Bern: Verlag Hans Huber.

Great Place to Work® Institute Deutschland: *Das Great Place to Work Modell*, URL: http://www.greatplacetowork.de/great/modell.php (20.05.2011)

Koditek, T. (2008): *Systemisches Coaching im Prozess. Ein Lern- und Arbeitsbuch.* Berlin: Internationale Akademie der Freien Universität Berlin.

Königswieser, R. (2004): Stabile Zonen. In: Rauen, C. (Hrsg.): *Coaching-Tools.* Bonn: managerSeminare, 95-98.

Lance, C.E / Lambert, T. A. / Gewin, A. G. / Lievens, F. / Conway, J. M. (2004): Revised Estimates of Dimension and Exercise Variance Components in Assessment Center Postexercise Dimension Ratings. In: *Journal of Applied Psychology*, 89, 2, 377-385.

Müller, M. (1998): *Das vierte Feld: Die Bio-Logik revolutioniert Wirtschaft und Gesellschaft.* Köln: Mentopolis.

Pichler, M. (2003): Berufliche Beziehungswelten durchschauen. In: *wirtschaft & weiterbildung*. 01/2003, 10-15.

Rauen, C. (2004): Die Fünf Säulen. In: Rauen, C. (Hrsg.): *Coaching-Tools.* Bonn: managerSeminare, 99-102.

Scharmer, C.O. (2005): *Exzerpt aus: Theorie U: Von der Zukunft her führen. Presencing als soziale Technik der Freiheit – Einführung* (2. Entwurf). MIT, URL: http://www.tombeck.at/weblog/files/scharmer_von_der_zukunft.pdf (20.05.2011)

Scharmer, C.O. (2007): *Theory U: Leading from the Future as it Emerges. The Social Technology of Presencing.* Cambridge, MA: SoL Press.

Simon, F.B. / Rech-Simon, C. (2004): *Zirkuläres Fragen. Systemische Therapie in Fallbeispielen. Ein Lehrbuch.* Heidelberg: Carl-Auer-Verlag.

Ressourcen

Interview mit Thomas Andersen (Berliner Wirtschaftsgespräche e. V.) zur Rolle von Investoren, Mai 2011, Berlin.

Interview mit Katharina Kolerus (The art of human being in business) zu "inneren Managern" und den Grenzen von Assessment-Centern, Mai 2011, Berlin.

Interview mit Ulrich von Prittwitz (Human Resources Manager) zu den Grenzen von Assessment-Centern, Mai 2011, Berlin.

Interview mit Andreas Riedel (CEO & Gründer von IN RESTRUCT) zu Netzwerkarbeiten und den Grenzen von Assessment-Centern, Mai 2011, Berlin.

Interview mit Sybille Wiedmann (Netzwerk Supervision-Coaching Berlin Brandenburg) zu den Grenzen von Assessment-Centern, Mai 2011, Berlin.

Salongespräch mit Markus Berger-de-León (Vorstandsvorsitzender der MY-HAMMER AG) am 16.05.2011 in Berlin (Salon-Stammtisch der Berliner Wirtschaftsgespräche e. V.).

Can Entrepreneurs be Made? – An Exercise Firm at the University of Potsdam

DR. CHRISTIAN SCHULTZ, CHAIR FOR INNOVATION MANAGEMENT AND ENTREPRENEURSHIP, UNIVERSITY OF POTSDAM, CSCHULTZ@UNI-POTSDAM.DE

1. Introduction

Every lecturer in higher education is faced by the challenge of designing a course which balances theory and practice. While the first course in entrepreneurship was offered by Myles Mace in 1947 at the Harvard Business School, in Germany the field did nearly not exist until the early 90s. At the moment 83 chairs for entrepreneurship exist in Germany and are expected to advance the regional economic development by "producing" entrepreneurs and new firms. These expectations raise the basic question: What are suitable teaching methods to fulfill this ambitious aim?

The author argues that traditional teaching formats e.g. lectures and theory-driven seminars are not sufficient to teach students necessary skills for starting a business and to encourage them to become an entrepreneur. Following the early work of Kolb experiential learning is presented as a way to enhance the understanding of theoretical concepts learned in the classrooms (Kolb 1984). The programs of entrepreneurship education have developed varied forms of courses e.g. internships, case studies, guest lectures provided by practitioners, electronic simulations and mentoring (Tyran / Garcia 2005). To push entrepreneurship education more into practice, the *exercise firm* is introduced and characterized. The exercise firm is a company-like course, where students have to act autonomously or in working groups with several typical company tasks e.g. marketing or selling to fulfill typical company goals (e.g. return on investment, market share). The differences to a regular company are that no formal structures exist in advance and no salaries or monetary incentives are available. Only a lose background or "rules of the game" including general goals are provided by the course instructors, besides of that the students have to organize themselves and can spend their assigned resources e.g. capital or workforce within reasonable means. Monthly, students have to report advancements but they are not supervised in the sense that they have to follow specific orders. In those regular meetings progress and developments are analyzed and further steps are planned, therefore the students' development process is observable. Grades are based on the degree of target achievements, which have been negotiated with the students. This course concept is different to role plays, because no roles are assigned or designed, nor a simulation, because no algorithms or plans determine the success of the students. Similar concepts to the exercise firm are the projects done by the MIT Entrepreneurship Lab which enable students to work within campus start-up firms (Klamma et al. 2001). In the exercise firm the students are guided by the teachers and are supported at any time but are totally self-responsible for their decisions and the spending of their financial budgets.

The structure of the paper is as follows. First, the exercise firm's integration in an entrepreneurial education program is presented. Then, the author analyzes data related to the course and presents the results of a survey conducted among the students. The evolutionary stages of the course are described and the effects on students' attitude towards the course concept and their intentions to start a firm on their own are analyzed. The general aim is to enhance the understanding of experiential learning techniques and to give a best practice example to other lecturers to encourage a further discussion.

2. Facing the Challenges of Entrepreneurship Education

Until the 70s, entrepreneurship had a small impact on higher education. But then, through the pioneering work of scholars like David Birch and Robert Aldridge entrepreneurship gained in importance inside the scientific community. Since then, the number of offered courses has increased from a handful to more than 1,600 only in the U.S. (Katz 2003). But how can entrepreneurial education really serve the purpose of forming future entrepreneurs? While several studies found support that entrepreneurship can be learned (Drucker 1985; Gorman / Hanlon / King 1997), the entrepreneur is faced with limited resources and at the same time with the development of a new product or service, its distribution to the customers, financial issues and growing administration. The author argues that it is impossible to teach problem-solving strategies for this situation effectively in a traditional classroom setting. As a consequence an exercise firm was developed. The course concept covers the development of a "real" firm faced by a difficult entrepreneurial situation in which the students have to take control.

The exercise firm

The task of the exercise firm is to bundle all merchandising activities of the University of Potsdam which enfolds the development of merchandising products, their production and their distribution. Before starting the exercise firm in 2006 financial support from the university was needed to set up this student-run firm. Therefore, a complete business plan was written including an investment calculation and a forecast of revenues for the next two years. This business plan was reviewed and after a 12 month preparation phase, the course was offered for the first time in the summer term of 2006. The funding capital was 10.000 € which was provided from the university's technology transfer unit exclusively for setting up functional selling routines and the development of products. The business model - including all key activities of the business e.g. development, marketing and distribution - is completely run by students. Salaries and financial rewards for the students and teachers aren't designated. The profits are supposed to remain inside the exercise firm. Two important goals of the exercise firm are to support the image of the university in the public by its products and to complete the entrepreneurship education curriculum with a new activating teaching method. The Chair for Organization and Human Resource Management and the Chair for Entrepreneurship and Innovation Management established the course "Exercise Firm – Uni Shop Potsdam" as part of the entrepreneurship curriculum. Until summer term 2007, 73 students had attended the course. After three semesters the exercise firm had sold more than 1.500 articles like T-shirts, polo-shirts, sweaters, coffee mugs etc. and the initial investment had amortized.

General Concept

A firm's life-cycle with its changing organizational goals in mind, the instructors meet in preparation meetings for each term and discuss the appropriate course structure. Each term task groups with specific goals are designed. These goals are presented to the students in a kick-off meeting at the beginning of each term. After the self-selection of the students into a task group, each group has to choose a group leader who is responsible for the group actions and also the first contact person for the instructors. At midterm, every group has to negotiate specific goals with its assigned instructor. The achievement level of these goals has a 50% impact on the student's grade. Additional grade requirements for the student are to write a project report (30% impact) and to hold two presentations (20% impact).

Term Summer 06

In the start-up term all course members started practically from scratch. The instructors set up four different task groups: sales, marketing, product development and market research. The sales team started to distribute the first product – a polo shirt, which was developed by the product development team in three weeks. To support the sales activities a professional e-commerce store was established in cooperation with a student-owned media company (www.unishop-potsdam.de). The marketing team started to organize the first advertising campaign. Because of the total lack of knowledge about the customer, a market research team was set up to give the marketing team and the sales team advices for pricing and also delivered ideas to the product development team.

Term Winter 06/07

The second term had a new focus. The infrastructure, such as the e-commerce store, had been successfully built up and a first range of products had been launched into the market (mostly polo-shirts in different colors). The start-up capital of 10.000 € was fully invested, so the new goals were to increase the revenue and to make profit. One priority was to set up better marketing competences and therefore two marketing teams were assigned to this task. Additionally two sales teams should improve our direct sales activities and a product development team should deliver new hot products. The first marketing team supported the sales teams while the second marketing team had to set up photo shootings to enhance the quality of the marketing material. The first sales team had to focus on the internal sales at the university while the second sales team should get in contact with external partners which should sell products of the exercise firm on their own behalf.

Term Summer 07

Because a full product range was developed during the first two terms, a product development team was no longer necessary. Realizing that there were still too many products in stock the sales team was enlarged. While in the first two terms every team had four to five students, the sales team this time consisted of thirteen students. Additionally a controlling team was set up to develop controlling tools for the exercise firm. The marketing team supported the sales team like in the two terms before.

3. Results

An in-depth evaluation of the exercise firms started in May 2007. This evaluation covers interviews, a survey and the analyses of course reports. Through the survey we tried to find out three aspects: First, how the exercise firm was accepted by the students (questions: 1-4), second, did the attitude towards becoming an entrepreneur change towards a higher preference of starting a business (questions: 7-8) and third, did the students use their management education (question: 5) to fulfill their tasks in the exercise firm. Our questionnaire consisted overall of 31 questions. We used a 5 point Likert scale as the most common measure for conducting similar surveys. The survey was carried out using an online survey tool. Overall 73 students of the three consecutive terms were asked to fill out the questionnaire. After we had eliminated 3 double questionnaires of students who had attended the exercise firm in two consecutive terms, we received 48 individual questionnaires (66% response rate, 20 males, 26 females, 2 missing values).

The exercise firm at the University of Potsdam offered a unique possibility to study the impact of entrepreneurship education on the student in a controlled environment. The results of the survey are summarized in table 1. The results of our research indicate that the vast majority of respondents would recommend the exercise firm to other students and also rated the course concept either as practical or very practical. These results indicate that the aim of offering a very practical course in the field of entrepreneurship was accomplished. But it is also important to note that in the winter term 2006 only 75% of the students would have recommended the exercise firm. Overall almost 75% think that the concept of the exercise firm is either good (65%) or very good (9%). In this aspect we cannot find differences among the participants. More than half of the students rated the learning success either good or very good. These results show that the concept was highly accepted by the students and that they value the seminar as a strong contribution to their education. The exercise firm has not a strong positive impact on the students' preference in founding an own business. Nearly every student scored the question, if the concept changed his mind in starting a business, from 1 (not at all) to 3 (neutral). The winter term 2006, once again, is the course with the most negative scores regarding this aspect. Some students answered that they used knowledge from their university education, while slightly most of them are neutral to that question. The minority estimates that they rather used very little of their educational training. These results might indicate that there is a high proportion of management education which has no obvious practical implication from the students' point of view on managing a start-up firm. To sum up, entrepreneurship education is still faced by several challenges. One important challenge is to increase the quality of the provided courses to encourage students to become future entrepreneurs. Exercise firms are a supplement to the educational program of universities and integrate active elements into entrepreneurship education.

No.	Question		Summer 2006 No.	Summer 2006 share	Winter 2006/07 No	Winter 2006/07 Share	Summer 2007 No	Summer 2007 share	Total	Standard derivation
1	Would you recommend the exercise firm to fellow students?	Yes	8	89%	15	75%	16	100%	87%	
		No	1	11%	5	25%	0	0%	13%	
		Total	9		20		16			
2	Rate the practicality of the exercise Firm:	1 (not practical at all)	0	0%	1	5%	0	0%	2%	
		2	0	0%	0	0%	0	0%	0%	
		3	2	20%	4	19%	1	6%	15%	0.86
		4	1	10%	8	38%	10	59%	40%	
		5 (very practical)	7	70%	8	38%	6	35%	44%	
		Total	10		21		17		48	
3	Choose the statement to which you agree most:	good extension	2	20%	4	20%	7	44%	28%	
		totally unusable	0	0%	0	0%	0	0%	0%	
		good concept bad implementation	2	20%	7	35%	0	0%	20%	
		should be erased from the curriculum	0	0%		0%	0	0%	0%	
		should be offered more often	6	60%	9	45%	9	56%	52%	
		Total	10		20		16		46	
4	Rate the value of the exercise firm to educational program:	1 (very poor)	0	0%	1	6%	0	0%	2%	
		2	1	13%	3	18%	0	0%	9%	
		3	2	25%	2	12%	2	11%	14%	0.91
		4	5	63%	11	65%	12	67%	65%	
		5 (very good)	0	0%	0	0%	4	22%	9%	
		Total	8		17		18		43	
5	Did you use knowledge from your educational background?	1 (not at all)	0	0%	0	0%	0	0%	0%	
		2	2	20%	6	30%	1	6%	20%	
		3	4	40%	7	35%	8	50%	41%	0.82
		4	3	30%	6	30%	7	44%	35%	
		5 (very much)	1	10%	1	5%	0	0%	4%	
		Total	10		20		16		46	
6	Rate your learning success:	1 (very bad)	0	0%	4	19%	0	0%	8%	
		2	0	0%	1	5%	1	6%	4%	
		3	5	50%	6	29%	5	28%	33%	0.82
		4	3	30%	9	43%	9	50%	44%	
		5 (very good)	2	20%	1	5%	2	11%	10%	
		Total	10		21		17		48	
7	Has the seminar changed your preference to start your own business?	1 (not at all)	5	56%	13	72%	7	44%	58%	
		2	3	33%	2	11%	5	31%	23%	
		3	1	11%	2	11%	4	25%	16%	0.85
		4	0	0%	1	6%	0	0%	2%	
		5 (very strongly)	0	0%	0	0%	0	0%	0%	
		Total	9		18		16		43	
8	Do you prefer to start a business?	1 (not at all)	7	70%	10	53%	10	63%	60%	
		2	2	20%	5	26%	3	19%	22%	
		3	1	10%	1	5%	3	19%	11%	0.93
		4	0	0%	3	16%	0	0%	7%	
		5 (very serious)	0	0%	0	0%	0	0%	0%	
		Total	10		19		16		45	

Tab. 1: Results of the survey

4. Conclusion

There are two main lessons learned:

(1) The concept of the exercise firm is highly accepted by the students and is a promising way of improving the quality of entrepreneurship education.

(2) The concept has no outstanding positive impact on the preference to start a new firm but it provides a significant contribution to the students' educational training. Therefore this result shouldn't discourage the use of active elements as part of higher education curriculum.

Nevertheless the study has limitations which have to be acknowledged. Only management students had attended the exercise firm. To prove the educational value of the teaching concept data of additional students from other faculties should be gathered and additional more elaborated statistical methods could be conducted. The concept of the exercise firm as used here might not fully be transferable to other education facilities because of the unique setting of environmental factors. So the described course concept shall serve as a case study to other lecturers and the author invites them to learn from his experience.

Referenzes

Block, Z. / Stumpf, S.A. (1992): Entrepreneurship education research: experience and challenge. In: Sexton, D.L. / Kasarda, J.D. (Eds.): *The State of the art of entrepreneurship*. Boston, MA: PWS-Kent, 17-42.

Clark, B.W. / Davis, C.D. / Harnish, V.C. (1984): Do courses in entrepreneurship aid in new ven-ture creation. In: *Journal of Small Business Management*. 22, 2, 26-31.

Drucker, P.F. (1985): *Innovation and Entrepreneurship*. New York: Harper & Row.

Gorman, G. / Hanlon, D. / King, W. (1997): Some research perspectives on entrepreneurship education, enterprise education, and education for small business management: A ten-year literature review. In: *International Small Business Journal*. 15, 56-77.

Katz, J.A. (2003): The chronology and intellectual trajectory of American entrepreneurship education. In: *Journal of Business Venturing*. 18, 2, 283-300.

Klamma, R. / Moog, P. / Hußmann, W. / Kowalak, B. (2001): How to start a company? – Das Virtual Entrepreneurship Lab (VEL) als didaktisches Lehrmittel und Trainingsinstrument für potentielle Gründer. In: Klandt, H. / Weihe, H. (Hrsg.): *Gründungsforschungs-Forum 2001*. JOSEF EUL VERLAG, 49-68.

Kolb, D. (1984): *Experiential learning: experience as the source of learning and development.* Englewood Cliffs, NJ: Prentice-Hall.

Laukkanen, M. (2000): Exploring alternative approaches in high-level entrepreneurship education: creating micromechanisms for endogenous regional growth. In: *Entrepreneurship & Regional Development*. 12, 1, 25-47.

Lüthje, C. / Franke, N. (2003): The "making" of an entrepreneur: testing a model of entrepreneurial intent among engineering students at MIT. In: *R&D Management*. 33, 2, 135-147.

Tyran, K.L. / Garcia, J.E. (2005): Connecting coursework to real work: university alumni and friends as "virtual" mentors to management students. In: *Academy of Management Best Conference Paper 2005*.

Entwicklung und Einsatz eines Gründer-Exzellenz-Zertifikats als Instrument der Gründungsunterstützung

PROF. DR.-ING. HABIL. DIETER SPECHT, LEHRSTUHL FÜR PRODUKTIONSWIRTSCHAFT, BRANDENBURGISCHE TECHNISCHE UNIVERSITÄT COTTBUS, SPECHT@PRODWI.TU-COTTBUS.DE

DIPL.-ING. THOMAS SCHULZ, LEHRSTUHL FÜR PRODUKTIONSWIRTSCHAFT, BRANDENBURGISCHE TECHNISCHE UNIVERSITÄT COTTBUS, SCHULZ@PRODWI.TU-COTTBUS.DE

DIPL.-VERKEHRSWIRTSCHAFTLER DIRK BRAUNISCH, LEHRSTUHL FÜR PRODUKTIONSWIRTSCHAFT, BRANDENBURGISCHE TECHNISCHE UNIVERSITÄT COTTBUS, BRAUNISCH@PRODWI.TU-COTTBUS.DE

1. Einleitung

Zertifizierungen werden durchgeführt, um die Einhaltung von bestimmten Sachverhalten durch Personen oder Institutionen nachzuweisen. Dies können die Einhaltung von Richtlinien und Gesetzen oder einfache Anforderungen der Arbeitssicherheit und des Gesundheitsschutzes sein. In der betrieblichen Praxis haben sich Zertifizierungen gut bewährt. Sie generieren positive Werbe- und Imageeffekte für die Unternehmen (vgl. Syska 2006: 177; Bruhn 2008: 450).

In diesem Beitrag wird der Ansatz der Zertifizierung auf den Bereich der Unternehmens- und Existenzgründung übertragen. Ein Nachweis der Funktionsfähigkeit und Wirksamkeit einer erfolgreichen Zertifizierung im Gründungsbereich soll erbracht werden.

Die Entwicklung eines sogenannten Gründer-Exzellenz-Zertifikats erfolgte im Rahmen eines EFRE-Projekts zur „Förderung der unternehmerischen Selbständigkeit an Hochschulen und von mehr wissensbasierten Unternehmensgründungen im Land Brandenburg" an der Brandenburgischen Technischen Universität (BTU) Cottbus.

Die Verantwortung für die Durchführung der Zertifizierung mit Hilfe des entwickelten Gründer-Exzellenz-Zertifikats hat das Zentrum für Gründungsförderung und -forschung an der BTU Cottbus übernommen, das ein wesentlicher Bestandteil des Brandenburgischen Instituts für Existenzgründung und Mittelstandsförderung e. V. (BIEM) ist.

Voraussetzung für eine erfolgreiche Zertifizierung ist der Nachweis einer sorgfältig geplanten und gewissenhaft durchgeführten Existenzgründung. Die Gründer haben die im Gründer-Exzellenz-Zertifikat genannten Punkte der Informations-, Konzeptions-, Umsetzungs- und Nachgründungsphase zu erarbeiten und Nachweise durch die verantwortlichen Institutionen zu erbringen. Die Abarbeitung der genannten Punkte und die Organisation des Zertifizierungsprozesses obliegen den Gründern selbst.

Der Hintergrund dieser Idee ist, dass viele Gründungswillige vor einer Gründung zurückschrecken, weil die Anbahnung von Geschäftskontakten problematisch ist, da potentielle

Partner vielmehr auf etablierte Unternehmen zurückgreifen. Mit Hilfe einer erfolgreichen Zertifizierung und dem Gründer-Exzellenz-Zertifikat soll den Gründern eine Unterstützung bei der Anbahnung von Geschäftskontakten gegeben werden. Probleme liegen zum Beispiel in der Unsicherheit hinsichtlich der notwendigen Professionalität des Gründers. Da dieser auf Kunden, Investoren, Geldgeber und andere Stakeholder angewiesen ist, benötigt er deren Vertrauen in die Wachstumskraft seines Unternehmens. Zertifizierungen können sich als positives Signal erweisen und sollen als Referenz und Nachweis der professionellen Existenzgründung sowie Unternehmensführung dienen. Das kann dem zertifizierten Gründer helfen, Geschäftskontakte leichter zu akquirieren.

Der folgende Beitrag betrachtet zunächst grundlegende Aspekte von Zertifizierungen. Dazu sollen der Begriff definitorisch eingegrenzt und Arten sowie Einsatzbereiche von Zertifizierungen vorgestellt werden. Im Anschluss erfolgt die Darstellung des Zertifizierungsprozesses im Unternehmens- und Existenzgründungsbereich. Die Effekte und Wirkungen einer erfolgreichen Zertifizierung von Gründern sind ebenfalls Teil der Betrachtungen. Eine Zusammenfassung bildet den Abschluss der Ausführungen.

2. Zertifizierung – Definitorische Eingrenzung, Einsatzbereiche, Verfahren

Der Begriff Zertifizierung stammt aus dem Lateinischen und bedeutet „sicher, gewiss machen". Über die französische Sprache gelangte der Begriff ins Deutsche und bedeutet im Allgemeinen „beglaubigen, bescheinigen" (vgl. Syska 2006: 177). Eine Zertifizierung ist eine spezifisch festgelegte Vorgehensweise für die Bewertung verschiedener Sachverhalte und wird wie folgt definiert:

„Die Zertifizierung ist eine offizielle, schriftliche Feststellung durch einen unparteiischen Dritten, dass ein bestimmtes Objekt bestimmte von einer unabhängigen Stelle festgelegte Forderungen erfüllt (Konformität im Sinne der Übereinstimmung). Das schriftliche Dokument, das diese Tatsache festhält, wird Zertifikat genannt." (Bruhn 2008: 424 und Zollondz 2006: 346)

Im betriebswirtschaftlichen Umfeld haben sich Zertifizierungen vor allem im Qualitäts- und Umweltmanagement durchgesetzt. Dabei werden die Wirksamkeit und die Funktionsfähigkeit der Managementsysteme durch ein externes Systemaudit überprüft. Dieses wird durch eine kompetente, unabhängige und neutrale Zertifizierungsstelle durchgeführt. Wenn die Anforderungen und Zertifizierungsnormen erfüllt werden, vergibt die Zertifizierungsstelle ein Zertifikat auf das Managementsystem eines Unternehmens. Bekannte Zertifikate sind die nach den Normenreihen ISO 9000 und ISO 14000 (vgl. Syska 2006: 177; vgl. hierzu auch Jackson/Ashton 1994; Brauer 2009; Klüppel 2006).

Die Ausgestaltung des Zertifizierungsprozesses ist abhängig von den jeweiligen Einsatzgebieten und Arten der Zertifizierung. Einzelne Beispiele sollen die Vielfalt von Zertifizierungen verdeutlichen (vgl. Hansen 1993):

- Zertifizierung im Maschinenbau,
- Zertifizierung von elektrotechnischen Erzeugnissen,
- Konformitätsnachweise für Bauprodukte,
- Zertifizierung von Softwaresystemen.

Das Zertifizierungsverfahren wird in der Regel in mehreren Schritten durchgeführt, wie die folgenden Punkte am Beispiel einer Qualitätsmanagementzertifizierung zeigen (vgl. Syska 2006: 177-179; Kamiske / Brauer 2008: 397-400):

- Vertragsabschluss – Ein Unternehmen stellt einen Antrag für eine Zertifizierung bei einer anerkannten Zertifizierungsstelle. Die Zertifizierungsstelle verpflichtet sich in einem Vertrag, das Zertifizierungsverfahren in diesem Unternehmen zu begleiten.
- Vorbereitung – Das Unternehmen erhält einen Fragenkatalog zur Selbstbewertung. Die Selbstbewertung dient dem Zertifizierer als Vorbeurteilung und zur Bewertung der Grundvoraussetzungen für eine Zertifizierung.
- Unterlagenprüfung – Das zu zertifizierende Unternehmen wird aufgefordert, Handbücher, Dokumentationen und Unterlagen zum Zertifizierungsgegenstand einzurei-

chen. Diese werden von der Zertifizierungsstelle auf Schwachstellen überprüft, die das Unternehmen im Vorfeld des Zertifizierungsaudits zu beheben hat.

- Systemaudit (Zertifizierungsaudit) – Mit Hilfe einer Stichprobenprüfung werden die Erfüllung der zugrunde liegenden Normen und die tatsächliche Anwendung der dokumentierten Tätigkeiten im Unternehmen festgestellt. Schwachstellen werden in einem Auditbericht festgehalten und dem Unternehmen mitgeteilt.

- Zertifikatserteilung – Nach der Behebung kritischer Normabweichungen und Schwachstellen durch das Unternehmen und nach Beendigung des Zertifizierungsverfahrens, wird das Zertifikat ausgestellt. Zertifikate haben in der Regel eine begrenzte Gültigkeit, die durch ein Wiederholungsaudit verlängert werden kann.

3. Darstellung des Zertifizierungsprozesses des Gründer-Exzellenz-Zertifikats

Das an der BTU Cottbus entwickelte Gründer-Exzellenz-Zertifikat wird anhand eines Zertifizierungsprozesses ausgestellt. Zur Prozessdefinition dienten die im 2. Abschnitt beschriebenen Verfahren als Ausgangspunkt. Das Zertifikat bietet den Gründungsinteressierten Unterstützung in den einzelnen Gründungsphasen und dokumentiert darüber hinaus den Fortschritt des Gründungsvorhabens. Der Prozess zur Zertifizierung gliedert sich prinzipiell in allgemeine Kriterien zum Nachweis der Gründungstauglichkeit und spezielle Kriterien zur Überprüfung der individuellen Gründungskompetenzen, wie Professionalität der Geschäftsabwicklung, Existenz von Elementen des Risikomanagements, kundenorientierte Unternehmenssteuerung sowie korrekter Einsatz effektiver Managementmethoden. Die einzelnen Kompetenzfelder stehen in enger und wechselseitiger Beziehung zueinander, so dass eine ganzheitliche Betrachtung in den jeweiligen Phasen des Gründungsprozesses erforderlich ist. Jedes dieser Felder untergliedert sich in Teilkriterien, welche zur besseren Beurteilung durch die Zertifizierungsstelle durch Ausprägungen und Tendenzaussagen gemäß dem Erfüllungsgrad konkretisiert sind.

Professionalität der Geschäftsabwicklung

Für ein nachhaltig erfolgreiches Gründungsvorhaben ist eine professionelle Geschäftsabwicklung in allen Unternehmensbereichen unerlässlich. Die tägliche Geschäftstätigkeit drückt sich zum Beispiel in der Kommunikation mit Kunden, Lieferanten, Partnern und Mitarbeitern aus. Hier sollte mit Beginn des Gründungsvorhabens eine offene und korrekte Verhaltensweise angestrebt werden. Diese Eigenschaft kann sich gegenüber den Kunden in Form der Vertriebs- und Marketingaktivitäten und des Customer-Relationship-Management-Konzepts (CRM) sowie der Kommunikation bezüglich der Produktqualität des Unternehmens ausdrücken (vgl. Küsell 2006: 367ff. und Leisten / Krcal 2003: 87ff.).

Elemente des Risikomanagements

Ein Gründungsvorhaben ist stets mit einem Risiko verbunden. Die Möglichkeit des Scheiterns ist durch den Gründer zu Beginn des Gründungsprozesses zu berücksichtigen. Nur die Kenntnis der spezifischen Risiken des unternehmerischen Handelns ermöglicht den professionellen Umgang und die Bewältigung dieser Risiken seitens des Gründers. Zur Zertifizierung dieses Kompetenzfeldes wurde ein Vier-Phasen-Modell des Risikomanagements herangezogen (vgl. Gleißner 2008). Die erste Phase bildet die Risikoidentifikation in den Hauptrisikofeldern – strategische Risiken, Marktrisiken, Finanzrisiken, Leistungsrisiken. Als zweite Phase ist die Bewertung der identifizierten Risiken zu definieren. Das Ergebnis dieser Phase sind eine Abschätzung der Eintrittswahrscheinlichkeit und eine Quantifizierung der Schadenshöhe bei Eintritt. Die dritte Phase ist die Risikosteuerung, welche sich mit der Entscheidung zu Vermeidung, Verminderung, Überwälzung und dem Selbsttragen des Risikos befasst. Zum Beispiel ist durch Abschluss einer Versicherung eine Überwälzung von Risiken möglich. Die Kosten der Versicherung müssen der Risikobewertung aus Phase 2 zur Ableitung einer Entscheidungsempfehlung gegenübergestellt werden. Die Risikokontrolle bildet die letzte Phase des Modells. Hier wird in Form eines Berichtswesens eine Prognosebasis mit den Entwicklungen der Risiken im Zeitverlauf für die künftige Abschätzung des Risikos implementiert. Grundsätzlich sind in dieser Phase der Abgleich des Planrisikos mit dem tatsächlichen Risiko und die Rückführung der Erkenntnisse in die Phasen 1-3 sicherzustellen.

Kundenorientierte Unternehmenssteuerung

Die Ausrichtung der Unternehmensprozesse auf Kunden lässt sich in vier Sichtweisen strukturieren, um konkrete Handlungsfelder für den Unternehmer definieren zu können (vgl. Mattes / Nohr 2007: 86; Hellmich 2003). Zum einen zählt hierzu eine kundenorientierte Struktur, welche durch die Formung von dezentralen Einheiten und flachen Unternehmenshierarchien geschaffen wird. Hiermit wird dem Kunden die Kontaktaufnahme mit dem Unternehmen erleichtert. Des Weiteren muss eine kundenorientierte Kultur geschaffen werden. Die Bedeutung der Kundenorientierung ist hierbei von allen Unternehmensangehörigen und -vertretern verinnerlicht worden, und es liegt eine hohe Identifikation der Mitarbeiter mit dem Unternehmen vor. Oftmals wird der Kunde sogar in den Leistungserstellungsprozess integriert – Customer Integration. Struktur und Kultur sind in den Systemen des Unternehmens abzubilden, zum Beispiel durch kundenorientierte Kommunikations-, Informations- und Controllingsysteme. Schließlich sind Leistungen und Interaktionen des Unternehmens kundenorientiert zu gestalten. Dies spiegelt sich unmittelbar in Produktqualität, Servicequalität und Beratungsqualität wider.

Einsatz effektiver Managementmethoden

Zur Steuerung eines Unternehmens ist eine Vielzahl an Kompetenzen erforderlich. Im vorliegenden Zertifizierungsprozess wurde im Besonderen auf Fachkompetenz, Methodenkompetenz, System- und Innovationskompetenz, Führungs- und Sozialkompetenz sowie Umsetzungs- und Handlungskompetenz fokussiert. Für jedes dieser fünf Kompetenzfelder können charakteristische Methoden – unter anderen Projektmanagement, Teamfähigkeit, Verhandlungsgeschick, Marktkenntnisse, Flexibilität – definiert werden, deren Aneignung beziehungsweise Anwendung in der Zertifizierung beurteilt wird (vgl. Jackson / Ashton 1994: 15ff.; Behler 2002: 76ff.).

Der Zertifizierungsprozess ist dem Gründungsfortschritt entsprechend in vier Stufen untergliedert, welche einzeln zertifiziert werden: die Informations- und Qualifikationsphase, die Konzeptionsphase, die Umsetzungsphase und die Nachgründungsphase (vgl. Plümer 2006: 12ff.; Kohlert 2005: 185ff.).

Die **Informations- und Qualifikationsphase** ist in die fünf Bereiche Fachliche Qualifikation, Methodische Qualifikation, Führungs- und Sozialkompetenz, Marktanalyse und Beratungsangebote – Coaching – unterteilt. Die erste Phase dient der Beurteilung des Gründers hinsichtlich seiner Kenntnisse und Kompetenzen im Bereich der vorliegenden Gründungsidee. Diese sind im fachlichen und kaufmännischen Bereich durch ein Studium oder eine Berufsausbildung gegeben. Die Anerkennung äquivalenter, qualifizierender Kenntnisse liegt im Ermessen der zertifizierenden Institution. Neben den fachlichen Qualifikationen hat der Gründungsinteressierte soziale und methodische Kompetenzen nachzuweisen. Zu den methodischen Qualifikationen zählen grundlegende Fertigkeiten in Projektmanagement und Planungsmethoden. Diese sind bereits in dieser ersten Phase des Gründungsprozesses von Bedeutung, da das Gründungsvorhaben strukturiert werden muss, um es mit der größtmöglichen Effizienz umzusetzen. Da ein Existenzgründer nach der Gründung eine Führungsrolle im Unternehmen übernehmen wird, sind soziale beziehungsweise Führungskompetenzen, wie Motivations- und Teamfähigkeit, ebenso entscheidend für die Zertifizierung. Diese Qualifikationen können durch die zertifizierende Stelle im Rahmen eines Interviews mit dem Gründungsinteressierten abgefragt werden. Grundsätzlich wird in dieser Zertifizierungsphase beurteilt, ob der Gründer sich über die Sachverhalte vor und während der Gründung ausreichend informiert hat und Qualifikationsmaßnahmen durchgeführt wurden.

Die **Konzeptionsphase** repräsentiert die Erstellung eines Businessplans für die anvisierte Geschäftsidee. Die zertifizierende Stelle hat in erster Linie den durch den Gründer erstellten Businessplan auf Vollständigkeit, Konsistenz und Verständlichkeit zu prüfen. Als Hilfestellung sind die Bestandteile des Businessplans in das Zertifikat aufgenommen worden. Daneben sollte sich der Gründer vor der Unternehmensanmeldung mit Förder- und Finanzierungsmöglichkeiten sowie Versicherungen und Steuern beschäftigt beziehungsweise eine entsprechende Beratung in Anspruch genommen haben. Die absolvierten Beratungsangebote und die aus dem Einzelgespräch resultierenden Kenntnisse werden in den jeweiligen Kategorien des Zertifikates vermerkt und bestätigt. Vermerke durch externe Institutionen, zum Beispiel Weiterbildungseinrichtungen, müssen durch die zertifizierende Institution nochmals geprüft werden – zum Beispiel durch Vorlage einer Teilnahmebescheinigung von absolvierten Fortbildungen.

In der **Umsetzungsphase** sind die zuvor erworbenen Kenntnisse und Qualifikationen vom Gründer anzuwenden. Die Schwerpunkte werden hierbei auf die Ausführungsplanung, wie zum Beispiel den Entwurf eines Zeitplans und das Projektmanagement, und die Erstkundenakquise gelegt. Die zertifizierende Stelle kann in regelmäßigen Interviews den Status der einzelnen Umsetzungsaktivitäten abfragen und je nach Ermessen den Vermerk zur Anerkennung in das Zertifikat des Gründers eintragen.

Weiterhin sind im Zertifikat notwendige Aktivitäten des Gründers auf seinem Weg zur Umsetzung des Vorhabens gegeben. Dies sind zum Beispiel Standortwahl, Wahl der Gesellschaftsform, Führung von Bankgesprächen sowie Infrastruktur und Ausstattung. Zu beachten ist hierbei, dass von einem Gründer nicht zwingend alle Aktivitäten und Felder zu absolvieren sind. Welche Unterpunkte für den jeweiligen Gründer entfallen, ist durch die zertifizierende Stelle festzulegen.

Die **Nachgründungsphase** wird ebenso durch das Zertifikat abgebildet. Gerade für Neukunden-, Partner- und Neufinanzierakquise ist eine lückenlose Dokumentation des Gründungs- und Unternehmensfortschrittes notwendig. In der Nachgründungsphase spielen Stabilisierungs- und Expansionsüberlegungen eine Rolle. Diese werden in regelmäßigen Statusgesprächen zwischen Gründer und Zertifizierungsinstanz überprüft. Hier liegt das Anerkennen und Streichen einzelner Unterpunkte ebenfalls im Ermessen der zertifizierenden Stelle.

4. Zusammenfassung – Effekte der Zertifizierung

Aufgrund der Erfahrungen bei der Erprobung des Gründer-Exzellenz-Zertifikats an der BTU Cottbus konnten positive Effekte der Zertifizierung bei der Gewinnung von neuen Gründungsmitgliedern, Finanziers, Kunden und Lieferanten abgeleitet werden. Das Gründer-Exzellenz-Zertifikat bietet durch die Dokumentation der Entwicklung eines Gründungsvorhabens Transparenz im Hinblick auf die Professionalität des potenziellen Gründers in den zuvor definierten Bereichen. Hierdurch kann die Unsicherheit seitens der Verhandlungspartner über die Charakteristik des Gründers reduziert werden. Daneben stellt die Nachweisführung im Zertifizierungsprozess für den Gründer eine Art To-do-Liste oder Fahrplan dar, mit der die

Steuerung des eigenen Gründungsprozesses und die Durchführung der hierfür notwendigen Qualifizierungen unterstützt werden können.

Literatur- und Quellenverzeichnis

Behler, S. (2002): *Ermittlung und Entwicklung von Managementkompetenzen in wachstumsorientierten Unternehmen in der Gründungsphase.* Aachen: Shaker.

Brauer, J.-P. (2009): *DIN EN ISO 9000:2000 ff. umsetzen – Gestaltungshilfen zum Aufbau Ihres Qualitätsmanagementsystems.* München: Hanser.

Bruhn, M. (2008): *Qualitätsmanagement für Dienstleistungen – Grundlagen, Konzepte, Methoden.* Berlin / Heidelberg: Springer.

Gleißner, W. (2008): *Grundlagen des Risikomanagements im Unternehmen.* München: Verlag Vahlen.

Hansen, W. (1993): *Zertifizierung und Akkreditierung von Produkten und Leistungen der Wirtschaft.* München / Wien: Hanser.

Hellmich, K. (2003): *Kundenorientierte Auftragsabwicklung – Engpassorientierte Planung und Steuerung des Ressourceneinsatzes.* Wiesbaden: Gabler.

Homburg, C. / Werner, H. (1998): *Kundenorientierung mit System – Mit Customer Orientation Management zu profitablem Wachstum.* Frankfurt / New York: Campus-Verlag.

Jackson, P. / Ashton, D. (1994): *ISO 9000 – Der Weg zur Zertifizierung.* Landsberg/Lech: Moderne Industrie.

Kamiske, G. F. / Brauer, J.-P. (2008): *Qualitätsmanagement von A-Z – Erläuterungen moderner Begriffe des Qualitätsmanagements.* München: Hanser.

Klüppel, H.-J. (2006): *Umweltmanagement für kleine und mittlere Unternehmen – die ISO-14000 Normen und ihre Umsetzung.* Berlin: Beuth.

Kohlert, H. (2005): *Entrepreneurship für Ingenieure.* München: Oldenbourg.

Küsell, F. (2006): *Praxishandbuch Unternehmensgründung – Unternehmen erfolgreich gründen und managen.* Wiesbaden: Gabler.

Leisten, R. / Krcal, H.-C. (2003): *Nachhaltige Unternehmensführung – Systemperspektiven.* Wiesbaden: Gabler.

Mattes, M. / Nohr, H. (2007): *Kundenorientierung – Voraussetzungen, Dimensionen und Messung.* Berlin: Logos Verlag.

Plümer, T. (2006): Existenzgründung Schritt für Schritt. Wiesbaden: Gabler.

Syska, A. (2006): *Produktionsmanagement – Das A-Z wichtiger Methoden und Konzepte für die Produktion von heute.* Wiesbaden: Gabler.

Zollondz, H.-D. (2006): *Grundlagen Qualitätsmanagement – Einführung in Geschichte, Begriffe, Systeme und Konzepte.* München: Oldenbourg.

Science & Business – Verwertung wissenschaftlicher Forschungsergebnisse in der curricularen Lehre

M.Sc. Denny Thimm, Lehrstuhl Planung und Innovationsmanagement, Brandenburgische Technische Universität Cottbus, thimm@tu-cottbus.de

Prof. Dr. rer. pol. habil. Magdalena Mißler-Behr, Lehrstuhl Planung und Innovationsmanagement, Brandenburgische Technische Universität Cottbus, magdalena.missler-behr@tu-cottbus.de

1. Einleitung

Der Ruf nach neuen technologieorientierten und wissensbasierten Unternehmen zur Belebung des Wachstums und des Arbeitsmarktes, zur Anregung des wirtschaftlichen Strukturwandels und somit zur Stärkung der gesamten Volkswirtschaft und des gesellschaftlichen Wohlstands wird kontinuierlich lauter (vgl. Koschatzky 2003; Pleschak / Wupperfeld 1995: 6; Gude et al. 2009: 1; McKinsey 2008: 14). Eine hohe Relevanz wird dabei Universitäten und Forschungseinrichtungen zugeschrieben (vgl. Mathes 2007). Das akademische Wissens- und Technologiepotential, basierend auf der hohen Qualität der personellen und infrastrukturellen Ressourcen wissenschaftlicher Institutionen sowie ihres breit aufgestellten Forschungsspektrums (vgl. Koschatzky 1999) soll Innovationsimpulse auslösen und somit dauerhaft die Wettbewerbsfähigkeit der Wirtschaft stützen (vgl. Kratzer/ Haase/ Lautenschläger 2010: 1). Voraussetzung dafür ist zunächst die Intensivierung des Wissens- und Technologietransfers von der Forschung in die Wirtschaft (vgl. acatech 2010: 5).

Doch erst die „konsequente Übersetzung wissenschaftlicher Forschungsergebnisse in wirtschaftliche Wertschöpfung" (vgl. Kulicke 2006: 159), speziell die Vermarktung resultierender innovativer Produkte oder Dienstleistungen bzw. die Anwendung innovativer Verfahren (vgl. Maselli 1997: 1) führt zu nutzbringenden Ergebnissen für die Gesellschaft (vgl. Börensen 2004: 4). Von besonderer Bedeutung für die kommerzielle Verwertung akademischer F&E-Ergebnisse, und somit zunehmend im Interesse der Förderpolitik (vgl. Droege 2003:9 ; BMBF 2010: 10), sind Ausgründungen (vgl. Egeln 2009). Solche technologieorientierten und wissensbasierten Unternehmensgründungen, die unverzichtbar auf Forschungsergebnissen wissenschaftlicher Institutionen und/oder auf in diesen Einrichtungen erworbenen spezifischen Kompetenzen ehemaliger Mitarbeiter oder Studierender beruhen, werden als (akademische) Spin-Offs bezeichnet (vgl. Egeln et al. 2003: 9). Als am erfolgversprechendsten wird dabei der Transfer über Spin-Offs „zweiten Grades" angesehen, welche sich sowohl durch Technologie- als auch durch unmittelbaren Personaltransfer auszeichnen (vgl. Szyperski / Klandt 1981: 14). Aufgrund der dichten Forschungslandschaft hierzulande kann selbst bei einer solch engen Definition von einem enormen Potential ausgegangen werden, welches noch nicht hinreichend erschlossen ist (vgl. Hemer / Schleinkofer / Göthner 2007: 27).

Starke Bemühungen, vor allem der an Universitäten eingerichteten Existenzgründungs-Institutionen, gehen sowohl in Richtung „Ideengenerierung/-verwertung" als auch „Beratung" und „Qualifizierung" (vgl. Kulicke / Dornbusch / Schleinkofer 2010: 12). Eine hohe Signifikanz wird dabei der Entrepreneurship Education beigemessen (vgl. Schmude / Heumann / Wagner 2009: 41), die als „gründungsbezogene Grundqualifizierung einer möglichst großen Gruppe an Studierenden unterschiedlicher Fachrichtungen während ihrer Fachausbildung" zu verstehen ist (vgl. Kulicke 2006: 57). Das folgende Fallbeispiel der sukzessiven Konzeptentwicklung und der Erfolge eines curricularen Lehrformats an der BTU Cottbus wird eine Möglichkeit zur Verwertung wissenschaftlicher Forschungsergebnisse durch interdisziplinäre Teams von Studierenden beschreiben. Hierbei liegt der Fokus auf der Gründungsausbildung sowie auf der Initiierung akademischer Spin-Offs.

2. Das Ringlabor Gründungsmanagement

Im Ringlabor Gründungsmanagement, das jedes Sommersemester vom Lehrstuhl Planung und Innovationsmanagement angeboten wird, werden aktuelle Forschungsergebnisse aus BTU-internen bzw. BTU-nahen Forschungsinstitutionen sowie aus regionalen Unternehmen durch Studierende zu technologieorientierten bzw. wissensbasierten Geschäftskonzepten (Produkte/Dienstleistungen) aufgearbeitet. Die Studierenden lernen so, wissenschaftliche Forschungsergebnisse zu interpretieren und in wirtschaftliche Wertschöpfung zu überführen. Anhand der Erstellung eines konkreten Unternehmens- bzw. Businessplans lernen sie zudem, die Marktfähigkeit der innovativen Geschäftsideen zu bewerten (vgl. Kailer 2005: 5), deren Stärken, Schwächen, Chancen und Risiken zu erkennen und Maßnahmen für deren Realisierung zu entwickeln (Grichnik et al. 2010: 141). Zudem werden Informationsdefizite und somit Kompetenzbedarfe bewusst, wodurch Kooperationen mit ergänzenden Know-how-Trägern und Personen mit Branchenerfahrung gefördert werden (vgl. Kailer 2005: 5). Um dies zu intensivieren, werden im Ringlabor unterschiedliche Institutionen eingebunden, die sowohl bei der fachlichen Aufarbeitung der technologischen Grundlagen als auch bei methodischen Aspekten der Gründungslehre unterstützen. Dadurch wird der Terminus „Ringlabor" deutlich, da die Studierenden während des Semesters mehrere Stationen durchlaufen, um von den spezifischen Kompetenzen der Netzwerkpartner zu profitieren.

Da die Verwertung einer Technologie sowohl technischen als auch wirtschaftlichen Sachverstand benötigt (vgl. Grichnik et al. 2010: 208) und zudem die Gründungsausbildung nicht nur auf die vermeintlich gründungsaffinen wirtschaftswissenschaftlichen Studiengänge (vgl. Uebelacker 2005: 99) sondern auch auf Studierende der Ingenieurs- bzw. Naturwissenschaften, die einen erheblichen Anteil an Gründern von Hightech-Unternehmen stellen, zielen soll (vgl. Gottschalk et al. 2007: 65), wird das Ringlabor Gründungsmanagement sämtlichen Studierenden der Technischen Universität fachübergreifend angeboten und ist bereits in mehreren Studiengängen im regulären Lehrplan verankert. Angefangen mit Studierenden der Betriebswirtschaftslehre, die diesen Kurs als Pflichtseminar besuchen, über die Studiengänge Wirtschaftsingenieurwesen und eBusiness, gibt es auch für Studierende der Informatik, Informations- und Medientechnik sowie Mathematik seit Sommersemester 2010 die Möglichkeit, diesen Kurs als Wahlpflichtfach abzulegen. So ist es möglich, Studierende unterschiedlicher Fachrichtungen zusammenzuführen, die in interdisziplinären Teams gegenseitig von ihrem komplementären Know-how profitieren (vgl. Gottschalk et al. 2007: 65) und in dieser Konstellation Ideen erarbeiten, die unidisziplinäre Studierendengruppen vermutlich nicht entwickeln könnten. Auch wird davon ausgegangen, dass sich fachliche Heterogenität positiv auf den Gesamterfolg des Teams (vgl. Grichnik et al. 2010: 208) und somit auch auf das Gelingen des Projekts auswirkt.

Die Teams arbeiten in Form eines Projektstudiums an ihren Aufgabenstellungen und präsentieren mehrfach ihre Zwischenergebnisse, die auch bewertet werden. Neben der Gründungsqualifizierung werden somit auch die Organisation von Teamarbeit, Methoden des Projektmanagements sowie Präsentationstechniken geschult. Die Veranstaltung ermöglicht einerseits, das im eigenen Studiengang erworbene Wissen praktisch anzuwenden und grundlegendes Know-how der Gruppenmitglieder zu nutzen und zu adaptieren, sowie andererseits das Training von Soft Skills, wie Kommunikation, Kooperation, Teamwork und Konfliktmanagement (vgl. Rese / Baier 2010).

Aber nicht nur den Studierenden, auch den Projektträgern wird ein echter Mehrwert geboten, da diese nach Abschluss der Veranstaltung sowohl (alternative) Verwertungskonzepte für ihre Technologien als auch komplette Geschäftspläne mit Marktanalysen und Marketingmaßnahmen sowie Finanzplänen und Finanzierungskonzepten erhalten. Die Verankerung in der Region sowie ein Ansatz zur Forcierung des hiesigen Technologieunternehmensbestandes sind dadurch gegeben, dass eine reale Gründung auf Basis des erstellten Konzepts im Anschluss an das Seminar bzw. an das Studium möglich ist und durch umfangreiche Maßnahmen gefördert werden kann.

3. Historischer Abriss

Das Konzept der Ringlabore stammt ursprünglich aus dem Massachusetts Institute of Technology (MIT) und wurde in angepasster Form 1995 an der Universität Karlsruhe eingeführt. Von dort fand die Idee im Jahre 2002 ihren Weg an die BTU Cottbus. Dass ein solches Konzept nicht einfach eins zu eins übernommen werden kann, sondern immer einer Anpassung an regionale Begebenheiten und die Struktur der jeweiligen Universität bedarf, versteht sich von selbst. Vor dem Ringlabor Gründungsmanagement wurden bereits das Ringlabor Produktentwicklung sowie das Ringlabor eBusiness etabliert, in denen ebenfalls Produkte bzw. Dienstleistungen durch Studierende entworfen und die Ideen zu einem Businessplan ausgearbeitet werden. Im Gegensatz zu diesen Ringlaboren, bei denen die Studierenden i.d.R. eigene Geschäftsideen entwickeln, besteht der innovative Charakter des Ringlabors Gründungsmanagement darin, aktuelle Technologien aus regionaler bzw. universitätsnaher Forschung und Wirtschaft vorzugeben, um diese zu verwerten. Somit wird ein gezielter Technologie- und Wissenstransferprozess in Gang gesetzt, da auch die Technologiegeber das Ringlabor als Berater aktiv mitgestalten und ihr fachspezifisches Know-how an die Studierenden weitergeben.

Voraussetzung für die erfolgreiche Umsetzung des Ringlabors Gründungsmanagement war auch hier die Überarbeitung des Seminarkonzepts und eine adäquate Anpassung an die BTU-spezifische und regionale Situation. So wurde im Sommersemester 2009 erstmals eine Kooperation zwischen dem Lehrstuhl Planung und Innovationsmanagement und dem Lehrstuhl

Internet-Technologien initiiert, um Studierenden der BWL ein aktuelles informationstechnisches Forschungsergebnis zur Verwertung anzutragen. Dabei handelte es sich um ein modulares System zur Online-Erstellung interaktiver Web-Anwendungen. Da genau zu dieser Zeit der Hype um die „Serious Games" in den Medien seinen Zenit erreichte, lag dieser Titel als Leitthema des Ringlabors Gründungsmanagement nahe. Im Ergebnis wurden innovative Ideen im Bereich eLearning, Stealth Learning und Blended Learning erdacht und ausgearbeitet, die mit Abschluss des Seminars dem Lehrstuhl Internet-Technologien zur Verfügung gestellt wurden. Dieser nahm den Serious Games- bzw. Planspiel-Ansatz in sein Verwertungskonzept auf, auf dessen Basis u. a. ein erfolgreicher Antrag auf ein EXIST-Gründerstipendium gestellt werden konnte. Mittlerweile haben auch (mindestens) zwei Studentinnen dieses Jahrgangs ein eigenes Unternehmen gegründet, wobei sie auf die im Ringlabor gemachten Erfahrungen und das erworbene Wissen zurückgreifen konnten. Somit war der Testlauf des Ringlabors Gründungsmanagement sowohl für den BTU-internen Technologie- als auch den Wissens- und Personaltransfer ein Erfolg. Auch die Seminarleitung machte bei diesem Testlauf wertvolle Erfahrungen, die im nächsten Semester zur Effektivitätssteigerung genutzt werden konnten.

4. Kooperation mit dem IHP

Über persönliche Kontakte zu Mitarbeitern des Leibniz-Instituts für innovative Mikroelektronik (IHP) in Frankfurt/Oder konnte diese außeruniversitäre Forschungseinrichtung vom Konzept des Ringlabors Gründungsmanagement überzeugt und als Kooperationspartner im Sommersemester 2010 gewonnen werden. Zwar sind Forschungseinrichtungen mehr und mehr gefordert, ihre Technologien zu verwerten bzw. zur Marktreife weiterzuentwickeln, und das IHP kommt dieser Forderung auch seit vielen Jahren (z. B. durch zwei erfolgreiche Ausgründungen) nach, doch erst jetzt setzte ein aktiver Suchprozess nach verwertbaren Ideen ein. Bei der Auswahl der Technologien für das Ringlabor wurde darauf geachtet, dass diese auch von betriebswirtschaftlichen Studierenden verstanden und verarbeitet werden können. Alle Themen bewegten sich im Bereich der drahtlosen Sensornetze – ein zunehmend aktuelles Forschungsfeld mit großem Potential für wissenschaftliche und kommerzielle Anwendungen.

Auch für diesen Durchlauf des Ringlabors wurde das Seminarkonzept noch einmal grundlegend überarbeitet. Sowohl die Interessen des betreuenden Lehrstuhls Planung und Innovationsmanagement als auch die des IHP wurden systematisch berücksichtigt. In der Planungsphase wurden gemeinsam zunächst verschiedene Projekte zu drahtlosen Sensornetzen und Kommunikationssystemen ausgewählt. Für jedes der Projekte wurde ein Mitarbeiter des IHP als Co-Betreuer berufen. Zudem erklärte sich die betriebswirtschaftliche Mitarbeiterin des IHP bereit, die Dozenten bei der Analyse der Geschäftspläne zu unterstützen. Ebenfalls konnten durch gezieltes „Headhunting" im Vorfeld des Seminars erstmals informationstechnisch orientierte Studierende gewonnen werden, die die Teams aus Betriebswirtschaftlern und Wirtschaftsingenieuren ergänzten.

Großer Wert wird im Ringlabor Gründungsmanagement gleich zu Beginn auf das Spezifizieren des Geschäftskonzepts gelegt. Zur Unterstützung dieses Prozesses konnten Mitarbeiterinnen der Gründervilla der BTU Cottbus gewonnen werden, die eine Sonderveranstaltung zur Ideenschärfung und zu Kreativitätstechniken durchführten. Auch die wesentlichen Aspekte und Schwierigkeiten im Teambildungsprozess wurden dabei aufgearbeitet. Im regulären Seminarbetrieb durchliefen die Teilnehmer einen dreistufigen Prozess zur Erstellung eines Businessplans, wobei analog zum Konzept des Businessplan-Wettbewerbs Berlin-Brandenburg die Schwerpunkte in den Bereichen Ideenkonzept und Gründerteam, Marktanalyse und Marketing sowie Unternehmen und Finanzplanung lagen (vgl. BPW 2010: 8), welche jeweils als Teilarbeit bearbeitet und präsentiert werden mussten. Da die Präsentationszeit auf exakt sieben Minuten festgelegt war, wurde neben Präsentationstechniken und -routine auch eine überzeugende, prägnante und zielgerichtete Aufarbeitung einer vorher fremden Thematik geschult. Im Anschluss an jede der drei Prozessstuten erfolgte ein umfangreiches Feedback in Form einer mehrseitigen Analyse durch die Dozenten, ergänzt durch Meinungen, Anregungen und Kritik der IHP-Betreuer. Der hohe Arbeitseinsatz der Dozenten und Betreuer ermöglichte es zudem, quasi eine „Rund-um-die-Uhr-Konsultations-Hotline" zu betreiben. Hierdurch und durch die zahlreichen Tutorien und Einzelgespräche konnten alle Teilnehmenden umfangreich unterstützt und motiviert sowie ihre Fragen zeitnah hinreichend beantwortet werden.

Des Weiteren wurde eine Exkursion zum IHP organisiert, die von den Studierenden sehr gut angenommen wurde. Die Seminarteilnehmer konnten sich dabei mit ihren Betreuern austauschen und sich anhand von Prototypen vor allem auch davon überzeugen, dass die von ihnen entwickelten Ideen tatsächlich auf realen Projekten basieren und somit sinnvoll und anwendungsorientiert sind. Vor allem den Studierenden der Betriebswirtschaftslehre ermöglichte die Exkursion zudem einen Blick über die Grenzen des eigenen Fachgebiets hinaus, womit auch der Abbau von Berührungsängsten verbunden war. Dies erscheint vor dem Hintergrund der zunehmenden Verwertung von Forschungsergebnissen und somit eines zu erwartenden steigenden Bedarfs an Wirtschaftsabsolventen auch bei naturwissenschaftlich-technisch orientierten Institutionen wie dem IHP als Ansatz eines künftig notwendigen Personaltransferkonzepts.

Konkret besuchten dieses Seminar im Sommersemester 2010 44 Teilnehmer/-innen, ca. 45% davon weiblich, ca. 25% ausländischer Herkunft. Da von einer gewissen Lernkurve ausgegangen werden kann, ist dies ein Indiz für genderübergreifenden und globalisierten Wissens- und Personaltransfer. Die 44 Teilnehmer bildeten insgesamt 11 Teams. In jedes wurde mindestens ein ingenieur- bzw. naturwissenschaftlich orientierter Student integriert. Die Bandbreite aller teilnehmenden Studiengänge reichte von Informatik, Informations- und Medientechnik über Mathematik und Maschinenbau bis hin zu Wirtschaftsingenieurwesen, eBusiness und Betriebswirtschaftslehre. Da die Betriebswirtschaftler an der BTU bereits zu Beginn ihres Studiums eine Businessplan-Pflichtveranstaltung absolvieren, konnten sie die Expertise auf ihrem Fachgebiet, wie das Strukturieren von Geschäftsplänen und die Ausarbeitung von Marktanalysen und Finanzierungskonzepten, an die anderen Studierenden transferieren, profitierten umgekehrt aber auch vom technischen Know-how der Ingenieure. Sowohl bei der Evaluation der Businesspläne als auch in persönlichen Konsultationen zeigte sich, dass die Studierenden technischer Fachrichtungen infolge des interdisziplinären Austauschs die betriebswirtschaftlichen Grundlagen ebenso verstehen, wie auch umsetzen konnten. Wenn bisher auch nicht empirisch belegt, so zeigt jedoch die Erfahrung, dass die wesentlichen Elemente eines Businessplans und somit die grundlegenden Aspekte einer Unternehmensgründung nach der Teilnahme an einem curricular verankerten Ringlabor auch von Studierenden technischer Fachrichtungen logisch nachvollzogen und bei einer realen Gründungsneigung prinzipiell angewandt werden können.

5. Science & Business

Das Ringlabor Gründungsmanagement 2010 endete schließlich mit der Abschlussveranstaltung „Science & Business" im Plenarsaal des IHP, die durch den Lehrstuhl Planung und Innovationsmanagement, das BIEM an der BTU Cottbus, das IHP und Leibniz X, die Technologietransferstelle der Leibniz-Institute, organisiert, beworben und durchgeführt wurde. Eine im Vorfeld der Veranstaltung umfangreiche Pressearbeit forcierte zahlreiche Veranstaltungshinweise in lokalen Print- und Funkmedien. Eine förmliche Einladung zu der Veranstaltung erreichte nahezu sämtliche Vertreter der für Technologie- und Wissenstransfer zuständigen Ministerien, universitäre Einrichtungen, Wirtschaftsförderungsverbände und die lokalen Medien Brandenburgs. Die Veranstaltung fand breite Zustimmung, was ein gemischtes und fachkundiges Jury-Publikum zur Folge hatte. Jedes Team hatte 15 Minuten Zeit, sich vor diesem fachkundigen Publikum zu präsentieren und es von seinem Geschäftskonzept zu überzeugen.

Der Erfolg der Veranstaltung lässt sich nicht nur an den zahlreichen Pressemitteilungen und der breiten Aufmerksamkeit bei Förderern und Transferinstitutionen ablesen, die dem Organisationsteam und dem IHP viel Zuspruch einbrachte. Da die finalen Businesspläne allesamt beim Lausitzer Existenzgründer Wettbewerb (LEX) eingereicht wurden, stellte die BTU die teilnahmestärkste Institution im Wettbewerb. Ein Ringlabor-Team konnte sich in der Gruppe der besten Sechs platzieren. Für ihre umfassenden Gründungsunterstützungsaktivitäten wurde die BTU mit dem LEX-Initiativpreis 2011 ausgezeichnet.

All dies machte nicht nur medienwirksam auf die Transferkooperation von BTU und IHP aufmerksam, auch waren Erfolge im realen Wissens-, Technologie- und Personaltransfer zu verzeichnen. Das IHP erhielt weitreichende und umfangreich ausgearbeitete Verwertungskonzepte, die interessante Ansätze für die weitere Arbeit an den Projekten lieferten. Studierende unterschiedlicher Fachrichtungen der BTU konnten interdisziplinäre Erfahrungen sammeln und bekamen Anregungen für Abschlussarbeiten, potentielle Arbeitgeber und die Alternative einer technologieorientierten Unternehmensgründung. Am IHP wurde zudem eine Mitarbeiterstelle zum Technologie-Scouting initiiert, die zielgerichtet nach verwertbaren oder sogar ausgründbaren Forschungsergebnissen sucht. Auch aus Kooperationsperspektive sind umfangreiche Erfolge zu verzeichnen. Das Netzwerk involvierter Lehrstühle und Institutionen umfasste zum Ende der Veranstaltung den Lehrstuhl Planung und Innovationsmanagement sowie den Lehrstuhl Systeme, das Leibniz-Institut für innovative Mikroelektronik (IHP), das Zentrum für Gründungsförderung und -forschung „BIEM an der BTU Cottbus", Leibniz X, die Gründervilla der BTU Cottbus sowie die Wirtschaftsinitiative Lausitz.

6. Ausblick

Last but not least haben die Dozenten des Ringlabors Optimierungsansätze für die Weiterführung des Seminars gefunden. Das Ringlabor Gründungsmanagement startete im Sommersemester 2011 mit einigen Neuerungen. Neben Ideen aus dem IHP und einer weiteren Forschungseinrichtung werden erstmals auch Ideen aus Unternehmen der Region zur Verwertung angeboten. Auch wird ein Gastvortrag eines Venture-Capital-Unternehmers integriert, der über Innovations- und Patentmanagement referieren und Möglichkeiten der Anschlussförderung darlegen wird (zum Bedarf siehe Kailer 2005: 6). Zudem wird zur Teilnahme an weiteren überregionalen sowie branchenspezifischen Businessplan-Wettbewerben aufgerufen. Die geplante Abschlussveranstaltung wird in einer Wirtschaftsförderungs- oder Unternehmensumgebung stattfinden und wieder einem breiten, innovationsinteressierten Publikum offeriert. Als weitere Neuerung ist eine Abschlussjury aus Professoren, Wirtschaftsförderern und Kapitalgebern geplant, die gemeinsam die zukünftigen Transferpotentiale der jeweiligen Geschäftskonzepte bewerten. Natürlich ist eine solche Veranstaltung auch hervorragend geeignet, um sich aus Studierendensicht selbst zu präsentieren bzw. sich aus Unternehmenssicht nach geeigneten Mitarbeiterinnen und Mitarbeitern umzusehen. Hierdurch wird der Transfer von Wissen und Personal aus der Universität in die Region gefördert.

Langfristig ist neben der Akquise weiterer Netzwerkpartner und der sukzessiven Optimierung des Seminarkonzepts geplant, das Ringlabor Gründungsmanagement auch in die Curricula weiterer Fakultäten bzw. Studiengänge, zumindest als Wahlpflichtfach (vgl. Kailer 2005:

8), zu integrieren. Der Fokus soll weiterhin auf Technologietransfer bzw. Verwertung innovativer Technologien (vgl. Twaalfhoven / Wilson 2004), der Verknüpfung von Lehre und Praxis sowie der Sensibilisierung von Studierenden zur Unternehmensgründung (vgl. Welter et al. 2007) liegen. Es bleibt abzuwarten, ob dieses Lehrformat künftig Spin-Offs durch Studierende bzw. Absolventen zu initiieren vermag.

Lieratur- und Quellenverzeichnis

acatech – Deutsche Akademie der Technikwissenschaften (Hrsg.) (2010): *Wirtschaftliche Entwicklung von Ausgründungen aus außeruniversitären Forschungseinrichtungen, acatech berichtet und empfiehlt.* Nr. 4, Berlin / Heidelberg: Springer-Verlag.

Börensen, R. (2004): *Wissenstransfer aus der Hochschule – Existenzgründungen aus den Universitäten nach der Hochschulphase als Fallstudie.* Leipzig.

BMBF – Bundesministerium für Bildung und Forschung (2010): *Ideen. Innovation. Wachstum. – Hightech-Strategie 2020 für Deutschland.* Bonn / Berlin.

BPW – Businessplan-Wettbewerb Berlin-Brandenburg (2010): *Das Handbuch zum BPW 2011 – In drei Stufen zum perfekten Businessplan.* Berlin.

Droege, M. (2003): *Unternehmensgründungen aus Hochschulen – Hochschulressourcennutzung durch Technologietransfer- und Verwertungsgesellschaften.* Hamburg: Verlag Dr. Kovač.

Egeln, J. (2009): Gründungen aus Hochschulen und Forschungseinrichtungen. In: Zentrum für Europäische Wirtschaftsforschung GmbH (ZEW) (Hrsg.): *ZEW Gründungsreport – Aktuelle Forschungsergebnisse und Berichte zu Unternehmensgründungen.* Jahrgang 9, Nr. 1, Mai 2009, 3-4.

Egeln, J. / Gottschalk, S. / Rammer, C. / Spielkamp, A. (2003): *Spinoff-Gründungen aus der öffentlichen Forschung in Deutschland, Gutachten für das Bundesministerium für Bil-*

dung und Forschung (Kurzfassung). November 2002. Mannheim: Zentrum für Europäische Wirtschaftsforschung GmbH (ZEW).

Gottschalk, S. / Fryges, H. / Metzger, G. / Heger, D. / Licht, G. (2007): *Start-ups zwischen Forschung und Finanzierung: Hightech-Gründungen in Deutschland*. Mannheim: Zentrum für Europäische Wirtschaftsforschung GmbH (ZEW).

Grichnik, D. / Brettel, M. / Koropp, C. / Mauer, R. (2010): *Entrepreneurship – Unternehmerisches Denken, Entscheiden und Handeln in innovativen und technologieorientierten Unternehmungen*. Stuttgart: Schäffer-Poeschel Verlag.

Gude, H. / Kohn, K. / Ullrich, K. / Fryges, H. / Gottschalk, S. / Müller, K. / Niefert, M. (2009): Fahrt aufnehmen in stürmischen Gewässern – Chancen und Herausforderungen in der Entwicklung junger Unternehmen. In: *KfW/ZEW-Gründungspanel*. Oktober 2009, Mannheim.

Hemer, J. / Schleinkofer, M. / Göthner, M. (2007): *Akademische Spin-offs – Erfolgsbedingungen für Ausgründungen aus Forschungseinrichtungen*. Berlin: edition sigma.

Kailer, N. (2005): Unternehmerausbildung an Hochschulen – Empirische Ergebnisse, Problemfelder und Gestaltungsmöglichkeiten. In: *ibw-Mitteilungen*. 1. Quartal 2005.

Koschatzky, K. (1999): Regionale Infrastrukturen und Strategien für Technologietransfer. In: Tintelnot, C. / Meißner, D. / Steinmeier, I. (Hrsg.): *Innovationsmanagement*. Berlin / Heidelberg: Springer-Verlag, 29-38.

Koschatzky, K. (2003): Regionale Entwicklungskonzepte zur Initiierung wirtschaftlichen Wachstums. In: Pleschak, F. (Hrsg.): *Wachstum durch Innovationen – Strategien, Probleme und Erfahrungen FuE-intensiver Unternehmen*, Wiesbaden: Deutscher Universitäts-Verlag, 117-132.

Kratzer, J. / Haase, H. / Lautenschläger, A. (2010): *Benchmarking deutscher Transferstellen – Transferpotenzial, Transferkapazitäten, Transferaktivitäten im deutschlandweiten Vergleich, Bericht 2009/2010*. Berlin / Worms / Jena.

Kulicke, M. (2006): *EXIST – Existenzgründungen aus Hochschulen, Bericht der wissenschaftlichen Begleitung zum Förderzeitraum 1998 bis 2005.* Stuttgart: Fraunhofer IRB Verlag.

Kulicke, M. / Dornbusch, F. / Schleinkofer, M. (2010): *Maßnahmen und Erfahrungen der EXIST III geförderten Gründungsinitiativen in den Bereichen Ideengenerierung, Beratung, Qualifizierung, Sensibilisierung, Inkubation und Alumni-Einbindung – Teil 1: Förderrunden 2006 und 2007, Bericht der wissenschaftlichen Begleitforschung zu „EXIST - Existenzgründungen aus der Wissenschaft".* Karlsruhe: Fraunhofer Institut für System- und Innovationsforschung.

Mathes, C. (2007): Universitäre Ausgründungen als Motor einer dynamischen Innovationslandschaft. In: Pechlaner, H. / Hinterhuber, H. H. / von Holzschuher, W. / Hammann, E.-M. (Hrsg.): *Unternehmertum und Ausgründung – Wissenschaftliche Konzepte und praktische Erfahrungen.* Wiesbaden: Deutscher Universitäts-Verlag, 199-213.

Maselli, A. (1997): *Spin-offs zur Durchführung von Innovationen – Eine Analyse aus institutionenökonomischer Sicht.* Wiesbaden: Deutscher Universitäts-Verlag.

McKinsey & Company (2008): *Deutschland 20/20 – Zukunftsperspektiven für die deutsche Wirtschaft, Zusammenfassung der Studienergebnisse.* Frankfurt / Main.

Pleschak, F. / Wupperfeld, U. (1995): *Entwicklungsprobleme junger technologieorientierter Unternehmen – eine Tagung der Friedrich-Ebert-Stiftung, 23. März 1995 in Berlin.* Bonn: Forschungsinstitut der Friedrich-Ebert-Stiftung, Abt. Wirtschaftspolitik.

Rese, A. / Baier, D. (2010): Evaluation of Business Planning Courses with Respect to Students' Competencies, Entrepreneurial Intent and Students' Cooperation. In: Rese, A. / Baier, D. / Mißler Behr, M. / Kaiser, M. J. (Hrsg.): *Entrepreneurship Education – Symposium des Brandenburgischen Instituts für Existenzgründung und Mittelstandsförderung (BIEM e.V.) „Gründung und Innovation" vom 11.-12. Juni 2009 an der Brandenburgischen Technischen Universität Cottbus.* Lohmar / Köln: Josef Eul Verlag, 111-137.

Schmude, J. / Heumann, S. / Wagner, K. (2009): *Vom Studenten zum Unternehmer: Welche Universität bietet die besten Chancen? Gründerlehre – Aktive Unterstützung – Rahmenbedingungen, Ranking 2009.* München.

Szyperski, N. / Klandt, H. (1981): *Wissenschaftlich-technische Mitarbeiter von Forschungs- und Entwicklungseinrichtungen als potentielle Spin-off-Gründer – Eine empirische Studie zu den Entstehungsfaktoren von innovativen Unternehmungsgründungen im Lande Nordrhein-Westfalen.* Opladen: Westdeutscher Verlag.

Twaalfhoven, B. / Wilson, K. (2004): *Breeding More Gazelles: The Role of European Universities.* URL: http://www.efer.nl/pdf/RP-Breeding%20Gazelles-TheRoleofUniversities.pdf (04.04.2011)

Uebelacker, S. (2005): *Gründungsausbildung – Entrepreneurship Education an deutschen Hochschulen und ihre raumrelevanten Strukturen, Inhalte und Effekte.* Wiesbaden: Deutscher Universitäts-Verlag.

Welter, F. / Althoff, K. / Pinkwart, A. / Hill, M. (2007): Vom Studium zur Gründung – eine typisch deutsche Hochschulkarriere? – Bestandsaufnahme und Perspektiven der Gründungsförderung an Hochschulen. In: Letmathe, P. / Eigler, J. / Welter, F. / Kathan, D. / Heupel, T. (Hrsg.): *Management kleiner und mittlerer Unternehmen – Stand und Perspektiven der KMU-Forschung.* Wiesbaden: Deutscher Universitäts-Verlag, 97-116.

Gründungssensibilisierung an Hochschulen –
Analyse von Gründungsmanagementveranstaltungen an der BTU Cottbus

DIPL.-VOLKSW. STEFAN UHLICH, LEHRSTUHL FÜR PLANUNG UND INNOVATIONSMANAGEMENT, BRANDENBURGISCHE TECHNISCHE UNIVERSITÄT COTTBUS, UHLICH@TU-COTTBUS.DE

DIPL.-WIRTSCH.-ING. ELENI MAGDALINI VASILEIADOU, LEHRSTUHL FÜR PLANUNG UND INNOVATIONSMANAGEMENT, BRANDENBURGISCHE TECHNISCHE UNIVERSITÄT COTTBUS, VASILEIA@TU-COTTBUS.DE

PROF. DR. RER. POL. HABIL. MAGDALENA MIßLER-BEHR, LEHRSTUHL FÜR PLANUNG UND INNOVATIONSMANAGEMENT, BRANDENBURGISCHE TECHNISCHE UNIVERSITÄT COTTBUS, MAGDALENA.MISSLER-BEHR@TU-COTTBUS.DE

1. Einleitung

Unternehmensgründungen gelten als wichtige (Pro)motoren für das volkswirtschaftliche Wachstum. So betonen bspw. Yperman und DePryck die Bedeutung von Gründungen für die Stärkung der innovativen Kapazität, die erhöhte Flexibilität der Märkte, die steigende Effizienz tangierter Unternehmen und die Schaffung von Arbeitsplätzen in der entsprechenden Volkswirtschaft (vgl. Yperman/ DePryck 2007: 39). Folglich sollte die verstärkte Ausbildung des „unternehmerischen Geistes" eines der obersten wirtschafts- und bildungspolitischen Ziele sein.

Welter und Bergmann beschreiben mit ihrem Modell des „Gründungstrichters" die zunehmende Aussiebung von gründungsfähigen Personen im erwerbstätigen Alter zu einer am Ende nur noch marginalen Anzahl verbleibender echter Gründer. Sie zeigen dabei auf, dass über die Ausprägung der „Gründungsneigung" bereits von vornherein sehr viele potentielle Gründer verloren gehen, und von den restlichen dann noch weitere durch mangelndes „Gründungsengagement" den Weg zum werdenden Gründer verfehlen (vgl. Welter / Bergmann 2002).

Während das Gründungsengagement erst durch Coaching und aktive Unterstützung beeinflusst werden kann, erfolgt die Ausprägung für oder gegen eine positive Gründungsneigung in der schulischen und Hochschulausbildung. Man kann folglich von einem Multiplikatoreffekt der Gründungssensibilisierung durch Gründungslehre auf das Gründungsengagement sprechen. Leider fällt Deutschland bei der Bewertung gründungsbezogener Rahmenbedingungen besonders wegen der unzureichenden Gründungsausbildung negativ auf (vgl. Brixy et al. 2009: 18-19), wodurch dieser Multiplikatoreffekt deutlich gemindert wird. So stellen Brixy et al. mahnend fest: *„Besonders im Bereich der gründungsbezogenen Ausbildung in der Schule besteht Handlungsbedarf. Eine Verbesserung in diesem Bereich könnte sich langfristig auch positiv auf die gesellschaftliche Anerkennung von Selbstständigkeit [...] auswirken – die man nur schwer auf direktem Wege beeinflussen kann."* (Brixy et al. 2009: 22).

Demgegenüber stellt sich jedoch auch die kritische Frage, inwiefern sich durch die Teilnahme an einer Gründungslehrveranstaltung die persönliche Einstellung gegenüber der Gründung als alternative Erwerbsform verändert. Ist es möglich, durch gezieltes Lehren die Gründungsbereitschaft von Studierenden und von weiteren Teilnehmern an Gründungslehrveranstaltungen messbar zu steigern? Dieser Kernfrage geht folgende Untersuchung nach.

2. Veranstaltungsbeschreibung und Datenmaterial

Das erhobene Datenmaterial stammt aus jeweils zwei Befragungen Studierender zweier unterschiedlicher Lehrveranstaltungen zum Gründungsmanagement im Sommersemester 2010 an der Brandenburgischen Technischen Universität Cottbus. Es handelt sich hierbei um eine klassische Vorlesung und ein Ringlabor. Die Vorlesung Gründungsmanagement richtet sich als Präsenzveranstaltung mit wöchentlicher, zweistündiger Vorlesung und 14-tägiger, zweistündiger Übung vor allem an Studierende der Fachbereiche Wirtschaftswissenschaften und Mathematik und ist auch nur in diesen Fächern als Studienleistung anrechenbar. Für Studierende der Betriebswirtschaftslehre stellt sie sogar ein Pflichtfach dar. Das Ringlabor Gründungsmanagement hingegen gehört an der BTU Cottbus zum Fachübergreifenden Studium Generale (FÜS) und stellt eine Wahlpflichtveranstaltung dar. Es ist eine Mischung aus Kolloquium, Seminar und Vorlesung. Ziel der meist 14-tägig geblockten Veranstaltung ist das Ausarbeiten eines Businessplans zur Vermarktung einer innovativen – real existierenden – Technologie. Hierbei stechen zwei Besonderheiten der untersuchten Veranstaltung hervor: zum einem die Kooperation mit dem in Frankfurt (Oder) ansässigen Leibniz-Institut für innovative Mikroelektronik, dessen Technologievermarktung als Praxiskomponente hineinspielt, und zum anderen die möglichst interdisziplinär zusammengestellten „Gründerteams" von Studierenden unterschiedlichster Fachrichtungen.

Die exakte Anzahl der jeweils erhobenen Daten kann Tabelle 1[1] entnommen werden. Da es sich bei beiden Erhebungen um eine Totalerhebung aller Anwesenden handelte, ist auf den

---

[1] Die Tabellen befinden sich im Anhang des Beitrags.

ersten Blick ersichtlich, dass das Interesse an den Veranstaltungen selbst zwischen den beiden Befragungszeitpunkten deutlich abgenommen hat.

Aufbau der Fragebögen

In jeder Veranstaltung wurden jeweils zwei Fragebögen verteilt, die sich grob in drei Teile gliederten: Persönliche Angaben, Angaben zur Motivation, an der Veranstaltung teilzunehmen, und ein Aussagen-Teil, mit dem die jeweilige Gründungsneigung ermittelt werden sollte. Der erste Fragebogen wurde direkt in der ersten Veranstaltung des Semesters ausgegeben, um gleich zu Beginn Unterschiede zwischen einzelnen Gruppen aufzuzeigen. Der zweite Fragebogen wurde dann am Ende des Semesters ausgeteilt, um anhand der veränderten Beurteilung der in beiden Bögen identischen Aussagen (vgl. Tabelle 2)[2] durch die Studierenden die Entwicklung der Gründungseinstellung hinsichtlich der Gruppen und der jeweiligen Veranstaltung zu ermitteln. Die Aussagen können Werte auf einer Skala von 1 bis 5 annehmen. Die Werte beruhen auf persönlicher Einschätzung der Befragten. Dabei steht 1 für sehr ausgeprägte Kompetenz, 5 für völlig fehlende Kompetenz.

Bildung von „Kompetenzblöcken"

Basierend auf allen Fragebögen der ersten Befragung wurden anhand von Korrelationen der 20 Aussagen zum Thema Gründung (vgl. Tabelle 3)[3] vier „Kompetenzblöcke" identifiziert, die kurz als (A) Gründungsaffinität, (B) Wahrnehmung des Gründungsklimas, (C) Risikofreude und (D) Unternehmerische Attitüde bezeichnet werden können. Die Bildung der Blöcke erfolgte durch arithmetisches Mitteln der einzelnen Ausprägungen der Kompetenzen. Da einige Aussagen genau in entgegengesetzte Richtung zielen, wurden die Werte dieser Aussagen negiert, was sich mathematisch als „6-[Aussage]" ermitteln lässt und in Tabelle 3 symbolhaft mit negativem Vorzeichen dargestellt wird. Die gebildeten Blöcke entsprechen den in der Literatur häufig angegebenen Gründungskompetenzen. So haben Backes-Gellner, Demirer

---

[2, 3] Die Tabellen befinden sich im Anhang des Beitrags.

und Sternberg gezeigt, dass geringere Risikoaversion und Kompetenz in der unternehmerischen Einschätzung von Märkten die Gründungsneigung von Hochschülern steigern (Backes-Gellner / Demirer / Sternberg 2002: 66-78). Demgegenüber hat ein subjektiv wahrgenommen schlechtes Gründungsklima – bspw. durch bürokratische Hemmnisse und wirtschaftspolitische Fehleinschätzungen – einen abschreckenden Effekt und wirkt negativ auf die Gründungsneigung (vgl. Golla et al. 2006: 230-232).

In diesem Zusammenhang ist zu erwähnen, dass einige Aussagen auf Grund der hohen Korrelationswerte (vgl. Rößler / Ungerer 2008: 63-76) mehr als nur einem Block zugeordnet wurden, da sie wichtige Knotenpunkte der Korrelationsvernetzung darstellen (vgl. Tabelle 4)[4]. Nichtsdestotrotz konnten ausgeprägte Korrelationen der Kompetenzblöcke untereinander weitestgehend vermieden werden; lediglich zwischen der Gründungsaffinität und der unternehmerischen Attitüde besteht ein offensichtlicher positiver Zusammenhang (vgl. Tabelle 5)[5], der auf Grund der persönlichen Charakteristika potentiell gründender Hochschüler nicht überraschend scheint (vgl. Golla et al. 2006: 214 f.), jedoch auch der Zuordnung der Aussagen 7 und 17 zu beiden Blöcken geschuldet ist.

Zur Feststellung von Unterschieden wurden zweiseitige Signifikanztests durchgeführt (vgl. Rößler / Ungerer 2008: 156-178). Die dabei im Raum stehende Nullhypothese bei Ex-Ante-Ausprägungen ist, dass es keine messbaren Unterschiede bei der Aufteilung der Studierenden in diverse Gruppen, wie bspw. nach Veranstaltungsart, Studiengang oder Geschlecht (vgl. Tabelle 6)[6], gibt – also die Annahme von Homogenität. Bei der Ex-Post-Ausprägung entspricht die Nullhypothese der Aussage, dass die Gründungslehre keinen messbaren Einfluss auf die entsprechenden Indikatorwerte der jeweiligen Gruppen hat.

[4, 5, 6] Die Tabellen befinden sich im Anhang des Beitrags.

3. Erste Befragung (Ex-Ante-Ausprägung/ Eingangsvoraussetzungen)

Die Auswertung der ersten Befragung zeigt zwar kaum messbare Unterschiede zwischen den Teilnehmern der unterschiedlichen Lehrveranstaltungen, es gibt jedoch teilweise signifikante Unterschiede bei einzelnen Gruppen bzgl. anderer Ausprägungsmerkmale. Während nachfolgend die wichtigsten Erkenntnisse dargelegt werden, können die exakten Werte der t-Statistik Tabelle 6[7] entnommen werden. Dabei steht bspw. der Wert „-0,5263 ***" der Gründungsaffinität bei denen, die persönliches Interesse an Gründungsmanagement haben, für eine im Vergleich zum Durchschnitt stärkere Ausprägung der entsprechenden Gründungskompetenz (minimaler Wert = 1 = sehr ausgeprägte Kompetenz) in der entsprechenden Gruppe. Das Testergebnis ist zudem signifikant auf dem 1%-Niveau.

Die Erkenntnisse im Einzelnen:

- Studierende, die am Ringlabor teilnehmen, schätzen ihre unternehmerische Attitüde etwas positiver ein. Dieser Umstand ist dadurch erklärbar, dass viele Teilnehmende der Vorlesung diese als Pflichtveranstaltung besuchen, während Studierende, die am Ringlabor teilnehmen, dies auf freiwilliger, wissbegieriger Basis tun. Letztere scheinen daher von Hause aus einen gewissen „Gründungsgeist" mitzubringen. Allgemein zeigen Studierende, die ihr persönliches Interesse an Gründung bekunden, auch signifikant bessere Indikatorwerte bzgl. Gründungsaffinität, Risikofreude und unternehmerischer Attitüde. Noch deutlicher ist diese positive Ausprägung aller Gründungskompetenzen bei Studierenden, die angeben, langfristig die eigene Selbstständigkeit ins Auge zu fassen, während Studierende, die definitiv keine Selbstständigkeit planen, bei allen Gründungskompetenzen schlechter abschneiden. Die Ergebnisse sind größtenteils signifikant auf dem 1%-Niveau. Dies zeigt, dass die Indikatoren und die subjektive Eigeneinschätzung miteinander harmonieren, und bestätigt somit die Bildung der Kompetenzblöcke.

- Bei der Unterscheidung nach Studiengängen fällt besonders die positivere Wahrnehmung des Gründungsklimas durch Studierende des Studiengangs eBusiness auf dem 1%-

---

[7] Die Tabellen befinden sich im Anhang des Beitrags.

Signifikanzniveau auf. Studierende des Studiengangs Informations- und Medientechnik besitzen eine höhere Gründungsaffinität. Studierende des Wirtschaftsingenieurwesens hingegen zeigen sowohl bei der Gründungsaffinität als auch bei der Risikofreude deutlich gründungsaverse Ausprägungen.

- Bei der Gründungsaffinität sind zudem geschlechterspezifische Unterschiede feststellbar. Dies entspricht auch der Zusammenfassung diverser Studien, die zu dem Schluss kommen, *„dass männliche Personen stärker die berufliche Selbstständigkeit anstreben als Frauen [...]"* (Golla et al. 2006: 212).

- Sehr jungen Studierenden fehlt es nach eigener Einschätzung an unternehmerischer Attitüde. Bedenkt man, dass Charakter und persönliche Fähigkeiten und Fertigkeiten sich erst mit zunehmender Lebenserfahrung entwickeln, scheint dies eine nachvollziehbare, realistische Selbsteinschätzung zu sein. Ein weiteres Indiz für die Bedeutung zunehmender Lebenserfahrung ist das Master-Studium, das eine positivere Wahrnehmung des Gründungsklimas mit sich bringt. So zeigen Studierende mit bereits abgeschlossenem Studium verstärkte Gründungsaffinität und nehmen das Gründungsklima positiver wahr. Auch enger Unternehmerkontakt kann als Lebenserfahrung gewertet werden und verbessert die unternehmerische Attitüde, kein Unternehmerkontakt wirkt indessen negativ. Auch das Fehlen jedweder Berufserfahrung wirkt negativ auf die unternehmerische Attitüde, während Studierende mit qualifizierendem Berufsabschluss deutlich bessere unternehmerische Attitüde besitzen. Dieses Ergebnis lässt sich auch bei STERNBERG et al. finden, die in einer Untersuchung zu Nascent Entrepreneurship in Deutschland zu dem Ergebnis kamen, dass sich ein höherer Bildungsabschluss und vorherige Erwerbstätigkeit positiv auf die Gründungswahrscheinlichkeit auswirken(vgl. Sternberg et al. 2007. 31).

- Ausländische Studierende schätzen sich bei allen Kompetenzen signifikant besser ein. Die Ergebnisse sind nicht überraschend, stimmen sie doch mit Auswertungen zu den Gründungseinstellungen in Deutschland im internationalen Vergleich überein (vgl. Brixy et al. 2009: 10-16). Besonders auffällig ist hierbei jedoch die deutlich geringere Risikoaversion auf dem 1%-Signifikanzniveau. Doch auch dies verwundert nicht, denn *„die Angst, mit der Gründung eines eignen Unternehmens scheitern zu können [...] ist in Deutschland tra-*

ditionell groß" (Brixy et al. 2009: 10). Ebenso deutlich zeigt sich die positive Wahrnehmung des Gründungsklimas durch ausländische Studierende, denn *„bei den Deutschen [zeigt sich] verglichen mit vielen Nachbarländern eine grundsätzlich pessimistischere Einstellung gegenüber Gründungschancen"* (Brixy et al. 2009: 10).

4. Zweite Befragung (Ex-Post-Ausprägung/ Veränderungen)

Nachdem im Ergebnis der ersten Befragung festgestellt werden konnte, dass bei unterschiedlichen Gruppen von Studierenden von vornherein unterschiedliche Ausprägungen bzgl. der Gründungskompetenzen zu Tage treten, stellte sich nun die Frage, inwiefern diese Gruppen durch Gründungslehre in ihren Kompetenzen beeinflusst werden. Auch hier sollen wieder nachfolgend einige Erkenntnisse dargelegt werden, während die exakten Werte der t-Statistik Tabelle 7[8] entnommen werden können. Dabei steht bspw. der Wert „-0,2456 **" der Wahrnehmung des Gründungsklimas bei Studierenden der Betriebswirtschaftslehre für eine Verbesserung der entsprechenden Gründungskompetenz der entsprechenden Gruppe im Zeitablauf. Das Testergebnis ist zudem signifikant auf dem 5%-Niveau.

Die Erkenntnisse im Einzelnen:

- Die Wahrnehmung des Gründungsklimas hat sich durch alle Gruppen hindurch – mit Ausnahme der sehr jungen und ausländischen Studierenden sowie derer, die bereits über einen ersten Studienabschluss verfügen – signifikant verbessert.

- Höchst interessant erscheint die Entwicklung bei den Studierenden, wenn man diese differenziert nach der Gründungsabsicht betrachtet. Während sich die vier Indikatoren der Studierenden, die nicht gründen wollen, durchweg zu gründungsfreundlichen Werten hin entwickelt haben, ist das Ergebnis bei den Studierenden, die sich später einmal selbstständig machen wollen, kontrastierend! Es kann folglich angenommen werden, dass durch die objektive Aufarbeitung vieler Fakten und theoretischer Ansätze bzgl. eines typischen Gründungsverlaufs auf der einen Seite die *„pessimistischere Einstellung ge-*

---

[8] Die Tabellen befinden sich im Anhang des Beitrags.

genüber Gründungschancen" (Brixy et al. 2009: 10) der (noch immer) gründungsabgeneigten Studierenden abgenommen hat, auf der anderen Seite aber auch die evtl. zu optimistischen Wahrnehmungen der gründungszugeneigten Studierenden in ein realistisches Bild gerückt wurden.

- Mit zunehmender Lebenserfahrung (durch absolvierte Semester, abgeschlossene Ausbildung, Berufserfahrung oder einfach nur höheres Alter) ist auch eine positive Entwicklung der Indikatoren feststellbar. Genau das Gegenteil zeigt sich hingegen bei nur geringer Lebenserfahrung. Dies ist evtl. auf die sehr komplexen Aufgaben zurückzuführen, die während einer Gründung zu bewältigen sind und derer sich die Studierenden nunmehr bewusst werden (vgl. Lang-von Wins et al. 2002). Während jüngere Studierende mit der Vielzahl an verschiedensten Aufgaben evtl. noch überfordert sind oder deren Konsequenzen noch nicht in vollem Umfang verstehen, kann es sein, dass insbesondere ältere Studierende sich bewusst werden, dass die einzelnen betriebswirtschaftlichen Gebiete ihres bisher sehr theoretisch anmutenden Studiums im Bereich der Gründung einen sinnvollen Schnittpunkt finden. So häufen sich bspw. Gründungen entsprechend umfangreicher Untersuchungen in Deutschland *„vor allem zwischen dem 30. und 33. sowie zwischen dem 36. und 40. Lebensjahr"* (Golla et al. 2006: 212).

- Studierenden, die noch keinen engen Kontakt mit Unternehmern hatten, konnte sowohl die Risikoaversion signifikant genommen, als auch vermehrt unternehmerische Attitüde vermittelt werden.

- Insbesondere männliche Studierende schätzen ihre unternehmerische Attitüde nach der Teilnahme an den Veranstaltungen besser ein. Hier kann eine Parallele zu STERNBERG et al. gezogen werden, die unter den Nascents eine deutlich höhere Abbrecherquote bei Frauen als bei Männern nachweisen konnten(Sternberg et al. 2007: 31-32).

5. Kritische Betrachtung der Ergebnisse

In Anbetracht des ex ante nicht erwarteten hohen Schwunds an Hörern im Zeitablauf der Veranstaltungen stellt sich die Frage der direkten Vergleichbarkeit der Gruppen aus der 1.

und 2. Erhebung. Daher ist die Interpretation nur als Trend zu sehen. Zudem ist auf Grund des großen Schwunds nicht auszuschließen, dass es zu einer Positivauslese bei den Entwicklungswerten gekommen ist. Es ist anzunehmen, dass insbesondere Studierende in den Veranstaltungen verblieben sind, die diese als interessant oder für sich selbst als lohnenswert empfunden und somit die gemessenen Indikatoren automatisch verbessert haben.

6. Resümee

Nach der Studie von Sternberg et al. *"beklagt sich eine beunruhigend hohe Zahl von Gründern darüber, dass ihnen außerhalb des engsten Familien- oder Freundeszirkels in Anbetracht ihrer geplanten Selbstständigkeit oftmals Zurückhaltung und Skepsis, teilweise sogar Rat- und Verständnislosigkeit entgegengebracht werden."*(Sternberg et al. 2007: 35) Zwar besitzen *"Unternehmer in den Augen vieler Deutscher einen nach wie vor hohen Status"* (Brixy et al. 2009: 10), jedoch wird unternehmerische Eigeninitiative weder begrüßt noch belohnt (vgl. Sternberg et al. 2007: 35). Auf Grund dieser Erkenntnis sollte Gründungslehre nicht nur für die Förderung von Gründungen (aktive Sensibilisierung) eintreten, sondern vielmehr auch für deren Akzeptanz (passive Sensibilisierung), und somit die frühzeitige Gründungsneigung oder -abneigung stärken.

Sicherlich ist nicht zu bestreiten, dass die zum Teil abschreckende Wirkung von Gründungslehre aber auch ihre guten Seiten hat: Wenn sich potentielle Gründer bereits durch die Vielzahl der vor, während und nach der Gründung theoretisch anfallenden Aufgaben überfordert fühlen, wie überfordert wären sie dann erst bei der Bewältigung von mehr als 60 realen Aufgaben verschiedenster Art, die sich in den einzelnen Gründungsphasen durchschnittlich ergeben (vgl. Lang-von Wins et al. 2002: 109-113). In diesem Sinne sollte auch das Unterlassen einer höchstwahrscheinlich scheiternden Existenzgründung als Erfolg einer ausgewogenen Gründungslehre angesehen werden.

Zwar können – entgegen der ursprünglichen Intention – keine Aussagen darüber getroffen werden, wie die idealtypische, die Gründungskompetenzen steigernde Lehrveranstaltung aussieht, jedoch lassen sich spezielle Zielgruppen ausmachen, die von Gründungslehre profitieren. Dies sind zum einen Studierende, welche die zuvor beschriebene Abneigung gegenüber Gründern wahrnehmen, diese auf sich projizieren und schließlich eine Abneigung gegenüber einer eigenen Gründung entwickeln. Diese Studierenden können zu einer positiveren Sichtweise bewegt werden. Zum anderen sollten ältere Studierende zur Hauptzielgruppe der Gründungslehre gehören und deren unternehmerische Fähigkeiten geschärft werden. Je später im Studium die Gründungslehre einsetzt, desto effektiver scheint die damit wahrgenommene Sinnhaftigkeit zu sein. Gründungslehre sollte eine Schnittstelle zwischen Studium und Berufsleben darstellen bzw. als Sprungbrett, das die Umsetzung eigener Visionen in Form von Gründungen unterstützt, fungieren.

Im Rahmen der Untersuchung eröffneten sich jedoch auch weitere empirische Forschungsfragen. So konnte – trotz gezielter Befragung – nicht geklärt werden, was Studierende eigentlich zum Thema Gründung wissen wollen und ob ihre Ansprüche erfüllt werden. Wie können des Weiteren Wissenslücken geschlossen und der „Unternehmergeist" gestärkt werden? Und nicht zu vergessen: Was ist am Status quo der Gründungslehre positiv hervorzuheben und weiter auszubauen, und was sollte verändert werden und in welche Richtung?

Literatur- und Quellenverzeichnis

Backes-Gellner, U. / Demirer, G. / Sternberg, R. (2002): Individuelle und regionale Einflussfaktoren auf die Gründungsneigung von Hochschülern. In: Schmude, J. / Leiner, R. (Hrsg.): *Unternehmensgründungen - Interdisziplinäre Beiträge zum Entrepreneurship Research.* Heidelberg: Physica, 63-96.

Brixy, U. / Hessels, J. / Hundt, C. / Sternberg, R. / Stüber, H. (2009): *Global Entrepreneurship Monitor - Unternehmensgründungen im weltweiten Vergleich, Länderbericht Deutschland 2008.* Hannover / Nürnberg.

Golla, S. / Halter, F. / Fueglistaller, U. / Klandt, H. (2006): Gründungsneigung Studierender – Eine empirische Analyse in Deutschland und der Schweiz. In: Achleitner, A.-C. / Klandt, H. /Koch, L. T. / Voigt, K.-I. (Hrsg.): *Jahrbuch Entrepreneurship 2005/06.* Berlin: Springer, 209-237.

Lang-von Wins, T. / Leiner, R. / von Rosenstiel, L. / Schmude, J. (2002): Aufgaben und ihre Bewältigung in der Vorgründungs-, Gründungs- und Nachgründungsphase: Eine empirische Erfassung des Verlaufes von geförderten Unternehmensgründungen. In: Schmude, J. / Leiner, R. (Hrsg.): *Unternehmensgründungen - Interdisziplinäre Beiträge zum Entrepreneurship Research.* Heidelberg: Physica, 97-136.

Rößler, I. / Ungerer, A. (2008): Statistik für Wirtschaftswissenschaftler. Heidelberg: Physica.

Sternberg, R. / Brixy, U. / Hundt, C. (2007): *Global Entrepreneurship Monitor - Unternehmensgründungen im weltweiten Vergleich, Länderbericht Deutschland 2006.* Hannover / Nürnberg.

Welter, F. / Bergmann, H. (2002): „Nascent Entrepreneurs" in Deutschland. In: Schmude, J. / Leiner, R. (Hrsg.): *Unternehmensgründungen - Interdisziplinäre Beiträge zum Entrepreneurship Research.* Heidelberg: Physica, 33-62.

Yperman, K. / DePryck, K. (2007): Entrepreneurial Competence in Adult Education. In: Remmele, B. / Schmette, M. / Seeber, G. (Hrsg.): *Educating Entrepreneurship.* Wiesbaden: Gabler, 39-56

Tabellarische Anhänge

	Vorlesung	Ringlabor	Gesamt
1. Befragung (19.04.)	106	39	145
2. Befragung (15.07.)	47	24	61[9]

Tab. 1: Übersicht der erhobenen Datenmenge nach Veranstaltung

1	Selbständigkeit ist eine attraktive berufliche Perspektive.
2	Das Gründungsklima in Deutschland ist gut.
3	Unzureichendes Finanzkapital und die Angst vor dem finanziellen Ruin bei Misserfolg schrecken mich vor einer potenziellen Gründung ab.
4	Ich habe schon mal mit dem Gedanken gespielt, mich selbständig zu machen.
5	Die Selbständigkeit kommt für mich als Alternative zur abhängigen Beschäftigung in Frage.
6	Ich bin kontaktfreudig und finde schnell Anschluss.
7	Ich habe die Fähigkeiten und das Wissen, die notwendig sind, um ein Unternehmen zu gründen.
8	Unternehmer genießen ein hohes Ansehen.
9	Unternehmensgründungen werden in Deutschland ausreichend gefördert.
10	Ich zeige Eigeninitiative.
11	Ich habe die berufliche Erfahrung, die notwendig ist, um ein Unternehmen zu gründen.
12	Bürokratische und rechtliche Hürden schrecken mich vor einer potenziellen Gründung ab.
13	Für eine gute Geschäftsidee finden sich in Deutschland ausreichend finanzielle Mittel.
14	Eine Unternehmensgründung ist immer mit finanziellen Risiken verbunden.
15	Ich bin kreativ.
16	Ich fühle mich gut und angemessen auf eine Unternehmensgründung vorbereitet.
17	Ich bin risikofreudig.
18	Ich finde es gut, wenn Gründungen aus der Arbeitslosigkeit gefördert werden.
19	Für mein Fachgebiet gibt es aktuell/ in naher Zukunft gute Gründungschancen in Deutschland.
20	Gründung würde für mich nur im Team in Frage kommen.

Tab. 2: Übersicht der Aussagen

---

[9] Auf Grund des Besuchs beider Veranstaltungen durch 10 Studierende, entspricht die Summe der Teilnehmer der Einzelveranstaltungen nicht der Gesamtanzahl rückläufiger Fragebögen. Dieser Umstand wurde bei der ersten Befragung leider nicht erfasst.

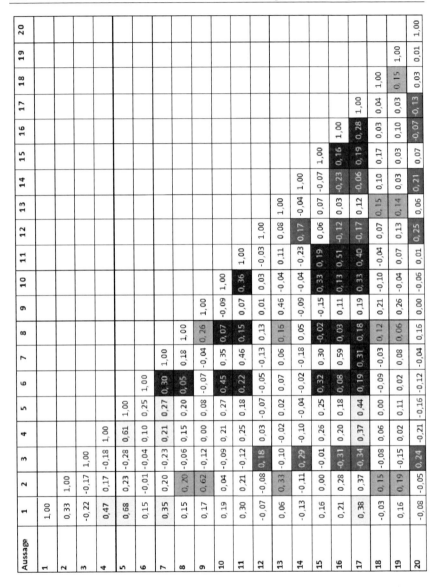

Tab. 3: Korrelationskoeffizienten der Aussagen

A	Gründungsaffinität	1 + 4 + 5 + 7 + 17
B	Wahrnehmung des Gründungsklimas	2 + 8 + 9 + 13 + 18 + 19
C	Risikofreude	16 + 17 - 3 - 12 - 14 - 20
D	Unternehmerische Attitüde	6 + 7 + 10 + 11 + 15 + 16 + 17

Tab. 4: Bildung der Blöcke[10]

Block	A	B	C	D
A	1,00			
B	0,25	1,00		
C	0,53	0,15	1,00	
D	0,68[11]	0,19	0,53	1,00

Tab. 5: Korrelation der Blöcke

---

[10] Die Bildung der Blöcke erfolgte durch arithmetisches Mitteln der einzelnen Ausprägungen der Kompetenzen, welche Werte auf einer Skala von 1 bis 5 annehmen können. Die Werte beruhen auf persönlicher Einschätzung der Befragten. Dabei steht 1 für sehr ausgeprägte Kompetenz, 5 für völlig fehlende Kompetenz. Da einige Aussagen genau in entgegengesetzte Richtung zielen, wurden die Werte dieser Aussagen negiert, was sich mathematisch als „6-[Aussage]" ermitteln lässt und in Tabelle 3 symbolhaft mit negativem Vorzeichen dargestellt wird.

[11] Die vergleichsweise hohe Korrelation der Kompetenzblöcke A und D ist der Zuordnung der Aussagen 7 und 17 zu beiden Blöcken geschuldet.

Gründungssensibilisierung an Hochschulen

	Anzahl	Gründungs-affinität	Wahrnehmung Gründungsklima	Risikofreude	Unternehm. Attitüde
Gesamtmenge (Mittelwert [Standardabw.])	145	2,6717 [0,8094]	2,7321 [0,5467]	3,508 [0,5565]	2,8276 [0,5946]
Veranstaltungstyp					
Vorlesung	106	0,0245	0,0288	0,0171	0,0565
Ringlabor	39	-0,0666	-0,0783	-0,0465	-0,1536 *
Studiengang					
Betriebswirtschaftslehre	124	-0,0217	0,0407	-0,0161	-0,0073
eBusiness	7	-0,1003	-0,3750 ***	-0,0795	0,1928
Informations- und Medientechnik	3	-0,3384 *	-0,1766	0,1031	-0,0657
Wirtschaftsingenieurswesen	8	0,5783 *	0,0178	0,1378 *	0,1546
Interesse					
Persönliches Interesse	33	-0,5263 ***	-0,0807	-0,2202 **	-0,2648 ***
Kein persönliches Interesse	112	0,1551 *	0,0238	0,0649	0,0780
Geplante Selbstständigkeit	57	-0,6823 ***	-0,1562 **	-0,2800 ***	-0,3840 ***
Keine geplante Selbstständigkeit	88	0,4419 ***	0,1011 *	0,1813 ***	0,2487 ***
Angestrebter Abschluss					
Bachelor	119	-0,0213	0,0311	-0,0066	0,0031
Diplom	10	0,4483	-0,1155	0,1086	0,0010
Master	16	-0,1217	-0,1593 *	-0,0185	-0,0240
Semesterzahl					
1 bis 4	105	0,0254	-0,0020	0,0062	0,0513
ab 5	39	-0,0256	0,0242	-0,0209	-0,0986
Geschlecht					
Männlich	78	-0,1666 *	-0,0805	-0,0764	-0,0382
Weiblich	67	0,1939 *	0,0937	0,0890	0,0445
Alter					
unter 20	8	0,4033	0,3095	0,3670	0,3510 **
21-25	117	-0,0102	-0,0171	0,0048	-0,0156
26-30	19	-0,0507	0,0134	-0,1309	-0,0456
Dt. Staatsbürgerschaft					
Dt. Staatsbürgerschaft	126	0,0632	0,0469	0,0540	0,0473
Keine dt. Staatsbürgerschaft	14	-0,4146 **	-0,4584 ***	-0,4009 ***	-0,3174 *
Unternehmerkontakt					
(Enger) Unternehmerkontakt	87	-0,0855	0,0686	-0,0444	-0,1248 *
Kein (enger) Unternehmerkontakt	58	0,1283	-0,1029	0,0667	0,1872 **
Abgeschlossene Ausbildung					
Abgeschlossene Ausbildung	22	0,2374	-0,0352	0,0374	0,0231
Keine abgeschlossene Ausbildung	123	-0,0425	0,0063	-0,0067	-0,0041
Höchster erreichter Bildungsabschluss					
Qualifizierender Berufsabschluss	4	-0,4717	0,1011	-0,3830	-0,6847 *
Allg. Hochschulreife	125	0,0451	0,0291	0,0266	0,0273
Abgeschl. Studium	16	-0,2342 *	-0,2530 ***	-0,1122	-0,0419
Berufserfahrung					
Arbeitserfahrung	98	-0,0370	0,0331	0,0090	-0,0871
Keine Arbeitserfahrung	47	0,0772	-0,0691	-0,0187	0,1815 **

*** - signifikant auf 1%-Niveau | ** - signifikant auf 5%-Niveau | * - signifikant auf 10%-Niveau

Die Kompetenzen können Werte auf einer Skala von 1 bis 5 annehmen. Dabei steht 1 für sehr ausgeprägte Kompetenz, 5 für völlig fehlende Kompetenz. Die Werte beruhen auf persönlicher Einschätzung der Befragten.

Tab. 6: Unterschiede der Ausprägungen der Gründungskompetenzen bei unterschiedlichen Gruppen

	Anzahl	Gründungs-affinität	Veränderung Wahrnehmung Gründungsklima	Risikofreude	Unternehm. Attitüde
gesamt	61	0,0594	-0,2021 **	-0,0873	-0,1063
Gründungswunsch subjektiv ...					
... gesunken	6	0,3616	-0,5933 **	0,1308	0,1010
... unverändert	48	0,1449	-0,1176	-0,0844	-0,1014
... gestiegen	7	-0,7860 **	-0,4465 **	-0,2938	-0,3174
Veranstaltungstyp					
Vorlesung	47	0,1591	-0,1724 **	-0,0854	-0,0999
Ringlabor	24	0,0782	-0,1191	-0,1143	0,0284
beides	10	0,5283	0,0845	-0,1747	0,1438
Studiengang					
Betriebswirtschaftslehre	49	0,0480	-0,2456 ***	-0,0906	-0,1847 **
eBusiness	2	-0,1714	-0,1071	-0,0119	0,3367
Wirtschaftsingenieurswesen	7	-0,0786	-0,0833	-0,0982	0,2219
Interesse					
Persönliches Interesse	12	0,3212	-0,0960	0,0038	-0,0271
Pflichtveranstaltung (kein pers. Interesse)	33	0,1525	-0,2877 ***	0,0122	-0,0137
Geplante Selbstständigkeit (später)	3	1,1283 *	0,3234 *	0,1586	0,0772
Geplante Selbstständigkeit (innerhalb der nächsten drei Jahre)	19	0,8000 ***	0,0819	0,2018	0,3910 **
Keine geplante Selbstständigkeit	37	-0,4326 ***	-0,4009 ***	-0,2660 ***	-0,4006 ***
Angestrebter Abschluss					
Bachelor	45	0,0874	-0,2152 **	-0,0755	-0,1641 *
Diplom	8	0,0550	0,0292	0,0083	0,3500
Master	5	-0,2700	-0,2396 *	-0,3229	-0,3750
Semesterzahl					
1 bis 4	43	0,1494	-0,1023	-0,0685	-0,1347
ab 5	17	-0,2226	-0,4721 ***	-0,1538	-0,0651
Geschlecht					
Männlich	25	0,0949	-0,1784 **	-0,1116	-0,2065 *
Weiblich	36	-0,0434	-0,2564 *	-0,1063	-0,0546
Alter					
unter 20	2	1,3250 ***	0,7083	-1,1250 **	0,3214
21-25	47	0,1087	-0,2116 **	0,0049	-0,0460
26-30	10	-0,3011	-0,3456 *	-0,2605	-0,3820 *
Dt. Staatsbürgerschaft					
Dt. Staatsbürgerschaft	57	0,0090	-0,2674 ***	-0,1410	-0,1480
Keine dt. Staatsbürgerschaft	3	0,1429	0,6151 ***	0,1706	0,1088
Unternehmerkontakt					
(Enger) Unternehmerkontakt	38	0,0401	-0,3183 ***	0,0145	0,0190
Kein (enger) Unternehmerkontakt	23	0,1043	-0,0206	-0,2486 **	-0,2943 **
Abgeschlossene Ausbildung					
Abgeschlossene Ausbildung	15	-0,0693	-0,3829 **	-0,2458 *	-0,2044
Keine abgeschlossene Ausbildung	46	-0,1221	-0,1100	-0,0708	-0,0960
Höchster erreichter Bildungsabschluss					
Qualifizierender Berufsabschluss	4	0,5500	-0,3750	0,1683	0,8571 *
Allg. Hochschulreife	50	0,0792	-0,2413 ***	-0,1047	-0,1206
Abgeschl. Studium	6	-0,0375	0,1597	-0,0625	-0,2857 *
Berufserfahrung					
Arbeitserfahrung	25	-0,0027	-0,2453 **	-0,1970 *	-0,1634
Keine Arbeitserfahrung	36	0,0511	-0,1261	0,0014	-0,1877 *

*** - signifikant auf 1%-Niveau | ** - signifikant auf 5%-Niveau | * - signifikant auf 10%-Niveau
Die Kompetenzen können Werte auf einer Skala von 1 bis 5 annehmen. Dabei steht 1 für sehr ausgeprägte Kompetenz, 5 für völlig fehlende Kompetenz. Die Werte beruhen auf persönlicher Einschätzung der Befragten.

Tab. 7: Veränderungen der Gründungskompetenzen durch Besuch von Gründungsveranstaltungen bei unterschiedlichen Gruppen

Was macht eine gute Gründungsberatung an Universitäten und Hochschulen aus? – Ein Beitrag zu Förderkonzepten zur Qualität in der Beratung

DIPL.-SOWI. GABRIELE WEINECK, LEHRSTUHL ABWL UND BESONDERE DER ORGANISATION, DES PERSONALMANAGEMENT SOWIE DER UNTERNEHMENSFÜHRUNG, BRANDENBURGISCHE TECHNISCHE UNIVERSITÄT COTTBUS, GABRIELE.WEINECK@TU-COTTBUS.DE

1. Einleitung

Das Feld der Gründungsberatung ist komplex und lässt sich nach verschiedenen Kriterien und Faktoren, wie beispielsweise Beratungsinstitutionen, Bedürfnisse seitens der Gründer und Gründerinnen und Anforderungen an die Beratenden, differenzieren (vgl. Weber / Elven / Schwarz 2008; Walger / Schencking 2001). Unumstritten ist dabei die hohe Bedeutung der Beratenden selbst, und obwohl einige Studien den Zusammenhang zwischen Beratenden und Beratungserfolg bereits zeigen (vgl. Sickendiek / Engel / Nestmann 2008), mangelt es vor allem zu Beratungen im Gründungsbereich an empirischen Studien und insbesondere an qualitativen Auswertungen (vgl. Deutsches Gründerinnen Forum 2006; Schulte 2009).

Ziel des Beitrages ist es, sich vor dem Hintergrund, dass ein unterstützender dynamischer Beratungsprozess von Beratenden mitgestaltet und selbst grundlegend für Gründungserfolge herangezogen wird (vgl. Schulte 2009), den folgenden Fragen zu nähern: Welche Anforderungen an Beratende können aus einem systematisch aufbereiteten Gründungsprozess, mit einer phasenweisen Zuordnung von zu vermittelnden Gründungsinhalten (betriebswirtschaftliches und pädagogisches Wissen und Können im Sinne von Maier-Gutheil), abgeleitet werden? Sind Feedbackbögen ein geeignetes Instrument, um Beratungsleistungen zu evaluieren?

Die empirische Reflexion und Veranschaulichung beinhalten die Präsentation der Ergebnisse einer vorläufigen Studie zur Messung von Beratungserfolg in der ersten Gründungsphase (Motivierungs- und Orientierungsphase). Die Studie wurde im Rahmen des EXIST III-Projektes „Entwicklung einer Gründungs- und Teamkompetenzwerkstatt (GTW) für fachheterogene Studien- und Gründungsteams" in der Gründervilla an der Brandenburgischen Technischen Universität (BTU) Cottbus durchgeführt.

2. Vorbetrachtung: Erfolgsfaktoren und Gründung als Prozess

In der Literatur wird von einem phasenweisen Gründungsprozess ausgegangen (vgl. Malek / Ibach 2004; Hemer / Berteit / Walter / Göthner 2006), der einer mehrfachen Zielsetzung unterliegt und der neben ökonomischen Größen und Umweltfaktoren auch die Persönlichkeitseigenschaften von (potentiellen) Gründern und Gründerinnen berücksichtigen muss

(Anderseck 2000). Im Gründungsprozess gibt es unterschiedliche Interventionspunkte, an denen unterstützend in den Prozess eingegriffen werden kann und die für (potentielle) Gründer und Gründerinnen so genannte Denkschleifen darstellen. Für Beratende bedeutet diese Erkenntnis, dass sie ihr Verhalten prozessorientiert und auf eine ganzheitliche beratende Begleitung ausrichten müssen (vgl. Maier-Gutheil 2009). Neben Fach- und Sozialkompetenz (vgl. Hoppe / Kauffeld 2010) müssen Beratende psychologisches und didaktisches Handlungswissen und Referenzwissen aus der Gründungsforschung besitzen und die Lösungsprozesse der Beratenen gestalten und steuern können (vgl. Anderseck 2000; Wimmer 1995). Beratende sollten individuell-bedarfsgerecht begleiten, selbst erfolgreich ein Unternehmen gegründet haben oder zumindest aus der Wirtschaft kommen (vgl. Deutsches Gründerinnen Forum 2006). Darüber hinaus müssen sie in der Lage sein, Werte und eigenes Handeln zu hinterfragen und mögliche Konsequenzen zu reflektieren, sowie ihre Kompetenzen evaluieren und prüfen lassen (vgl. Deutsches Gründerinnen Forum 2006; Pareek / Rao 1995). Wissen, Fähigkeiten sowie Informationen, die Beratende haben sollten, können in der Literatur detailliert nachgelesen und den Gründungsphasen zugeordnet werden (vgl. Walger / Schencking 2001; Ebbers / Schulte 2009; Pareek / Rao 1995; Metzger / Heger / Höwer / Licht 2010; Kailer 2002; Maier-Gutheil 2009; Walger / Neise 2001; Schütte 1996; Kerkhoff 2006; Kuss 2003). Die Ergebnisse einer ersten Literaturrecherche sind in Tabelle 1 zusammengefasst.

Gründungs-phasen	Wissen	Fähigkeiten	Informationen
Motivierung und Orientierung	Entstehung und Ausarbeitung von Geschäftsideen	Informationssuche, -auswertung, Reflexion der Gründungsentscheidung, Einschätzung von Kompetenzen, Erkennen potentieller Konfliktfelder, flotsuehende als selbstständige Unternehmer oder Unternehmerinnen behandeln (Selbstkenntnis)	
Vorgründung	Grundlagen in Unternehmensführung, Marketing und Vertrieb, Erfolgsrechnung, Investitionsrechnung, Finanzierung, Rechtsformen	Ermuntern, um persönliche Erfahrungen mit Kunden und Kundinnen zu sammeln, Soft Skills (Verhandlungs- und Präsentationstechnik, Selbstorganisation, Kommunikation), Reflexionsfähigkeit für den Gründungsprozess (auch bei Übergabe oder Übernahme von Betrieben)	Industrie- und Handelskammer (IHK), Handwerkskammer (HWK), Steuerberatung, Weiterbildung etc., Erfahrungsaustausch/ Kontaktbörse für Gründer und Gründerinnen
Gründung		Soft Skills (Verhandlungs- und Präsentationstechnik, Selbstorganisation, Kommunikation), Reflexionsfähigkeit für den Gründungsprozess (auch bei Übergabe oder Übernahme von Betrieben)	Erfahrungsaustausch/ Kontaktbörse für Gründer und Gründerinnen

Gründungsphasen	Wissen	Fähigkeiten	Informationen
Wachsen	Finanzierung für Expansion, Gründung weiterer Unternehmen, öffentliche Mittel für Beteiligungskapital oder Darlehen, privater Kredit- oder Kapitalmarkt, Controlling	Soft Skills (Mitarbeiterführung, Teambildung)	

Tab. 1: Anforderungen an Beratende entlang der Gründungsphasen

Aufgabe der Gründungsberatung ist es demzufolge, zum einen phasenspezifisch angepasste Beratungsdienstleistungen bereitzustellen, zum anderen aber auch die eigenen Beratungskompetenzen im Hinblick auf die phasenspezifischen Anforderungen zu reflektieren. Ein erster – wenn auch sicherlich nicht einziger – Reflexionszugang wurde in der Gründervilla geprüft, indem Feedbackbögen von Beratenden verteilt und ausgewertet wurden.

3. Vorläufige Studie „Beratungsqualität an der BTU Cottbus"

An der BTU wird die Gründungsberatung entlang der Gründungsphasen von verschiedenen Akteuren praktiziert, die die (potentiellen) Gründer und Gründerinnen entsprechend ihren Aufgabenpaketen, den Anforderungen seitens unterschiedlicher Projektträger und ihrem Selbstverständnis begleiten. Nach Abschluss einer jeden Gründungsphase wird durch die (potentiellen) Gründer und Gründerinnen ein Feedbackbogen ausgefüllt, der die Qualität der Beratung erfassen und Verbesserungspotentiale erkennen lassen soll. Die erhobenen Daten sollen auch zur Evaluierung und Weiterentwicklung der Feedbackbögen genutzt werden.

Methodik, Variablen und Operationalisierung

Die Stichprobe setzt sich einerseits aus (potentiellen) Gründern und Gründerinnen zusammen, welche die Motivierungs- und Orientierungsphase in der Gründervilla durchlaufen haben. Die Gründungsvorhaben wurden in dieser Phase (noch) nicht realisiert. Andererseits nahmen Studierende, die mindestens eine Beratung in der Gründervilla in Anspruch genommen hatten, an der Studie teil. Bei den Studierenden handelt es sich in erster Linie um Teilnehmende des curricularen BWL-Einführungsprojekts des Wintersemesters 2009/10.

Die hier betrachtete Variable „Motivations- und Orientierungsleistungen der Gründervilla" stellt nur einen Teil der erfassten Daten dar. Hier nicht näher betrachtet werden beispielsweise die Variablen „Ausstattung der Gründervilla" oder „Gründungsbezogenes Unterstützungsangebot der BTU Cottbus".

Der Feedbackbogen wurde zwischen Juni 2008 und März 2010 persönlich an die (potentiellen) Gründer und Gründerinnen ausgegeben. Es gab jedoch zunächst nur eine niedrige Rücklaufquote von 7,5 Prozent (N = 4) aller Personen (N = 53), mit denen ein Erstberatungsgespräch durchgeführt worden war. Um von möglichst vielen (potentiellen) Gründern und Gründerinnen, die zunächst nicht geantwortet hatten, doch noch ein Feedback zu erhalten, wurden ehemals Beratene im März 2010 per E-Mail informiert, dass eine telefonische Umfrage durch eine studentische Hilfskraft entlang des Feedbackbogens erfolgen wird. Die Adressdaten stammten aus der Datenbank der Gründervilla. Die Rücklaufquote in der Telefonumfrage betrug 49,1 Prozent (N = 26). Die insgesamt 30 Personen, die letztendlich ein Feedback abgegeben haben, entsprechen 56,6 Prozent aller Beratenen (Studierende, Mitarbeitende und Alumni der BTU).

Die deskriptive Datenanalyse erfolgte mittels SPSS (Version 17) mit dem Ziel, ein erstes Stimmungsbild zu erhalten. Die hier interessierenden Variablen werden in Tabelle 2 präsentiert. Demografisches Datenelement ist die Gruppenzuordnung (potentielle Gründer und Gründerinnen versus Teilnehmende am curricularen BWL-Einführungsprojekt).

Variable	Items	Antwortformat
Motivations- und Orientierungsleistungen der Gründervilla	Güte der ... • Orientierungsberatung • Orientierung im Gründungsprozess • Gesprächsleitung/-führung • Unterstützung bei der Konzeption der Geschäftsidee • Gründungsfahrplan	6-Punkte-Skala 1 = Ausgezeichnet 2 = Gut 3 = Befriedigend 4 = Ausreichend 5 = Unbefriedigend 0 = Weiß ich nicht/Kann ich nicht einschätzen

Tab 2: Variablen und Operationalisierung

Der Schwerpunkt der Befragung lag auf der Wissensvermittlung und der Informationsweitergabe durch die Beratenden.

Ergebnisse

Die Ergebnisse zeigen, dass es möglich ist, Feedbackbögen als ein Evaluationsinstrument für Beratungsleistungen zu nutzen und damit Stärken und Schwächen in einer phasenspezifischen Gründungsberatung zu identifizieren. Im vorliegenden Beispiel bewerteten die (potentiellen) Gründer und Gründerinnen den Beratenden anhand einer sechsstufigen Skala, die einer Notenskala entspricht. Tabelle 3 illustriert die Ergebnisse.

	Gesamt (N)	(potentielle) Gründer und Gründerinnen (N)	Teilnehmende am curricularen Einführungsprojekt (N)
Orientierungsberatung	2,2 (19)	2,2 (9)	2,4 (10)
Orientierung im Beratungsprozess	2,4 (17)	2,4 (8)	2,6 (9)
Gesprächsleitung	2,0 (16)	1,9 (8)	2,0 (8)
Unterstützung bei der Konzeption der Idee	2,5 (17)	2,5 (8)	2,6 (9)
Gründungsfahrplan	2,3 (16)	2,4 (7)	2,4 (9)
Durchschnitt	2,3	2,3	2,4

Tab 3: Beurteilung Motivations- und Orientierungsberatung in der Gründervilla (nach Noten)

Die Tabelle zeigt, dass die Gesprächsleitung und Orientierungsberatung der Beratenden durch die Beratenen am besten bewertet wurden. Verbesserungspotential sahen die Beratenen insbesondere im Bereich der Unterstützung bei der Konzeption der Idee. In der Regel bewerteten (potentielle) Gründer und Gründerinnen ein bis zwei Zehntel Notenpunkte besser als Teilnehmende am curricularen Einführungsprojekt.

4. Schlussfolgerungen

Insgesamt wurden in dieser vorläufigen Studie 30 Personen zur Beratungsqualität in der Motivations- und Orientierungsphase befragt, und diese geringe Anzahl allein begrenzt die Interpretation. Darüber hinaus wurde beispielsweise das Geschlecht der (potentiellen) Gründer und Gründerinnen sowie der Teilnehmenden am curricularen Einführungsprojekt nicht zusammen mit der Gruppenzuordnung berücksichtigt. Das Geschlecht der Beratenden wurde ebenfalls nicht dokumentiert.

Das Ergebnis legt dennoch nahe, dass der Einsatz solcher Feedbackbögen als Evaluationsinstrument für Beratungsleistungen für differenzierte Gründungsphasen möglich und wertvoll ist, indem Aspekte der phasenspezifischen Wissensvermittlung und Informationsweitergabe erfasst und evaluiert werden.

Die vorliegende Vorstudie bietet zudem Ansatzpunkte für verbesserte Feedbackbögen, die auch Items enthalten, welche die Fähigkeiten der Beratenden erfassen. Zudem sollten in Zukunft auch Geschlecht, Studienhintergrund und so weit wie möglich auch der kulturelle Hintergrund der Beratenden dokumentiert werden. Studien zeigen, dass Vorannahmen, Stereotype und Marginalisierung seitens Beratender gegenüber Beratenen die Beratungssituation mitbestimmen (vgl. Siekendiek / Engel / Nestmann 2008) und es einen signifikanten Zusammenhang zwischen dem Geschlecht der Beratenden und der Einschätzung, wie eine professionelle Beratung auszusehen hat, gibt (vgl. Weber / Elven / Schwarz 2008). Demnach verstehen sich Berater eher als fachlich versierte Informationsgeber, Beraterinnen hingegen als Prozessbegleiterinnen. Weber et al. konnten auch einen signifikanten Zusammenhang zwischen dem Studienhintergrund der Beratenden und deren Vorgehen in der Beratung feststellen. Beispielsweise erstellen Personen aus dem Bereich der Wirtschafts-, Ingenieur- und Naturwissenschaften in der Beratung eher Businesspläne. Geisteswissenschaftler und -wissenschaftlerinnen entwickeln hingegen vielmehr das unternehmerische Selbstbild.

Der hier verwendete Feedbackbogen sollte aufgrund der genannten und weiterer Grenzen nur ein Instrument von mehreren sein. So können mit den Items beispielsweise die Anforderungen an bestimmte Fähigkeiten, die Beratende besitzen sollten, nicht gänzlich erfasst werden, auch wenn die offenen Antwortmöglichkeiten im Feedbackbogen hier durchaus Hinweise geben. Der Feedbackbogen gibt weiterhin keinen Aufschluss darüber, ob seitens der (potentiellen) Gründer und Gründerinnen eine Reflexion der Gründungsentscheidung erfolgt oder ob Beratende bei (potentiellen) Gründern und Gründerinnen das Zutrauen in die eigene fachliche Kompetenz erhöhen und die Identifikation mit dem Berufsbild „Selbstständigkeit" fördern. Zudem ist es eine gewisse Herausforderung, regelmäßig die ausgefüllten Feedbackbögen einzusammeln. Hier hat sich die gebündelte telefonische Befragung als praktikabler erwiesen, wobei natürlich der Zeitraum zwischen Beratung und Rückmeldung nicht zu groß sein sollte.

Nichtsdestotrotz bietet die Qualitätsmessung anhand von phasenweise eingesetzten Feedbackbögen einerseits eine Möglichkeit, Beratende periodisch zu evaluieren (beispielsweise in

Teamsitzungen oder Gesprächen zwischen Mitarbeitenden und Vorgesetzen) und die daraus gewonnenen Ergebnisse zeitnah umzusetzen. Andererseits können Beratende entsprechend ihrem fachlichen und biografischen Hintergrund entlang der Gründungsphasen eingesetzt werden. Dieses Wissen kann auch Stellenausschreibungen und -besetzungen unterstützen. Feedbackbögen sind auch für Gründungsförderer relevant, da der Grad der Zielerreichung determiniert werden kann. So ist es beispielsweise möglich, neben dem gängigen Parameter „Anzahl der Gründungen" auch zu ermitteln, wie viele Personen unternehmerische Kompetenzen erworben haben oder wie viele Gründungsprojekte mit geringer Aussicht auf Erfolg erst gar nicht begonnen wurden. All das trägt den besonderen Spezifika von wissensintensiven und technologieorientierten Gründungsvorhaben aus Universitäten und Hochschulen Rechnung, die durch teilweise sehr junge Menschen, mit wenig finanziellen Ressourcen und Berufserfahrung (vgl. Hübscher 2008; Josten / van Elkan / Laux / Thomm 2008; Bruns / Görisch 2002) sowie dem Bedürfnis nach Unterstützungsangeboten im Entwicklungsprozess ihrer unternehmerischen Persönlichkeit (vgl. Walger / Schencking 2001; Pareek / Rao 1995; Ebbers / Schulte 2009), umgesetzt werden.

Literatur- und Quellenverzeichnis

Anderseck, K. (2000): *Start Up Counselling. Ein Ansatz zur Professionalisierung der Gründerberatung* (Diskussionsbeiträge des Fachbereichs Wirtschaftswissenschaft der FernUniversität Hagen Nr. 293). Hagen.

Deutsches Gründerinnen Forum e.V. (2006): *Expert/innen Forum „Qualitätsstandards für zielgruppenspezifische Beratungen" im Rahmen der EQUAL- Entwicklungspartnerschaft AWoPE* (28.09.06, Haus der Wirtschaft Stuttgart). URL: http://www.dgfev.de/Dokumentation_Forum.pdf , 18.03.2010.

Bruns, R. W. / Görisch, J. (2002): *Unternehmensgründungen aus Hochschulen im regionalen Kontext - Gründungsneigung und Mobilitätsbereitschaft von Studierenden* (Arbeitspapiere Unternehmen und Region, Nr. R1/2002). Karlsruhe: Fraunhofer ISI.

Ebbers, I. / Schulte, R. (2009): Organisationsaufstellung als Beratungskonzept für Gründerpersonen. In: *Zeitschrift für Psychodrama und Soziometrie*, 8, 263-272.

Hemer, J. / Berteit, H. / Walter, G. / Göthner, M. (2006): *Erfolgsfaktoren für Unternehmensausgründungen aus der Wissenschaft* (hrsg. vom Fraunhofer-Institut für System- und Innovationsforschung ISI, Karlsruhe). Stuttgart: Fraunhofer IRB Verlag.

Hoppe, D. / Kauffeld, S. (2010). Positive Gefühle zählen – ein Analyseverfahren zeigt, was in Beratungen wirkt. In: *Wirtschaftspsychologie aktuell*, 3,34-37.

Hübscher, J. (2008): *Regionalspezifische Erfolgsfaktoren von Gründungen*. Lohmar: JOSEF EUL VERLAG.

Josten, M. / van Elkan, M. / Laux, J. / Thomm, M. (2008): *Gründungsquell Campus (1): Neue akademische Gründungspotenziale in wissensintensiven Dienstleistungen bei Studierenden* (Trierer Arbeitspapiere zur Mittelstandsökonomie, Nr. 12). Trier: Inmit.

Kailer, N. (2002): Wie lernen GründerInnen und JungunternehmerInnen (und was lernen ihre Helfer daraus)? Förderung des Gründungs- und Übernahmeerfolges durch Abbau der „gaps" zwischen Bedarfslage der Nachfrager und Angebotsgestaltung durch unterstützende Stellen. In: Füglistaller, U. / Pleitner, H. J. / Volery, T. / Weber, W. (Hrsg.): *Umbruch der Welt - KMU vor Höhenflug oder Absturz?* St. Gallen: KMU-HSG, 203-214.

Kerkhoff, E. (2006): Stand und Praxis der Qualitätsentwicklung: ausgewählte Befragungsergebnisse. In: Deutsches Gründerinnen Forum e.V.: *Expert/innen Forum „Qualitätsstandards für zielgruppenspezifische Beratungen"* im Rahmen der EQUAL- Entwicklungspartnerschaft AWnPF (28.09.06, Haus der Wirtschaft Stuttgart), 7-9. URL: http://www.dgfev.de/Dokumentation_Forum.pdf, 18.03.2010.

Kuss, S. (2003): *Wege in die berufliche Selbständigkeit. Eine empirische Untersuchung der Handlungs- und Entscheidungsprozesse von Akademikerinnen und Akademikern in der Vorgründungsphase* (Inauguraldissertation, Universität Kassel, 2003). Kassel: Kassel Univ. Press.

Maier-Gutheil, C. (2009): *Zwischen Beratung und Begutachtung. Pädagogische Professionalität in der Existenzgründungsberatung.* Wiesbaden: VS Verlag für Sozialwissenschaften.

Malek, M. / Ibach, P. K. (2004): *Entrepreneurship. Prinzipien, Ideen und Geschäftsmodelle zur Unternehmensgründung im Informationszeitalter.* Heidelberg: dpunkt.verlag.

Metzger, G. / Heger, D. / Höwer, D. / Licht, G. (2010): *High-Tech-Gründungen in Deutschland. Zum Mythos des jungen High-Tech-Gründers.* Mannheim: Zentrum für Europäische Wirtschaftsforschung (ZEW). URL: ftp://ftp.zew.de/pub/zew-docs/gutachten/hightechgruendungen10.pdf , 22.10.2010.

Pareek, U. / Rao, T. V. (1995): Counselling and Helping Entrepreneurs, *The Journal of Entrepreneurship, 4 (1)*, 19–34. URL: http://joe.sagepub.com/cgi/content/abstract/4/1/19 , 22.10.2010.

Schulte, R. (2009): *Gründungsberatung. Beratungsmarkt und Beratungspraxis in Deutschland. EXECUTIVE SUMMARY des Projektseminars.* Jena: Leuphana Universität Lüneburg. URL: http://gmlg.de/fileadmin/redakteur_uploads/Publikationen/Executive%20summary.pd f (22.03.2010)

Schütte, A. (1996): Erfolgsfaktoren der Unternehmensberatung. In: Schütte, A.: *Unternehmensberatung in der Bundesrepublik Deutschland. Unter besonderer Beachtung der Beratung bei Unternehmensgründung. Theoretische und empirische Analyse sowie konzeptionelle Weiterentwicklung.* Frankfurt am Main: Peter Lang, 84-91.

Sickendiek, U./ Engel, F. / Nestmann, F. (2008): *Beratung. Eine Einführung in sozialpädagogische und psychosoziale Beratungsansätze (3. Aufl.).* Weinheim: Juventa Verlag.

Walger, G. / Neise, R. (2001): Existenzgründungen von Hochschulabsolventen. Wandel in die Selbständigkeit. In: Klandt, H. / Nathusius, K. / Mugler, J. / Heil, A. H. (Hrsg.): *Gründungsforschungs-Forum 2000. Dokumentation des 4. G-Forums*, Wien, 5./6. Oktober 2000. Lohmar: JOSEF EUL VERLAG, 121-136.

Walger, G. / Schencking, F. (2001): *Kompetenzentwicklung von Existenzgründern. Grundformen und Realisierungsbeispiele* (QUEM-report, Heft 72). Berlin: Arbeitsgemeinschaft Betriebliche Weiterbildungsforschung e. V. URL: http://www.abwf.de/content/main/publik/report/2001/Report-72.pdf (23.10.2010)

Weber, S. M. / Elven, J. / Schwarz, J. (2008): *Entrepreneuresse – dem unternehmerischen Habitus auf der Spur: Gründungsberatung in Deutschland. Ergebnisse der Online-Erhebung zum Feld der Existenzgründungsberatung.* Fulda: Fachbereich Sozialwesen der Hochschule Fulda. URL: http://www.dgfev.de/documents/2Entrepreneuresse-Ergebnisbericht.pdf , (18.10.2010)

Wimmer, R. (1995). Wozu benötigen wir Berater? Ein aktueller Orientierungsversuch aus systemischer Sicht. In: Walger, G. (Hrsg.): Formen der Unternehmensberatung. Systemische Unternehmensberatung, Organisationsentwicklung, Expertenberatung und gutachterliche Beratungstätigkeit in Theorie und Praxis. Köln: Otto Schmidt Verlag, 239-283.

Handlungsorientiertes Lernen durch Beratung realer Gründungsfälle – Voraussetzungen und Entwicklung eines curricularen Angebots

DIPL.-KFM. CARSTEN WILLE, LEUPHANA UNIVERSITÄT LÜNEBURG, PROJEKTLEITER DER TEILMAßNAHME EXISTENZGRÜNDUNGSPROJEKTE IM INNOVATIONS-INKUBATOR DER LEUPHANA UNIVERSITÄT LÜNEBURG, DEUTSCHLAND, WILLE@INKUBATOR.LEUPHANA.DE

PROF. DR. REINHARD SCHULTE, LEUPHANA UNIVERSITÄT LÜNEBURG, INSTITUT FÜR UNTERNEHMENSENTWICKLUNG, LEHRSTUHL FÜR GRÜNDUNGSMANAGEMENT, LEUPHANA UNIVERSITÄT LÜNEBURG, DEUTSCHLAND, SCHULTE@UNI.LEUPHANA.DE

1. Einleitung

Seit langem wird über die Art und Weise, wie eine Gründerausbildung oder Entrepreneurship Education aussehen sollte, diskutiert. Dabei hat sich in den letzten Jahren in weiten Kreisen die Sicht herauskristallisiert, dass der Einsatz sowohl objektivistischer als auch subjektivistischer Didaktikelemente im Rahmen eines Curriculums (funktionelle BWL sowie „entrepreneurial experience") (vgl. Walterscheid 1998) für eine optimierte Gründerausbildung sinnvoll erscheinen.

Insbesondere eine handlungsorientierte Vorgehensweise stellt zumindest eine sinnvolle Ergänzung zum klassischen Lehrangebot dar. Aus diesem Grund gibt es mittlerweile an vielen Hochschulen, vorwiegend in wirtschaftswissenschaftlichen Studiengängen, eine Reihe verschiedener Veranstaltungskonzepte und Angebote wie Businessplan Seminare, 5€ Business, EDV-gestützte und andere Planspiele oder universitäre Übungsfirmen, die auf das Lernen durch Handeln setzen. Derartige Angebote können jedoch nur ein vereinfachtes Bild des realen Existenzgründungsalltags wiedergeben, da die Gründungssituation in einem Seminar oder Planspiel nicht die Komplexität der Realität erreichen kann. Gerade der Aspekt *echter* wirtschaftlicher Konsequenzen für die Gründerperson infolge getroffener Entscheidungen lässt sich in Spielsituationen nicht aufbauen und der Umgang damit nur theoretisch abbilden. Es wäre darum ein weiterer Schritt in Richtung Realitätsnähe, derartige Hemmnisse im Rahmen echter Gründungsaktivitäten sichtbar zu machen und den Umgang damit am realen Fall zu trainieren.

Ein solches Vorhaben erfordert die Verquickung eines Entrepreneurship Education Angebots für Studierende mit einer *realen* Gründungssituation. Denkbar ist hier die Möglichkeit, die angehenden Akademikerinnen und Akademiker vor dem Hintergrund ihres Fachwissens mit tatsächlichen Gründungsinteressierten und Jungunternehmern in der Startup-Phase zu vernetzen. Um dabei den Bedürfnissen sowohl der Studierenden als auch der Gründerinnen und Gründer gerecht zu werden, sind ggf. eine Reihe von Rahmenbedingungen zu beachten.

2. Vorüberlegungen

Definitorische Grundlage

Die Definition des Begriffs „Entrepreneurship Education" ist abhängig davon, was man als Entrepreneurship definiert. Dementsprechend gibt es eine Vielzahl solcher Definitionen (vgl. Fayolle / Gailly 2008; Mwasalwiba 2010). Wichtig ist es, genau zu klären, welche der Entrepreneurship Education Definitionen man als Grundlage wählt, und dies in der Umsetzung stringent zu halten.

Ein zweckmäßiger Ansatz ist es, unter Entrepreneurship-Ausbildung die Ausbildung von Individuen im Hinblick auf eine (spätere) Tätigkeit als unternehmerische Entscheidungsträger zu verstehen.

- „Das Ziel der Ausbildung ist personenzentriert (subjektorientiert) und intendiert deshalb u. a. auch die Herausbildung von Kompetenzen des „unternehmerischen Verhaltens", unabhängig davon, ob tatsächlich alle seine Facetten erlernbar sind.

- Die Ausbildung ist nicht ausschließlich auf eine Gründung ausgerichtet, sondern auch auf das „unternehmerische Verhalten" („Entrepreneurship") in anderen Kontexten.

- Die Ausbildung ist selbstständigkeitsorientiert im Sinne eigenverantwortlichen Wirtschaftens mit dem Ziel, berufliche Handlungskompetenzen für unternehmerisches Verhalten zu entwickeln." (vgl. Schulte 2007)

Dieses Verständnis wurde dem an der Universität Lüneburg entwickelten Veranstaltungskonzept im Hinblick auf die Entrepreneurship Education in der Folge zugrunde gelegt.

Beratungsbedarf als Grundlage

Neu gegründete Unternehmen sind vielfältigen Risiken ausgesetzt, die u. a. auf Erfahrungs-, Kompetenz- und Informationsdefiziten beruhen. Durch den quantitativen und qualitativen Mangel an Wissen und Kompetenzen im Management der Unternehmensgründung kann somit regelmäßig eine Managementlücke konstatiert werden (vgl. Kraus / Schulte 2009).

Derartige Defizite können gegebenenfalls durch eine fundierte Gründungsberatung geschlossen werden (vgl. Hebig 2004). Unter Gründungsberatung wird dabei eine Dienstleistung verstanden, mit der externe, vorwiegend betriebswirtschaftliche Expertise in den Prozess der Unternehmensgründung eingebracht wird, um die zielorientierte Gestaltung der Gründungs- und Frühentwicklungsphase bzw. bei Existenzgründungen durch Unternehmensnachfolge der Weiterentwicklung, Bestandssicherung und ggf. Neuausrichtung des Unternehmens zu unterstützen und die genannten Mängel auszugleichen (vgl. Kraus / Schulte 2009).

Studierende der Wirtschaftswissenschaften verfügen durch das im Studium erworbene Wissen und Methodenkenntnisse tendenziell über eine profunde Basis, um diese in den Gründungs- oder Frühentwicklungsprozess von Unternehmen einzubringen und so mögliche Managementlücken zu schließen. Allerdings ist es in der Regel notwendig, bei den Studierenden zusätzlich beratungsspezifisches Wissen aufzubauen, bevor es zur konkreten Beratung kommen kann.

Rahmenbedingungen

Eine unabdingbare Voraussetzung ist bei einem solchen Vorgehen, dass die zu beratenden Gründungsfälle nicht als Versuchskaninchen verstanden, sondern mit allen Ihren Aspekten ernst genommen werden. Der Realitätsbezug entsteht ja genau aus der für die Teilnehmer wahrnehmbaren Notwendigkeit, verantwortungsvoll mit den Fällen umzugehen, um die Existenz der Gründenden zu sichern. Vor allem den Gründungsfällen gegenüber wäre es zudem unverantwortlich, würden nicht von Anfang an elementare Qualitätssicherungsmaßnahmen implementiert.

Auch die für ein solches Seminarkonzept notwendige Akquise von Klienten stellt eine Herausforderung dar. Um die Bereitschaft zur Teilnahme bei den potentiellen Klienten zu erzeugen, müssen Vertrauen zu den Beratenden aufgebaut und die Vertraulichkeit aller in der Zusammenarbeit auszutauschenden Informationen garantiert werden. Auch hierzu ist die konsequente Implementierung von Qualitätssicherungsmaßnahmen und deren Sichtbarmachung notwendig.

3. Konzept des Lehrangebots

Basierend auf den oben dargestellten Überlegungen wurde ein Konzept zur Beratung von Existenzgründungen und gerade gegründeten Unternehmen am Lehrstuhl für Gründungsmanagement als curriculares Seminarangebot entwickelt, das Studierenden der Wirtschaftswissenschaften die Möglichkeit zum Einblick in die Gründungsrealität, gepaart mit klassischer Wissensvermittlung und handlungsorientiertem Lernen, ermöglichen soll.

Das resultierende Seminarangebot wird seit dem Jahr 2005 regelmäßig in Zusammenarbeit mit den örtlichen Kammern sowie der Wirtschaftsförderungsgesellschaft der Stadt und des Landkreises durchgeführt. Diese Partner steuern dabei bis zu sechs relevante Gründungsfälle (originäre und Nachfolge-Existenzgründungen) bei, die im Rahmen des Seminars von studentischen Beraterteams (jeweils Dreierteams) über ein Semester beraten und begleitet werden. Bei den Klienten handelt es sich um hochschulexterne Gründerinnen und Gründer, die über die im Gründungsnetzwerk der Region mit dem Lehrstuhl vernetzten Gründungsberaterinnen und Berater der IHK, der Handwerkskammer sowie der Wirtschaftsförderung angesprochen werden. Auf diesem Weg kann eine Klientel gewonnen werden, die regelmäßig genau den betriebswirtschaftlichen Bedarf aufweist, den die studentischen Berater vor dem Hintergrund Ihres Studiums bedienen können. Die Berater der externen Institutionen sondieren dazu den für sie erkennbaren Bedarf potentieller Klienten und bieten ihnen gegebenenfalls eine Beratung im Rahmen des Seminars an. Dies geschieht auch vor dem Hintergrund, dass im Rahmen der institutionellen Beratung enge zeitliche Grenzen für den eigenen Beratungsumfang gesetzt sind.

Die Studierenden werden vor Beginn der Beratungsprozesse in drei Blockveranstaltungen mit theoretischen Grundlagen und Informationen zur Gründungsberatung, sowohl auf akademischem Niveau als auch durch praxisorientierte Übungen, auf die Beratungsprozesse vorbereitet. Bereits im Verlauf dieser Vorbereitungen werden den Teams die Fälle zugeteilt.

Bewertungsgrundlagen für die Seminarteilnehmer sind ein Beratungsbericht für die Klienten, ein interner Prozessbericht, eine Beurteilung durch die Klienten und eine Präsentation vor einem Auditorium aus Gründern und Experten des Gründungsnetzwerkes am Ende des Semesters.

4. Qualitätssichernde Maßnahmen

Das der Qualitätssicherung der Beratungsprozesse im Rahmen des Seminars zugrunde liegende Konzept hat mehrere Dimensionen. In fachlicher Hinsicht geht es um Teilnahmevoraussetzungen, die sinnvolle Zuordnung von Beraterteam und Beratungsfall sowie die Ergebnisbeurteilung. In zeitlicher Hinsicht sind kontinuierlich begleitende Maßnahmen zu berücksichtigen, um im Falle von auftretenden Problemen frühzeitig eingreifen zu können.

Teilnehmerauswahl

Das Seminar richtet sich an Studierende im Masterstudiengang „Management and Business Development"[26], die einen einschlägigen Bachelorabschluss vorweisen können. Erfahrungsgemäß kann hier mit der notwendigen Wissensbasis gerechnet werden, welche insbesondere aus der Kenntnis einschlägiger betriebswirtschaftlicher Theorien, Methoden und Konzepte besteht. Im Seminar geht es darum, dieses Wissen in der Praxis einzusetzen, nicht erst zu erlernen.

Die Klienten wiederum wenden sich bewusst mit ihrem Gründungsprojekt an eine der Partnerinstitutionen, da sie hier Expertise und Unterstützung erwarten. Wird von den Beratern der Institutionen im vorgelegten Fall ein potentieller Nutzen durch die studentische Beratung erkannt und vermittelt, wird das ihnen entgegengebrachte Vertrauen auch auf die Studierenden als potentielle Experten übertragen, was die Hemmungen zur Nutzung des Beratungsangebotes merklich senkt.

---

[26] Ursprünglich war das Seminar für Studierende im Hauptstudium der Diplomstudiengänge BWL bzw. Wirtschaftswissenschaften konzipiert und wurde nach der Studienreform den geänderten Erfordernissen angepasst.

Zuordnung von Beraterteam und Beratungsfall

Um den möglichen Nutzen sowohl für die Beraterteams als auch für die Klienten zu optimieren, werden beide Seiten im Vorwege hinsichtlich ihrer Rahmendaten befragt. Die Klienten füllen dazu einen Fragebogen zu ihren Kontaktdaten, den Gründungsrahmendaten (Anzahl der Gründenden, Gründungszeitpunkt, Branche etc.) sowie dem selbst wahrgenommenen Beratungsbedarf aus.

Das Beraterteam, das sich in der ersten Seminarsitzung gefunden hat, wird mittels einer strukturierten Befragung durch den Dozenten im Hinblick auf die fachliche Vorbildung im Rahmen des Studiums, mögliche Ausbildungen und Praktika, relevante persönliche Interessen (z. B. studentische Initiativen, selbständige Erwerbsaktivitäten neben dem Studium etc.) sowie Erfahrung mit Selbständigkeit im persönlichen Umfeld analysiert.

Im Anschluss werden die Teams den Fällen so zugeordnet, dass eine möglichst gute Übereinstimmung von erwartetem Bedarf und bereitstehendem Vorwissen erreicht wird.

Begleitende Maßnahmen

Den Beraterteams stehen im Verlauf der Beratungsprozesse durchgehend erfahrene Gründungsberater sowohl der Universität als auch der Kooperationspartner im Hintergrund für Fragen und Hinweise zur Verfügung. Die Beraterteams gestalten den Prozess zwar komplett selbständig, sie berichten den Dozierenden jedoch regelmäßig zur eigenen Bedarfsanalyse, Beratungsfortschritten und Prozessverläufen. Zudem gibt es im Rahmen des Seminars Termine, die ausschließlich der Reflexion der Berater-Klienten-Situation dienen.

Daneben stehen die Berater der Partnerinstitutionen für mögliche Fragestellungen im Beratungsprozess zur Verfügung, die die Hoheit oder fachliche Expertise der Einrichtung betreffen. Zu nennen sind etwa mögliche Eintragungsvoraussetzungen im Handwerk oder Zulassungsbeschränkungen für bestimmte Gewerbetreibende bzw. Spezifika der jeweiligen Klientel.

5. Schlussfolgerungen

Zentrale Aspekte dieses Seminarkonzeptes im Hinblick auf die Entrepreneurship Education lassen sich wie folgt zusammenfassen:

Qualifikationsziele: Ziel des Seminars ist die Vermittlung und Erarbeitung von Grundlagen der Beratung von Existenzgründungen und jungen Unternehmen, die Steuerung von Beratungsprozessen und deren aktive Umsetzung.

Fachkompetenz: Die Studierenden sollen die Komplexität von individuellen, gründungsbezogenen Problemstellungen unter Anwendung wirtschaftswissenschaftlicher Methoden analysieren und Lösungen dafür erarbeiten können. Sie werden dazu mit den einschlägigen Methoden und Instrumenten der Gründungsberatung vertraut gemacht, um auf dieser Grundlage eigenständig Lösungskonzepte entwickeln zu können.

Methodenkompetenz: Die Studierenden lernen zu analysieren und zu synthetisieren, effiziente Arbeitstechniken einzusetzen (Zeitmanagement, Coaching, Entscheidungsfindung, Problemlösungstechniken), im Studium erworbenes Fachwissen in der Praxis in relevanter Weise einzusetzen und mit Klienten zu kommunizieren. Sie sollen dabei Informationen sammeln, diese einordnen und bewerten können. Zudem müssen Ergebnisse zielgruppengerecht präsentiert werden können.

Sozial und Selbstkompetenz: Durch die Zusammenarbeit in Beraterteams werden Fähigkeiten zur internen Kommunikation, Entscheidungsfähigkeit und -findung sowie verantwortungsvollem Verhalten dem Team gegenüber erworben. Die Arbeit für und mit realen Klienten (Gründerpersonen) erfordert verantwortungsbewusstes Agieren und Einfühlungsvermögen. Hieraus sollte zudem eine starke Qualitätsorientierung in der eigenen Arbeitshaltung erwachsen. Schlussendlich erfordert der offene Beratungsprozess eine gute Selbstorganisation und die Fähigkeit zum autonomen Arbeiten.

Literatur- und Quellenverzeichnis

Fayolle, A. / Gailly, B. (2008): From craft to science. Teaching models and learning processes in entrepreneurship education. In: *Journal of European Industrial Training.* Vol. 32 Nr. 7, 569-593.

Hebig, M. (2004): *Existenzgründungsberatung. Steuerliche, rechtliche und wirtschaftliche Gestaltungshinweise zur Unternehmensgründung.* 5. Aufl., Bielefeld.

Kraus, S. / Schulte, R. (2009): Unternehmensberatung für Gründungsunternehmen: Eine Übersicht über das Berufsfeld der Gründungsberatung. In: Anderseck, K. / Peters, S. A. (Hrsg.): *Gründungsberatung. Beiträge aus Forschung und Praxis.* Stuttgart, 51-81.

Mwasalwiba, E. S. (2010): Entrepreneurship Education: a review of its objectives, teaching methods, and impact indicators. In: *Education and Training.* Vol. 52 Nr. 1, 20-47.

Schulte, R. (2007): Kann man Entrepreneurship an Universitäten lehren? Überlegungen zur akademischen Ausbildung im unternehmerischen Denken und Handeln. In: Raich, M. / Pechlaner, H. / Hinterhuber, H. H. (Hrsg.): *Entrepreneurial Leadership. Profilierung in Theorie und Praxis.* Wiesbaden, 257-276.

Walterscheid, K. (1998): Entrepreneurship Education als universitäre Lehre. In: *Diskussionsbeiträge des Fachbereichs Wirtschaftswissenschaft der FernUniversität Hagen*, Nr. 261, FernUniversität Hagen.

Die PRME der UN als Innovationsimpuls zur Ausbildung unternehmerischer Verantwortungsträger und zur Nachhaltigkeitsorientierung

UWE ZIMMERMANN, DEUTSCH-SIMBABWISCHE GESELLSCHAFT E.V., U-ZIMMERMANN-HAMBURG@T-ONLINE.DE

CHRISTOPH DIENSBERG, BIEM E.V., CHRISTOPH.DIENSBERG@BIEM-BRANDENBURG.DE

1. Die UN-Grundsätze für verantwortungsbewusste Management-Education (PRME)

Gründer- bzw. Entrepreneurshipausbildung wurde vielfach auch in kritischer Abgrenzung zu herkömmlicher Managementausbildung entworfen, die aber auch aus weiteren Richtungen unter Druck kommt. So wird auch kritisiert, sie sei zu wenig auf die Lösung globaler Herausforderungen hin orientiert. Anders gesagt geht es dann insgesamt darum, die kritisierte (bisherige) Management- bzw. Wirtschaftsausbildung zu verändern oder ihr alternative Konzepte gegenüberzustellen, zum Wertefundament bzw. Orientierungsrahmens, zu verfolgten Zielen, angestrebten Kompetenzen und auch hinsichtlich des methodischen Vorgehens.

Einen anregenden Impuls bieten hierzu die in 2007 entwickelten UN-Grundsätze für verantwortungsbewusste „Management Education", bzw. in englischer Bezeichnung die „Principles for Responsible Management Education", PRME (UN 2007 / 2011, http://www.unprme.org). An ihrer Entwicklung waren rund 60 internationale Vertreter und Lehrende führender Business Schools bzw. Hochschulen beteiligt, so auch die EFMD (European Foundation for Management Development) als maßgebliches Netzwerk von mehr als 750 Einrichtungen und Hochschulen der Management- und Entrepreneurshipausbildung.

Hintergrund der PRME ist die in 1999 gestartete UN-Initiative des „UN Global Compact", eine Übereinkunft für gesellschaftlich verantwortungsvolles unternehmerisches Handeln. Auf diese verpflichten sich weltweit inzwischen über 5.000 Unternehmen sowie Arbeitnehmer-, Menschenrechts-, Umwelt- und Entwicklungsorganisationen, davon rund 120 aus Deutschland (vgl. UN Global Compact 1999 / 2011). Die Übereinkunft formuliert zehn Prinzipien für ein wertorientiertes unternehmerisches Handeln, in den vier Themenfeldern (I) Menschenrechte, (II) Arbeitsnormen, (III) Umweltschutz und (IV) Korruptionsbekämpfung. Dabei unterliegen die sich beteiligenden Unternehmen einem Berichtswesen und Monitoring, was bislang auch zum Ausschluss in über 600 Fällen führte (weitere Informationen: www.unglobalcompact.org).

Die PRME sind demnach als Prinzipien zu verstehen, welche die Grundsätze des Global Compact bildungsseitig unterstützen bzw. fördern sollen. Sie sind im Original in englischer Sprache. Mangels einer deutschen Übersetzung übertragen wir sie hier:

PRME (englische Originalfassung)	PRME (deutsche Übersetzung der Autoren)
As institutions of higher education involved in the development of current and future managers we declare our willingness to progress in the implementation, within our institution, of the following Principles, starting with those that are more relevant to our capacities and mission. We will report on progress to all our stakeholders and exchange effective practices related to these principles with other academic institutions:	Als weiterführende Bildungseinrichtungen auf dem Gebiet der Ausbildung heutiger und künftiger Führungskräfte bzw. Manager / Unternehmer erklären wir unseren Willen dazu, in unseren Einrichtungen schrittweise die nachstehenden Grundsätze umzusetzen, und zwar beginnend mit solchen, die für unsere Aufgaben und Ziele besonders relevant sind. Wir werden über die Umsetzungsfortschritte nach außen hin berichten und uns zu wirksamen Maßnahmen in Bezug auf diese Grundsätze mit anderen weiterführenden Bildungseinrichtungen austauschen.
Principle 1 | Purpose: We will develop the capabilities of students to be future generators of sustainable value for business and society at large and to work for an inclusive and sustainable global economy.	**Grundsatz 1 | Zweck**: Wir wollen die Kompetenzen unserer Lernenden/ Studierenden dahingehend entwickeln, dass sie Treiber nachhaltiger Wertentwicklung für Wirtschaft und Gesellschaft sind, und dass sie für ein inkludierendes und nachhaltiges weltweites Wirtschaften arbeiten.
Principle 2 | Values: We will incorporate into our academic activities and curricula the values of global social responsibility as portrayed in international initiatives such as the United Nations Global Compact.	**Grundsatz 2 | Werte**: Wir werden in unseren wissenschaftlichen bzw. lehrenden Aktivitäten und Curricula solche Wertmaßstäbe globaler sozialer Verantwortung verankern, wie sie in internationalen Initiativen, etwa dem UN Global Compact, niedergelegt sind.
Principle 3 | Method: We will create educational frameworks, materials, processes and environments that enable effective learning experiences for responsible leadership	**Grundsatz 3 | Methoden**: Wir werden Bildungskonzepte schaffen, die in Strukturen, Medien, Prozessen und Rahmeneinbettung daraufhin ausgelegt sind, wirksam und handlungsorientiert verantwortliches Führen zu lernen.
Principle 4 | Research: We will engage in conceptual and empirical research that advances our understanding about the role, dynamics, and impact of corporations in the creation of sustainable social, environmental and economic value.	**Grundsatz 4 | Forschung**: Wir werden uns in konzeptioneller und empirischer Forschung engagieren, um das Gesamtverständnis über die Rolle, Dynamik und Wirkung von Einrichtungen bzw. Unternehmen im Hinblick auf nachhaltige soziale, umweltbezogene und wirtschaftliche Werte zu fördern.
Principle 5 | Partnership: We will interact with managers of business corporations to extend our knowledge of their challenges in meeting social and environmental responsibilities and to explore jointly effective approaches to meeting these challenges.	**Grundsatz 5 | Partnerschaft**: Wir werden mit Führungskräften aus der Wirtschaft zusammenarbeiten, um unser Wissen über deren praktische Herausforderungen in der Umsetzung sozialer und ökologischer Verantwortung zu verbessern, und um dann gemeinsam wirksame Umsetzungsansätze herauszufinden.
Principle 6 | Dialogue: We will facilitate and support dialog and debate among educators, students, business, government, consumers, media, civil society organisations and other interested groups and stakeholders on critical issues related to global social responsibility and sustainability.	**Grundsatz 6 | Dialog**: Wir werden den Dialog und die Auseinandersetzung im Hinblick auf umsetzungskritische Aspekte globaler sozialer Verantwortung und Nachhaltigkeitsorientierung erleichtern und fördern, und zwar mit Lehrenden, Lernenden, Unternehmen und Verbrauchern, Verwaltungen, den Medien, den NGO oder auch anderen hierbei wichtigen Gruppen bzw. Beteiligten.

Tab1: Die PRME im Originaltext und Autorenvorschlag zur deutschen Übersetzung

2. Zwischenanregungen aus den PRME für die sogenannte Gründungslehre

Gründungslehre bzw. Gründerausbildung steht in der Gefahr, bei den Ziel- und Bewertungsindikatoren auf den Gründungsoutput verengt werden. So forderten HRK und BDA (vgl. HRK / BDA 1998) „ein Klima, in dem Hochschulen insgesamt als "Gründerschmieden" betrachtet werden". Der Businessplan-Wettbewerb Berlin-Brandenburg BPW (vgl. BPW 2011) vergibt seit Jahren die jährliche Auszeichnung „Ideenschmiede" an hier erfolgreich teilnehmende Hochschulen. Da fragen wir uns: Die Überwindung von Lernfabriken über den Weg von Gründerschmieden?

Demgegenüber schafft die Hintergrundfolie der PRME einen alternativen (statt altindustriellen) Bezugsrahmen für Anbieter der Management- und Entrepreneurshipausbildung,

- um ihr eigenes Tun in breitere Verantwortlichkeiten und Ziele einzubetten, die Grundlagen ihrer Bildungsarbeit also zu reflektieren und sinnvoll zu justieren,
- um sich für die Lernenden auf Kompetenzentwicklung zu konzentrieren (sie also nicht als industrielle formbare Masse zu begreifen, sondern als potenzielle Gestalter von Veränderungen bereits während des Lernens im Bildungskonzept), und
- um letztlich potenzielle Führungskräfte mit Lernangeboten so zu fördern, dass diese ihre Arbeit in einem (hoffentlich dann) breiten Verantwortungsrahmen wahrnehmen.

Anders gesagt geht es vor dem Hintergrund der PRME darum, unternehmerische und verantwortliche Führungskräfte auszubilden, wobei Verantwortung ökonomisch, sozial und ökologisch sowie insgesamt im Hinblick auf Nachhaltigkeit zu thematisieren wäre.

Nun haben wir hier eine Reihe von „Wieselwörtern", leere Phrasen. Für Bildungsarbeit liegt aber genau darin auch die Chance und Aufgabe: sie inhaltlich füllen zu müssen, sie mit Sinn, Bedeutung und Konsequenz für das eigene Handeln zu bestimmen und zu vertreten, im Kontext anderer für sie relevanter Erwartungen. Wie sollte auch ohne solche Auseinandersetzung (ob mit oder ohne formale Bildung) ein verantwortlicher Manager oder Unternehmer reifen? Und ist es nicht nötig, auch an die Bildungseinrichtungen und -anbieter die gleiche Frage zu richten? Weder führt dann die Antwort auf solche Fragen zu genormten Managern, Führungskräften oder Gründern, noch führt sie zu gleichartigen Bildungsangeboten. Eher darf man das Gegenteil erhoffen, also eine Vielfalt und unterschiedliche Akzente. Worauf es hier und uns ankommt ist also die Erwartung, dass sowohl Lernangebote als auch Lernergebnisse durchdacht sind und verschiedenen Verantwortungsdimensionen gerecht werden.

Diese Überlegungen bedeuten in der Folge dass es dann unzureichend und auch wohl falsch ist, Gründerlehre *insgesamt* auf den Zielfokus „Umsetzung eines Gründungsvorhabens" zu verengen. Es mag dabei durchaus Angebote der Gründungslehre geben, die sich mit gut reflektierten Grundlagen und verantwortlich auf die Zielstellung von Gründungen konzentrieren – auch dafür geben die PRME-Grundsätze und vorgenannten drei Zielaspekte Raum. Das mögliche Spektrum einer Gründerlehre und der von ihr verfolgbaren Ziele ist jedoch wesentlich breiter und tiefer möglich.

3. Umsetzungsspektren unternehmerischer Kompetenzentwicklung

3.1 Unternehmerische Kompetenzentwicklung mit und ohne Gründerlehre

Ohne auf einzelne Theoriekonzepte für das Konstrukt „unternehmerische Kompetenz" einzugehen, soll hier der Hinweis bzw. die Annahme ausreichen, dass damit in der Regel Teilkompetenzen gemeint sind, die sich auf das Gestalten von Veränderungen beziehen: von Ideenentwicklung über Planung bis Umsetzung, die auch wirtschaftlich-strategisches Denken und Handeln einbeziehen, ebenso Selbst- und Führungsfähigkeiten, Kommunikations- und Kooperationsfähigkeiten, Fähigkeiten zur Zielsetzung und Leistung, und vieles andere mehr.

Damit stellt sich also die Frage, ob nicht auch Konzepte, die keine Gründerlehre im engeren Sinne sind (die also nicht mit deren Begrifflichkeiten wie z.B. „Businessplan", „Marktforschung" etc. arbeiten), unternehmerische Kompetenzen entwickeln können oder sie dies vielleicht sogar besser können als manches Konzept, das als „Gründerlehre" betitelt ist.

Zu diesen Überlegungen wollen wir mit der Kurzdarstellung von drei ganz verschiedenen Bildungskonzepten aus unserer eigenen Umsetzungserfahrung anregen. Was kann es heißen, vor dem Hintergrund der PRME künftige unternehmerische und verantwortliche Führungskräfte auszubilden? Dabei war Verantwortung oben in den Dimensionen ökonomisch, sozial und ökologisch sowie im Hinblick auf Nachhaltigkeit skizziert.

Bei den drei nachstehend dargestellten Bildungskonzepten handelt es sich um:

a. Workcamps mit Jugendlichen und Studenten aus Deutschland im südlichen Afrika,
b. ein Programm für Toleranz und gegen Gewalt an Schulen in Mecklenburg-Vorpommern,
c. ein Existenzgründungsraining für Migranten bzw. Zuwanderer in Berlin.

Sie zielen jeweils darauf, eine aktive und verantwortlich wahrgenommene Mitgestaltung von Gesellschaft zu fördern, setzen jedoch die primären Akzente und Lernziele unterschiedlich, nämlich (a) ökologisch-sozial, (b) sozial und (c) ökonomisch. Gemeinsamkeiten liegen darin, dass die Teilnehmenden nicht nur für sich selbst, sondern auch auf andere hin „werthaltige" Lösungen und Aktivitäten entwickeln, dass keines der Konzepte beschulend daherkommt sondern lernmethodisch auf Aktivität im Miteinander gesetzt wird, und jeweils auch auf die Entwicklung unternehmerischer bzw. führungsorientierter Kompetenzen in dem Sinne gesetzt wird, als dass hier der Dreischritt von Ideenentwicklung über Konzeption und Planung bis hin zur Umsetzungsverantwortung deutlich wird.

3.2 Workcamps mit Jugendlichen und Studenten aus Deutschland im südlichen Afrika

„Seit Jahren vermittelt die Deutsch-Simbabwische-Gesellschaft e.V. DSG junge Menschen - meist nach dem Abitur oder während des Studiums / der Ausbildung - in Workcamps in Simbabwe. Workcamps sind mehrwöchige Auslandsaufenthalte in denen junge Menschen aus Deutschland und anderen Ländern der Welt an einem Projekt in einem Entwicklungsland mitarbeiten - meist in enger Kooperation mit den Menschen vor Ort. Man lebt und arbeitet zusammen an einer Initiative - z.B. Renovierung einer Schule - die den Menschen direkt zugute kommt - und nebenbei lernt man in diesem Austausch viel über andere Kulturen. Die Workcamps in Simbabwe vermittelt die DSG in Kooperation mit der Aktion Humane Welt e.V. in Rheine. Partner vor Ort ist die Zimbabwe Workcamps Association (ZWA)." (vgl. DSG 2011).

Das Projekt umfasst folgende Module:

(1) Seminar „Praxis der Entwicklungszusammenarbeit" von Dr. Reinhold Hemker an der Universität Münster jeweils im Wintersemester.

(2) Projekttreffen und Fundraisingaktionen der Workcamp-Teilnehmer (in Deutschland) zur konkreten Vorbereitung der Arbeitsvorhaben in Simbabwe in den Monaten April bis Juni – unter Mitwirkung von Dr. Hemker sowie ehemaliger „Workcamper".

(3) Workcamp-Aufenthalte der Teilnehmer in Simbabwe (sowie anderen Ländern im südlichen Afrika) in den Monaten Juli bis September.

(4) Anschließende Nachbereitungstreffen von (Workcampern) und Mitwirkung an der Vorbereitung neuer Workcamps im Folgejahr.

„»Ich würde anders unterrichten wenn die Erfahrung aus Simbabwe nicht gewesen wäre«, zitiert Jan Henrik Dankerl eine Lehrerin, die im gleichen Hilfsprojekt wie er einmal selbst tätig war. Es geht um etwa sechswöchige Einsätze in Simbabwe in diesem Jahr, auf die jetzt wieder 13 junge Menschen aus dem Kreis (Steinfurt) vorbereitet werden. (...) Der Kulturschock sei eine wichtige Erfahrung, berichtet Friedrich Paulsen, auch ein früherer Projektmitarbeiter in Simbabwe. (...) So ein Aufenthalt verändere auch die Ernährungsgewohnheiten, berichtet Dankerl. (...) Rund um die Nahrungsmittel dreht sich auch das aktuelle Projekt. »In Kintyre soll die Nahrungsmittelversorgung rund um die Schulen verbessert werden«, erläutert Dr. Reinhold Hemker, Präsident der Deutsch-Simbabwischen Gesellschaft. Damit wird die Ernährung der Schüler auch unabhängig von den Supermärkten und den unvorhersehbaren Preisentwicklungen ihrer Produkte. Die Idee ist, den Nahrungsmittelanbau als praktische Fortsetzung des Schulunterrichts zu entwickeln. Bei den Schulen nämlich wird die Basis für die Arbeit gelegt. »Auch hier gilt es, Produktionsnetze vor Ort zu schaffen«, erläutert Dankerl. Für die Errichtung der Schulgebäude werden die Ziegel aus Lehm im Dorf produziert, mit den Bewohnern der Boden der Schulgebäude errichtet und dann die Dächer aus Stroh gedeckt. (...) Weitere Aspekte des Projekts sind die Unterstützung von Einrichtungen für Behinderte, ein umfangreiches Programm für die Versorgung mit Schulbüchern und die Anlage von Schulgärten. Wie stark der lokale Lebensmittelanbau in die internationale Exportwirtschaft eingebunden ist, macht Dankerl deutlich. »Die Lebensmittelimporte aus Europa mit staatlichen Exportsubventionen machen den Anbau und die Vermarktung vor Ort in Afrika kaputt«." (Quelle: Münstersche Zeitung 2010)

3.3 Programm für Toleranz und gegen Gewalt an Schulen in Mecklenburg-Vorpommern

„Seit dem Jahr 2001 werden alljährlich auf dem Import Shop Berlin innovative Schulprojekte aus Mecklenburg-Vorpommern mit Unterstützung der Deutsch-Simbabwischen Gesellschaft e.V. (DSG) entwickelt und präsentiert. Im Jahr 2001 begann diese Tradition mit der Präsentation der Ergebnisse des „Schlichtercamps Mecklenburg-Vorpommern, einem Erfahrungsaustausch der Schulen, die sich an der Initiative „Schlichten statt Richten" beteiligt hatten. An den Schlichtercamps und auch den anschließenden Projektarbeiten auf dem Import Shop Berlin haben auch Künstler aus Simbabwe mitgewirkt. Mit „Gib Nazis keine Chance" startete im Jahre 2005 ein Projekt, das mit der Verleihung des Titels einer „Schule ohne Rassismus – Schule mit Courage" an die Hundertwasser Gesamtschule in Rostock-Lichtenhagen in 2007 abschloss, dem Rostocker Stadtteil, von wo im Jahre 1992 Bilder vom randalierenden Mob um die Welt gingen. Das Projekt „Dem Holocaust ein Gesicht geben – Fakten, Bilder, Symbole" im Jahre 2009 suchte nach Möglichkeiten, den Holocaust im Unterricht so zu behandeln, dass sich niemand diesem schwierigen Thema entziehen kann. Bei einzelnen Veranstaltungen gab es auch eine Kooperation mit Schülergruppen aus Berlin, Brandenburg und Nordrhein-Westfalen. Im Jahr 2010 wird die Thematik „Demokratische Schulkultur lernen und leben - Schule ohne Rassismus - Schule mit Courage" bearbeitet.

Das Programm „Demokratische Schulkultur - lernen und leben" verfolgt seine Ziele vor dem Hintergrund der Bundesprogramme „Kompetent für Demokratie – Beratungsnetzwerke gegen Rechtsextremismus" und „Vielfalt tut gut. Jugend für Vielfalt, Toleranz und Demokratie". LERNEN von Demokratie meint den Erwerb von Kompetenzen zum demokratischen Handeln, LEBEN in der Demokratie meint die alltägliche Praxis demokratischer Lebensführung, ihrer Einübung und nachhaltigen Anwendung. Es konzentriert sich auf die Institution Schule, weil Demokratie Aufgabe und Ziel von Erziehung und Schule ist, dort aber bislang nur unzureichend durch professionelle Kompetenzen und institutionelle Ressourcen abgesichert ist.

Folglich besteht ein wesentliches Ziel des Programms in der Entwicklung solcher Kompetenzen und Ressourcen.

Da „Demokratische Schulkultur - lernen und leben" nicht darauf hoffen darf, im Adressatenkreis spannungsvoll erwartet zu werden bzw. dort ein umfängliches Interesse vorzufinden, ist ein pragmatischer Ansatz notwendig, um die Institution Schule mit ihren Beteiligten erreichen zu können. Dazu ist es notwendig, die Interessen der Schulen zu evaluieren und mit ihnen zu arbeiten. In dieser Konstellation wäre es kontraproduktiv, Demokratiepädagogik homogen, d.h. fachbezogen anzulegen. Vielversprechend erscheint dagegen der Ansatz, die unterschiedlichen Bedingungen vor Ort und die damit verbundene Heterogenität anzuerkennen und die von den Schulen favorisierten Handlungsoptionen ihres demokratiepädagogischen Engagements zu akzeptieren. Dazu ist eine entsprechende Vorarbeit geleistet worden.

Im Frühjahr des Jahres 2008 führten die Demokratiekoordinatoren aller vier Schulamtsbereiche in Mecklenburg-Vorpommern mit Unterstützung der zuständigen Schulräte eine landesweite Schulabfrage durch. Ihr Ziel bestand darin, eine Zusammenfassung aller Aktivitäten zur Demokratieentwicklung an Schulen zu erarbeiten. Im Jahr 2009 ist dann im Schulamtsbereich Neubrandenburg das Fortbildungs- und Multiplikatorenprojekt „Demokratische Schulkultur – lernen und leben" initiiert und über das Schulamt allen Schulleiterinnen und Schulleitern bekannt gemacht worden. Das Projektangebot beinhaltete auch die Einladung von 25 interessierten Schülerinnen und Schülern verschiedener Schulen zu einem Seminar auf dem Import Shop Berlin; für eine Auswertung der laufenden Aktionen. Der Workshop „Dem Holocaust ein Gesicht geben: Fakten, Bilder, Symbole" verfolgte mehrere Ziele. So sollte die Attraktivität des Projekts „Demokratische Schulkultur lernen und leben" insbesondere den Vertretern der Schülerschaft vermittelt und gleichzeitig unterrichtskompatible Merkmale demokratischer Schulkultur veranschaulicht werden. Der Workshop half, die Grenzen des Klassen- und Schulraums zu überwinden und verwies auf das Potential offener Lernräume. Darüber hinaus sucht das Seminar Antworten auf die Frage: Wie soll unter den Bedingungen von Schule der Holocaust thematisiert werden, um seine Tragweite verstehen zu können?

„Demokratische Schulkultur - lernen und leben" folgt einem methoden- und handlungsorientierten Ansatz unter Einsatz der Metaplan-Methode. Diese Methode ist ein Problemlöseverfahren, das sich verschiedener Kreativitätstechniken bedient. Sie beinhaltet aktuelle Erkenntnisse aus der Soziologie, Psychologie, Pädagogik und den Kommunikationswissenschaften, die darlegen, unter welchen Bedingungen sich Menschen in Gruppen wohl fühlen, sich mit ihrer Arbeit identifizieren und leistungsbereit sind. Sie hilft, Betroffene an Problemlösungen zu beteiligen und konsensorientierte Verfahrenswege zu finden.

In moderierten Veranstaltungen definieren die Teilnehmer ihre individuellen Probleme selbst, betrachten sie differenziert aus unterschiedlichen Perspektiven, kommunizieren sie in Paaren, Kleingruppen und auch im Plenum und finden ihre eigenen Lösungswege. Dabei fließen die Erfahrungen und Kenntnisse prinzipiell aller permanent mit ein. Sie produzieren Ideen, werden aktiv tätig und können den aktuellen Stand jederzeit nachvollziehen, da die Ergebnisse aller Arbeitsschritte visualisiert werden." (Zimmermann 2010)

3.4 Existenzgründertraining für Migranten bzw. Zuwanderer in Berlin

„Unternehmerische Kompetenzen als ein Schlüssel für Integration: Darauf zielt dieses aktionsorientierte Gründertraining. Zuwanderer wollen in Deutschland eigene Ideen verwirklichen. Die unternehmerische Perspektive führt den Blick über die eigene Idee hinaus ins Umfeld (in die Gesellschaft, in Werte, Wirtschaft und Märkte).

Die Teilnehmer, meistens Aussiedler oder sogenannte Kontingentflüchtlinge, kommen z.B. aus Russland, Aserbaidschan, Kirgisien und weiteren osteuropäischen bis asiatischen Herkunftsregionen. Viele haben in ihren Herkunftsländern eine akademische Ausbildung absolviert und suchen nun einen Zugang in den deutschen Arbeitsmarkt. Dabei werden sie von verschiedenen berufsorientierten Seminaren der Otto-Benecke-Stiftung unterstützt, die seit 2001 um das hier beschriebene Gründungstraining ergänzt werden.

Mit Aktion startet die Vorstellungsrunde, Collagen der Lebensgeschichten und Teilnehmerziele: Wer bin ich, was will ich? Konkrete Geschäftsideen werden mit kreativen Methoden ausgebaut, persönliche Stärken und Schwächen werden thematisiert und mit Zielübungen in

Praxisschritte gelenkt. Wie mache ich meine Idee tragfähig, was lehrt uns das Scheitern von Gründern, wie entwickle ich schrittweise Projekte, mache sie interessanter und mit Geschäftsmodell und Geschäftsplan handhabbar? Die Methodik ist aktionsorientiert.

Ein Highlight ist die Übung „Marktrecherche" auf dem jährlichen Berliner Import Shop mit seinen mehreren hundert Ausstellern aus über 60 Ländern. Welche Messestände sind besonders erfolgreich und was machen sie besser? Was interessiert die Kunden, was wird gekauft? Die Seminarteilnehmer erarbeiten einen Leitfaden für die Messekontakte, beobachten die Messehändler, sprechen mit ihnen: „Wie laufen die Geschäfte? Sind Sie das erste Mal hier oder was ist dieses Jahr anders? Zu welchen Messezeiten läuft Ihr Geschäft besonders gut? Glücklich mit Standort und Nachbarschaft? Wie sind Ihre Erfahrungen mit den deutschen Kunden?"

Worum es dabei geht, macht der Bericht einer Teilnehmerin deutlich: „Das erstaunlichste für mich war: Die Händler haben mich ernst genommen. Die haben mich wirklich als Geschäftspartner behandelt. Ich habe viel mehr erfahren als wenn ich nur kaufe. Das hätte ich so nie erwartet."

Zurück im Seminarraum werden die Ergebnisse der Marktrecherche im Gruppenwettbewerb präsentiert und prämiert. Manche Teilnehmer haben auf der Import-Shop-Messe eingekauft und lockern ihre Präsentation mit Schals aus Kaschmir, Rasseln aus Afrika, Schmuck aus Indonesien oder mit dem was sonst gefiel auf. Am Ende werden die Ergebnisse ausgewertet, die Präsentationen analysiert und die Stärken / Schwächen auf die Gründungsideen der Teilnehmer bezogen. Wie kamen jeweils die Entscheidungen zustande und warum? Was ist optimierbar? Praxis und theoretische Auswertung als Einheit, wie im Geschäftsleben auch.

Natürlich haben auch trockene Themen wie Rechtsform, Steuerfragen, Finanzplanung, Finanzierung und Förderung im Seminar ihren Platz. Aber sie sind hier Mittel für Problemlösungen. Dabei verschieben sich die Prioritäten der Teilnehmer. Interessieren zu Seminarbeginn vor allem die Fördermöglichkeiten, ändert sich das meist Richtung Markt, Kunden und Ideenentwicklung. Und genau das soll durch das Training in den drei bis vier Seminartagen gestärkt werden: Eine unternehmerische Sicht. Auch wer keine Firma gründet, soll davon profitieren. Die Idee des Konzepts ist letztlich die Integration von Zuwanderern, Hilfe zur Selbsthilfe, Integration als aktive Wirtschaftsteilhabe, die Zusammenführung eigener Ideen und Wünsche mit Erwartungen und Realitäten in Wirtschaft und Gesellschaft.

International ist die Förderung unternehmerischer Kompetenzen in der Integrationsarbeit, Sozialarbeit und Jugendhilfe nicht so neu wie in Deutschland. Es gibt sie für Zuwanderer ebenso wie für andere Minderheiten. Bei wachsender Bedeutung unternehmerischer Kompetenzen und breitem Innovationsbedarf eignet sich der Ansatz für mehr als nur die direkte Gründungsförderung. Vor allem wirken aktionsorientierte Gründungstrainings über Gründungshilfe hinaus. Teilnehmer werden als potentielle Leistungserbringer angesprochen. Arbeitsmaterial sind ihre Ideen und Talente, ihr Streben und ihr Können, das Zutrauen.

Das beschriebene Trainingskonzept wurde in 2001 mit dem Projekt ROXI (Rostocker Existenzgründer Initiative, gefördert durch das Land Mecklenburg-Vorpommern/ ESF) am HIE-RO Institut an der Universität Rostock entwickelt. Die Umsetzung seit 2001 wird durch die Otto-Benecke-Stiftung (Bonn) finanziert. Die methodisch-konzeptionelle Verbindung des Trainings in Berlin mit der Messe „Import-Shop" erfolgt mit Unterstützung der Deutsch-Simbabwischen Gesellschaft e.V. und der Messe Berlin GmbH. Der Ansatz gab in 2010 auch Anstoß dazu, am BIEM mit den Potsdamer Hochschulen den Gründungsservice „Startup Navigator" um eine Zusatzkomponente „International" für Zielgruppen mit Migrationshintergrund zu ergänzen (was inzwischen dank Finanzierung des Brandenburger Ministeriums für Arbeit, Soziales, Frauen und Familie und mit ESF-Mitteln auch in die Umsetzung geführt werden konnte.) (vgl. Diensberg 2010)

4. Fazit

Wollen wir die Gründerausbildung auf die Zielbasis maximaler Gründungszahlen oder auf diejenige der Förderung nachhaltiger Wertentwicklung und von Kompetenzausbau stellen? An Bildungseinrichtungen und Bildungsanbieter stellt sich damit die Frage: Wer sind wir und wofür stehen wir? Kann es richtig sein, uns in die Rolle von Lernfabriken und Gründerschmieden zu begeben? In unserer Funktion als Dienstleister: Definieren wir eigene Ansprüche und Qualitäten oder sind wir Zulieferer auf der verlängerten Werkbank?

Die UN-Grundsätze für verantwortungsvolle Management Education PRME bieten zur Antwort auf solche Fragen eine politisch mandatierte, fachlich fundierte und von Unternehmen und Verbänden international mitgetragene Begründungsfolie dazu, die Gründungsausbildung in breitere Zusammenhänge einzubetten, und sie auch stärker als Feld von Innovations- bzw. Entwicklungsmöglichkeiten zu begreifen. Zur Ausbildung unternehmerischer Führungskräfte, die mit anderen zusammen nachhaltige Ideen im Zusammenspiel ökonomischer, sozialer und ökologischer Tragfähigkeit entwickeln und umsetzen, bietet die Gründungsausbildung weiteres Innovationspotenzial.

Literatur- und Quellenverzeichnis

BPW (2011): *Businessplan-Wettbewerb Berlin-Brandenburg*, BPW Ideenschmiede. URL: https://www.b-p-w.de/wettbewerb/bpw-ideenschmiede/ (01.10.2011)

Diensberg, C. (2010): *Existenzgründertraining für Migranten bzw. Zuwanderer in Berlin*, Pressetext zum Training anlässlich der Durchführung im November 2010.

DSG (2011): *Deutsch Simbabwische Gesellschaft*. URL: http://www.deutsch-simbabwische-gesellschaft.de/index.php/aktivitaeten/bildung , 06.08.2011.

HRK / BDA (1998): *Hochschule als Unternehmerschmiede - eine zukunftsweisende Aufgabe.* Gemeinsame Erklärung der Hochschulrektorenkonferenz (HRK) und der Bundesvereinigung der Deutschen Arbeitgeberverbände (BDA), Oktober 1998.

Münstersche Zeitung (2010): Vom Buch zur Schaufel. Junge Menschen helfen beim Aufbau von Schulen in der Nahrungsmittelproduktion. In: *Munstersche Zeitung* v. 11.08.2010, Autor: Peter Umlauf.

UN (2007 / 2011): *Principles for Responsible Management Education*. URL: http://www.unprme.org/index.php (06.08.2011)

UN (2000 / 2011): *UN Global Compact*. URL: http://www.unglobalcompact.org/docs/languages/german/de-factsheet-global-compact.pdf (06.08.2011)

Zimmermann, U. (2010): *Programm für Toleranz und gegen Gewalt an Schulen in Mecklenburg-Vorpommern*. Pressetext zum Programm anlässlich der Projektpräsentation 2010

Danksagung

Seitens des Mit-Autors C. Diensberg wurde der Beitrag innerhalb des Projektes "Förderung der unternehmerischen Selbstständigkeit an Hochschulen und Förderung von mehr technologie- und wissensbasierten Unternehmensgründungen im Land Brandenburg – Standortmanagement, Koordinationsprojekt des BIEM" (2011 – 2013) verfasst. Teilaufgaben des Projektes haben die Stärkung von Qualität und Nachhaltigkeitsgrundlagen in der Gründungsförderung zum Gegenstand. Das Projekt wird durch das Ministerium für Wirtschaft und Europaangelegenheiten des Landes Brandenburg aus Mitteln des Europäischen Fonds für Regionale Entwicklung (EFRE) gefördert.

BEITRÄGE ZU GRÜNDUNG, UNTERNEHMERTUM UND MITTELSTANDSENTWICKLUNG

Herausgegeben vom Brandenburgischen Institut für Existenzgründung und Mittelstandsförderung (BIEM e. V.)

Band 1
Kirsti Dautzenberg und Guido Reger (Hrsg.)
Risikobewertung und Finanzierung von technologieorientierten Gründerinnen und Gründern – Symposium des Brandenburgischen Instituts für Existenzgründung und Mittelstandsförderung (BIEM e. V.) „Gründung und Innovation" vom 5. Juni 2008, Universität Potsdam
Lohmar – Köln 2009 ♦ 148 S. ♦ € 43,- (D) ♦ ISBN 978-3-89936-799-7

Band 2
Alexandra Rese, Daniel Baier, Magdalena Mißler-Behr und Matthias J. Kaiser (Hrsg.)
Entrepreneurship Education – Symposium des Brandenburgischen Instituts für Existenzgründung und Mittelstandsförderung (BIEM e. V.) „Gründung und Innovation" vom 11.–12. Juni 2009, Brandenburgische Technische Universität Cottbus
Lohmar – Köln 2010 ♦ 188 S. ♦ € 48,- (D) ♦ ISBN 978-3-89936-985-4

Band 3
Dieter Wagner und Christian Schultz (Hrsg.)
Finanzierung technologieorientierter Unternehmensgründungen in Deutschland
Lohmar – Köln 2011 ♦ 228 S. ♦ € 65, (D) ♦ ISBN 978-3-8441-0023-5

Band 4
Klaus Dieter Müller und Christoph Diensberg (Hrsg.)
Methoden und Qualität in Gründungslehre, Gründungscoaching und Gründungsberatung – Interventionen und Innovationen
Lohmar – Köln 2011 ♦ 364 S. ♦ € 64,- (D) ♦ ISBN 978-3-8441-0093-8

JOSEF EUL VERLAG